Obras Maestras
del
Pensamiento
Contemporáneo

ASÍ HABLÓ ZARATHUSTRA

FRIEDRICH NIETZSCHE

ASÍ
HABLÓ
ZARATHUSTRA

PLANETA-AGOSTINI

Título original: *Also sprach Zarathustra* (1883-91)
Traducción y notas: Juan Carlos García Borrón

Directores de la colección:
Dr. Antonio Alegre (Profesor de Hª Filosofía, U.B. Decano de la Facultad de Filosofía)
Dr. José Manuel Bermudo (Profesor de Filosofía Política, U.B.)
Dirección editorial: Virgilio Ortega
Diseño de la colección: Hans Romberg
Cobertura gráfica: Carlos Slovinsky

Introducción

Nietzsche es uno de los pensadores del siglo XIX que, al igual que Darwin o Marx, han marcado de forma indeleble la cultura contemporánea. De ahí que en el pensamiento actual se le tenga por un precursor, por una figura sin la cual sería imposible explicarse algunas de las grandes filosofías de nuestro tiempo.

Y, en cambio, en su época, la de la segunda mitad del siglo pasado, Nietzsche fue un incomprendido. La clase de los filósofos-profesores le rechazó casi siempre con gesto malhumorado, y ello explica tanto el distanciamiento nietzscheano de la tradición académica alemana, cuanto su incesante búsqueda de interlocutores en el extranjero; búsqueda, por cierto, siempre llevada a cabo desde una orgullosa soledad que no se plegaba a ninguna fácil alabanza.

Una muestra de este aislamiento que padeció Nietzsche a lo largo de su vida se encuentra en la dedicatoria de *Así habló Zarathustra* —«A todos y a ninguno»—, indicativa sin duda del marginamiento a que había sido sometido y, a la vez, de la necesidad de contar con un público que reconociera el alto vuelo de su filosofía. Cierto es que el *Zarathustra* armó un considerable escándalo en Alemania, y que ello permitió que el gran público conociera la existencia de un filósofo alemán llamado Nietzsche, pero los ecos de la polémica se apagaron pronto; baste indicar que la última parte de este gran libro tuvo que ser costeada por su autor en una modestísima edición de cuarenta ejemplares (!).

El reconocimiento de Nietzsche se produjo en Europa en los últimos años del siglo pasado, gracias, sobre todo, a la difusión promovida por intelectuales como el danés Georg Brandes. Pero ya entonces el filósofo había perdido por completo la razón y llevaba una existencia puramente vegetativa, al cuidado de su madre y, finalmente, de su hermana.

La fama de Nietzsche creció vertiginosamente después de su muerte, acaecida en 1900. Desde entonces, y al menos hasta comienzos de la segunda guerra mundial, su figura fue objeto de debates, siempre en un tono polémico, incitador de admiraciones varias y de no menos variadas animadversiones (en este último sentido, para algunos de sus detractores Nietzsche habría glorificado hasta el colmo el irracionalismo, y sus posturas nihilistas y su canto del superhombre habrían legitimado en parte el nazismo).

La influencia nietzscheana ha sido tan poderosa en el presente siglo que ha penetrado en los campos de la estética y de la literatura, conformando una sensibilidad que se ha expresado en los temas de la vida y de la voluntad de poder y en la desconfianza hacia un racionalismo positivista que ha encapsulado al individuo en la categoría del hombre-masa, sin mayor designio que el de ser un número.

Pero allí donde el influjo nietzscheano ha sido mayor es en el propio campo de la filosofía. En Alemania, donde tan denostado fue Nietzsche en su tiempo, el existencialismo de Martin Heidegger y Karl Jaspers le es deudor en muchos de sus aspectos, por no hablar de un pensador como Oswald Spengler, en cuya obra principal, *La decadencia de Occidente*, es perceptible la doctrina nietzscheana del eterno retorno. La huella de Nietzsche está también presente en la obra del filósofo francés Henri Bergson, y está impresa igualmente en el existencialismo francés de Gabriel Marcel, Jean-Paul Sartre y el escritor Albert Camus.

Pese a las acusaciones de irracionalismo que planean sobre Nietzsche, lo cierto es que éste se propuso una redefinición de la filosofía tomando a la razón como categoría superior del conocimiento. Para el pensador alemán, ante todo se trata de demostrar que la fiilosofía todavía es posible, que hay espacio para una nueva metafísica, por encima y más allá del conocimiento parcial que procura la racionalidad científica. Hay que criticar los valores de esta cultura occidental, y, para ello, es preciso que la filosofía sea, en primer lugar, *nihilista*.

«Dios ha muerto», tal es el sentido que Nietzsche otorga a este nihilismo. «Dios ha muerto» en manos de los mismos hombres que lo habían creado. Ahora bien, su sombra quizá se proyecte durante milenios, es una sombra en la que el hombre todavía se cobija. Esta muerte de Dios para Nietzsche no cabe entenderla únicamente en un sentido cristiano. Dios es, como el superyó freudiano, la instancia en la que el hombre ha proyectado sus ideales, sus principios y sus reglas, sus objetivos y sus valores, a fin de otorgar coherencia y fin a la totalidad.

El hilo que anudaba el destino de los dioses con el destino de los hombres se ha roto, y esto inaugura un tiempo nuevo y superior, en el que el hombre debe hacerse finalmente responsable, abandonando su culpable ignorancia. El sentido del nihilismo nietzscheano es, pues, éste: revuelta contra una concepción filosófica totalizadora, que busca siempre su legitimación en una instancia superior.

Esta revuelta nihilista es, por lo demás, la que produce esa impresión de cascotes en derribo que Jaspers señalaba como característica esencial de la filosofía de Nietzsche. Hay ciertamente una voluntad asistemática, un objetivo que puede definirse como el de la *transmutación de los valores*. Es necesario que el individuo acabe de disolverse en su intrínseca falsedad para reconstruir a un hombre nuevo bajo un único y exclusivo criterio: el de la voluntad de poder.

Si, como afirmó Heidegger, la metafísica es el nombre que se da a la relación de la verdad con el ente, tal relación se ha desplazado. Y Nietzsche, en pugna con la razón positivista que sostiene la innecesariedad de una metafísica, edifica precisamente un nuevo discurso metafísico en los términos de este desplazamiento que se ha producido en la relación de la verdad con la totalidad del ente: esos términos son los de la voluntad de poder. El verdadero mundo se ha convertido en una fábula, y lo que queda es la *vida*.

Ahora bien, la vida no cabe entenderla como conciencia de la existencia, sino como voluntad. La vida es voluntad de poder, tal es el aforismo con que Nietzsche resume su pensamiento. El mundo, en último término, es todo aquello que viene determinado por la influencia de la voluntad de poder. Ser es una generalización del concepto de vivir: ser es querer, llegar a, convertirse en..., que son múltiples manifestaciones de la voluntad de poder. Donde hay vida, repite Nietzsche, hay voluntad de poder.

Es de destacar, no obstante, que para Nietzsche, la voluntad de poder se rige por el principio de superarse siempre; pero que este movimiento de superación no es ascendente, no tiene una finalidad determinada. El movimiento de intensificación de la potencia es circular; la voluntad de poder retorna constantemente hacia ella misma. De ahí que el *eterno retorno* sea lo que caracteriza profunda y esencialmente a la voluntad de poder.

En la filosofía de Nietzsche, en consecuencia, la piedra miliar es la vida. Los débiles, alimentados por las filosofías del resentimiento, desprecian la vida, mientras que los fuertes la aman. De aquí surge el tema del *superhombre* nietzscheano. Así, entre los cascotes en derribo de la filosofía de este pensador surgen los temas que aquí se han ido esbozando: el nihilismo, la revuelta contra los valores, la vida, la voluntad de poder, el eterno retorno y el superhombre. Antes de hacer referencia a esta última figura, que es esencial en *Así habló Zarathustra*, es preciso distinguir los períodos que jalonan la evolución del pensamiento nietzscheano.

Tres son las grandes fases en que se diferencia la obra de Nietzsche. En la primera de ellas, hay una influencia central de Schopenhauer y Wagner, y Nietzsche encuentra que las máximas cualidades humanas se manifiestan en las grandes figuras de la tragedia griega. A este primer período corresponden *La filosofía en la época de la tragedia griega*, *Consideraciones intempestivas* y una de sus obras magistrales: *El nacimiento de la tragedia*.

Es el momento en el que Nietzsche forja las nociones

de lo *apolíneo* y lo *dionisíaco* como componentes funda-
mentales y hasta antagónicos de la cultura occidental. La
grandeza de las creaciones de la época trágica reside precisamente en la unión del elemento dionisíaco, que denota
fusión y embriaguez, con el elemento apolíneo, que repre-
senta la serenidad, la individualización, la forma. A partir
de Sócrates, con la irrupción del espíritu científico, se inicia la decadencia. Existe, no obstante, un camino de salvación: el del genio artístico, cuyo ejemplo más acabado es
Wagner, capaz en la época moderna de rehacer la tragedia
musical.

Un segundo período, de crisis o de transición, es el
que está representado por obras como *Humano, demasiado humano, El viajero y su sombra* y *Aurora*. La obra
capital de este período, antirromántico por excelencia y
en el que un Nietzsche «ilustrado» y admirador de Voltaire
se propone como ideal el espíritu libre, es *La gaya ciencia*.

La plenitud del pensamiento de Nietzsche se manifiesta
en una tercera fase, que gira en torno a su obra capital, *Así
habló Zarathustra*, y que está representada por textos como
*Más allá del bien y del mal, El crepúsculo de los ídolos, El
Anticristo* y *La genealogía de la moral*. En todos ellos aparecen expresados los principales temas de la filosofía nietzscheana.

La última de las figuras del pensamiento de Nietzsche
es, como se ha dicho, la del superhombre. La plena afirmación de la vida, la voluntad de poder, la idea del eterno
retorno exigen el ideal humano del superhombre, es decir,
la máxima riqueza en impulsos y la fuerza necesaria para
regirlos. *Así habló Zarathustra* anuncia este ideal, trae esta
buena nueva.

El hombre «es una cuerda tendida entre la bestia y el
Superhombre: una cuerda tendida en el abismo... Lo más
grande del hombre es que es un puente y no una meta; lo
que debemos amar en él es que constituye un tránsito y un
ocaso». Así, sobre las ruinas del hombre viejo y decadente,
ha de nacer el superhombre, cuya característica más esencial será la de estar en posesión de la voluntad de poder,

que se manifiesta en una conducta activa, creadora y espontánea, frente al comportamiento reactivo e impotente del hombre débil.

El superhombre no se deja imponer desde fuera los valores y los fines, antes bien, él es el creador de valores propios mediante una espontaneidad activa y exigente. Con el superhombre, la vida llega a su máxima plenitud.

Valiéndose de la figura de Zarathustra, Nietzsche propone la aceptación de la muerte de Dios. El hombre moderno, enfermizo, cansado y decadente, debe dejar de inclinarse ante la divinidad y exigirse a sí mismo su propia elevación. Al mismo tiempo, debe aprender nuevamente a gozar de la tierra, para lo cual tiene que aprender también a soportar sin quejas el sufrimiento.

Así habló Zarathustra se presenta como una pluralidad de figuras, escenas y propuestas orientadas hacia el establecimiento de una nueva tabla de valores que abra el camino para la aparición del superhombre. El propio Nietzsche definió el libro como un largo poema, que no debía en absoluto ser leído como una colección de aforismos. Su originalidad ciertamente es grande y no sólo formalmente, pues *Así habló Zarathustra* es un auténtico manifiesto de un modo de conocer que procede de la poesía, la intuición y la adivinación y al que jamás ha accedido el pensamiento racionalista y científico.

CRONOLOGÍA

1844   15 de octubre: Friedrich Nietzsche nace en la ciudad de Röcken, Turingia. Es hijo de un pastor protestante.

1846   Nace la hermana de Nietzsche, Elisabeth.

1849   Muere su padre, Karl Ludwig Nietzsche.

1859   Nietzsche ingresa en la escuela de Pforta.

1864   Inicia en Bonn estudios de teología y filología clásica.

1865   Abandona los estudios de teología. Con el consentimiento de su familia, se traslada a Leipzig, a fin de seguir los cursos de filología clásica que imparte F. Ritschl.

1866   Lee *El mundo como voluntad y como representación* de Schopenhauer, el filósofo que ejercerá una influencia perdurable en la propia obra nietzscheana.

1867   Comienza el servicio militar.

1868   Conoce a Wagner.

1869   Es nombrado profesor de filología clásica en la Universidad de Basilea. Conoce al historiador Jakob Burkhardt y al pintor Franz Overbeck. Visita al matrimonio Wagner en Tribschen.

1870   Participa como enfermero voluntario en la guerra franco-prusiana.

1872   Publica *El nacimiento de la tragedia*. En Bayreuth, asiste a la colocación de la primera piedra del teatro wagneriano.

1873   Comienza la publicación por entregas de *Consideraciones intempestivas*, que concluirá en 1876. Asimismo, compone un *Himno a la amistad*.

1874   *La filosofía en la época de la tragedia griega*.

1876   Fracasa en su propuesta de matrimonio a Mathilde Tranpedach, que había conocido cinco días antes. Pasa el invierno en Sorrento junto con Malwida von Meysenburg y Paul Rée. Se encuentra por última vez con Wagner.

1878   Rompe definitivamente con Wagner. Aparece *Humano, demasiado humano.*
1880   Jubilado el año anterior de la Universidad de Basilea por razones de salud, Nietzsche viaja a Venecia, Marienbad y Génova. Publica *El viajero y su sombra.*
1881   Publica *Aurora.* En su retiro montañés de Sils-Maria, Nietzsche tiene la visión del eterno retorno. En este año, asiste a una representación de *Carmen* de Bizet.
1882   Nuevos viajes por Italia, en busca de climas que atenúen sus sufrimientos físicos. Conflicto sentimental con Lou Andreas Salomé.
        Aparece *La gaya ciencia*
1883   A partir de este año, pasa los veranos en Sils-Maria y los inviernos en Niza. Redacta las dos primeras partes de *Así habló Zarathustra.*
1885   Concluye *Así habló Zarathustra.* No encontrando editor para la cuarta parte de este libro, decide costear una edición privada de la misma; su tirada es de cuarenta ejemplares.
        A partir de este año, Nietzsche empieza a tomar notas que habían de servir para una obra definitiva con el título de *La voluntad de poder.*
1886   Reedición con nuevos prólogos de *El nacimiento de la tragedia* y de *Humano, demasiado humano.*
        Publica *Más allá del bien y del mal, preludio de una filosofía de futuro.*
1887   Primera lectura de Dostoievski. Inicia su correspondencia con Georg Brandes, que imparte un curso sobre el pensamiento de Nietzsche en la Universidad de Copenhague. Publicación de *El crepúsculo de los ídolos, o cómo se filosofa con un martillo.*
        En este mismo año, también aparecen *El Anticristo, Ecce Homo* y *Nietzsche contra Wagner.*
1889   En enero, mientras se encontraba en Turín, sufre un colapso. Es ingresado al cabo de unos días en una clínica psiquiátrica de Jena. Brandes publica en París *Nietzsche: Ensayo acerca del radicalismo aristocrático.*

1890   Pasa a residir en casa de su madre.

1892   Peter Gast prepara en Naumburg una edición de las obras de Nietzsche. Los psiquiatras diagnostican la enfermedad mental del filósofo como esquizofrenia.

1894   Se constituye el *Nietzsche Archiv*. Lou Andreas Salomé escribe *Nietzsche en sus obras*.

1896   Elisabeth Förster Nietzsche se traslada a Weimar con el *Nietzsche Archiv*.

1897   Muere la madre de Nietzsche. Elisabeth traslada a éste a Weimar.

1900   25 de agosto: Friedrich Nietzsche muere en Weimar.

BIBLIOGRAFÍA

A) Obras de Nietzsche traducidas al castellano:

El Anticristo. Maldición sobre el cristianismo. Madrid (Alianza Editorial), 1974.
Así habló Zarathustra. Buenos Aires (Aguilar), 1951; Madrid (Alianza Editorial), 1972.
Aurora. Barcelona (José Olañeta), 1978.
Correspondencia. Barcelona (Labor), 1974.
Ecce Homo. Madrid (Alianza Editorial), 1978, 3.ª ed.
El crepúsculo de los ídolos, o cómo se filosofa con un martillo. Madrid (Alianza Editorial), 1973.
En torno a la voluntad de poder. Barcelona (Península), 1973.
Estudios sobre Grecia. Madrid (Aguilar), 1968.
El futuro de nuestras escuelas. Barcelona (Tusquets), 1977.
El gay saber. Madrid (Narcea), 1955.
La genealogía de la moral. Un escrito polémico. Madrid (Alianza Editorial), 1972.
Humano, demasiado humano. Buenos Aires (Ed. del Mediodía, 1967).
El libro del filósofo. Retórica y lenguaje. Madrid (Taurus), 1974.
Más allá del bien y del mal. Preludio de una filosofía del futuro. Madrid (Alianza Editorial), 1972.
El nacimiento de la tragedia. Madrid (Alianza Editorial), 1978, 3.ª ed.
El viajero y su sombra. Barcelona (Ediciones Manucci).

B) Estudios sobre la obra de Nietzsche:

BATAILLE, G., *Sobre Nietzsche. Voluntad de suerte.* Madrid (Taurus), 1972.

BRITON, *Nietzsche*. Buenos Aires (Losada), 1947.

COLLI, G., *Después de Nietzsche*. Barcelona (Anagrama), 1976.

CUEVA, A., *La psicopatología de Nietzsche*. Cuenca (Editorial Universidad), 1950.

DELEUZE, G., *Nietzsche y la filosofía*. Barcelona (Anagrama), 1971.

— *Spinoza, Kant, Nietzsche*. Barcelona (Labor), 1974.

FINK, E., *La filosofía de Nietzsche*. Madrid (Alianza Editorial), 1966.

GAOS, J., *El último Nietzsche*. México (Editorial de la Facultad de Filosofía y Letras), 1945.

HALEVI, D., *La vida de Federico Nietzsche*. Buenos Aires (Emecé), 1946.

HEIDEGGER, M., *Sendas perdidas*. Buenos Aires (Losada), 1960.

JANZ, C. P., *Friedrich Nietzsche*. Madrid (Alianza Editorial), 1982, 2 vols.

JASPERS, K., *Nietzsche y el cristianismo*. Buenos Aires (Deucalión), 1955.

— *Nietzsche*. Buenos Aires (Sudamericana), 1963.

JIMÉNEZ MORENO, L., *Nietzsche*. Barcelona (Labor), 1972.

KLOSSOWSKI, P., *Nietzsche y el círculo vicioso*. Barcelona (Seix Barral), 1972.

LEFEBRE, H., *Nietzsche*. París (Ediciones Sociales Internacionales), 1939.

LOWITH, K., *De Hegel a Nietzsche*. Buenos Aires (Sudamericana), 1968.

MANN, H., *El pensamiento vivo de Nietzsche*. Buenos Aires (Losada), 1947.

MANN, TH., *Schopenhauer, Nietzsche, Freud*. Barcelona (Bruguera), 1984.

MARTÍNEZ ESTRADA, E., *Nietzsche*. Buenos Aires (Emecé), 1947.

MOLINA, E., *Nietzsche dionisíaco y asceta. La vida y su itinerario*. Santiago de Chile (Nascimento), 1944.

PÉRES, Q., *Nietzsche. Por la concepción y nacimiento al estudio de la obra. El pensamiento y el poeta*. Cádiz (Escelicer), 1943.

ROIG, J. B., *Filosofía y vida. Cuatro ensayos sobre actitudes:*

Nietzsche, Ortega y Gasset, Croce, Unamuno. Barcelona (Barna), 1946.

SALOMÉ, L. A., *Nietzsche en sus obras.* Madrid (Zero), 1978.

SAVATER, F., *Conocer Nietzsche y su obra.* Barcelona (Dopesa), 1979.

SCHELER, M., *L'homme du ressentiment.* París (Gallimard), 1970.

SOBEJANO, G., *Nietzsche en España.* Madrid (Gredos), 1967.

THIBON, G., *Nietzsche, o el declinar del espíritu.* Buenos Aires (Desclée de Brouwer), 1951.

VARIOS AUTORES, Número monográfico dedicado a Nietzsche, en *Revista de Occidente.* Madrid, agosto-septiembre, 1973.

WELTE, B., *El ateísmo de Nietzsche y el cristianismo.* Madrid (Taurus), 1962.

Así habló Zarathustra

PRIMERA PARTE

PRÓLOGO DE ZARATHUSTRA

I

Al cumplir los treinta años (1) Zarathustra abandonó su patria y los lagos de su patria, y se retiró a la montaña. Allí podía gozar de su espíritu y su soledad, y así vivió durante diez años, sin fatigarse. No obstante, al fin su corazón experimentó un cambio; y cierta mañana en que se levantó con la aurora naciente, se encaró con el Sol y le dijo:

«¡Oh, Tú, Gran Astro! Si te faltasen aquellos a quienes iluminas, ¿qué sería de tu felicidad? Durante diez años, días tras día, has comparecido ante la boca de mi cueva: de seguro que ya te habrías cansado, tanto de tu luz como de tu girar eterno, a no ser por mí, por mi águila y mi serpiente. Pero nosotros te aguardábamos todas las mañanas, recibíamos de ti lo que te sobraba, y te bendecíamos con agradecimiento.

Pues bien: ya estoy hastiado de mi sabiduría, como lo están las abejas que han acumulado un exceso de miel. Yo necesito manos que se tiendan hacia mí.

---

(1) En la imitación, corrección e inversión, en dosis distintas, del Evangelio, que es gran parte el **Zarathustra**, Nietzsche comienza por dar como edad inicial del profeta de su evangelio los treinta años, la edad inicial del Jesús de los sinópticos. Pero mientras a los treinta años Jesús empieza su predicación, Zarathustra se retira a las montañas, como etapa previa. Y esta etapa, de incubación, va a durar diez años.

Yo desearía otorgar y repartir mercedes, hasta que los sabios entre los hombres volvieran a gozar de su locura, y los pobres a gozar nuevamente de su riqueza.

Para ello debo descender a los abismos (2), al igual que lo haces tú cuando cae el día. ¡Oh Astro, pletórico de riqueza! Cuando te ocultas tras los mares llevas la claridad y la luz a los mismísimos infiernos (3). ¡Bendíceme, pues, Apacible Ojo, ya que puedes contemplar sin envidia cualquier dicha, por grande que sea!

Bendice también la copa que intenta desbordarse. ¡Ojalá fluya de ella el agua de oro, y esparza por doquier su aroma delicioso y los reflejos de tu alegría!

Mira: esa copa quiere vaciarse, y Zarathustra quiere volver a ser hombre.»

Y así comenzó el descenso de Zarathustra.

II

Zarathustra descendió de la montaña completamente solo, sin topar con nadie en su camino. Pero, a poco de haberse internado en el bosque, se halló de improviso con un anciano que acababa de abandonar su santa choza para recoger raíces por el bosque. Y el anciano habló a Zarathustra de este modo:

«No me resultas desconocido, viajero: pasaste por aquí mismo, muchos años ha. Te llamabas Zarathustra, y has cambiado mucho. Entonces subías hacia la montaña tus cenizas: ¿es que intentas ahora bajar tu fuego al valle? ¿Acaso no temes las penas que se aplican a los incendiarios?

Sí, con seguridad te conozco, Zarathustra. Tus ojos son puros, y en los rasgos de tu boca no hay expresión de asco. No parece sino que vienes bailando.

---

(2) **Untergehen**, «ir hacia abajo» (Zarathustra, de la montaña al valle; el Sol, del mediodía al ocaso), significa hundirse, sumergirse, también ponerse (el Sol), y perderse. **Untergehend** es el «poniente». Indudablemente Nietzsche juega con la reunión de todos esos sentidos.

(3) Dicho, naturalmente, en el sentido de la antigua Grecia: el mundo inferior, el oscuro mundo imaginado bajo la tierra.

Zarathustra ha cambiado, se ha hecho niño. Zarathustra está muy despierto. ¿Tienes tú, acaso, algo que ver con los que duermen? (4).

Al igual que en el mar, vivías en la soledad, y el mar te sustentaba. ¡Ay, infeliz de ti! ¡Ahora quieres pisar suelo firme! ¡Ay de ti, que quieres caminar por tu poropio pie! ¿Intentas quizá arrastrar tu cuerpo de nuevo por ti mismo?»

Zarathustra respondió:

«Yo amo a los hombres.»

Y el santo dijo:

«Y ¿para qué bajé yo al bosque y fui en busca del desierto? ¿Acaso no fue porque amaba demasiado a los hombres? Mas ahora amo a Dios: ya no amo a los hombres. El hombre es, a mi ver, una realidad imperfecta. El amor a los haombres me mataría.»

Zarathustra replicó:

«Yo no hablo meramente de amor. Yo traigo a los hombres un presente.»

«No les traigas nada   dijo el santo—, antes bien, quítales algo; y ayúdales, si en algo puedes, mientras a ti te convenga: nada les irá mejor. Y, si algo quieres dar, no les des más que alguna limosna; y espera a que te la pidan.»

«No —contestó Zarathustra—, yo no doy limosnas. No soy lo bastante pobre como para dar limosnas.»

El santo sonrió al oír aquellas palabras, y prosiguió:

«Veremos si es que aceptan tus regalos. Pues desconfían mucho de los anacoretas o de los solitarios, y nunca creen a quienes les llevamos presentes.

Nuestras pisadas les suenan a excesivamente solitarias en plena calle. Y cuando por la noche están acostados y oyen los pasos de algún hombre mucho antes de

---

(4) La resonancia evangélica del **Zarathustra** va de la mano de la influencia del viejo pensamiento de los griegos presocráticos, Heráclito (v. notas 79 y 80), Empédocles (n. 64 y 65), Parménides (n. 79 y 80), etc., que caló en Nietzsche desde su juventud. Aquí, como tantas veces, son las imágenes y el estilo de Heráclito lo que aflora en Nietzsche. Por lo demás, el paralelismo de los versículos bíblicos y la concisión aforística de Heráclito son los principales modelos a tener en cuenta en la construcción del **Zarathustra.**

que el sol haya salido, suelen preguntarse: ¿Adónde irá ese ladrón?

¡No vayas a hundirte entre los hombres! ¡Quédate en el bosque! Antes que con ellos, ¡vete con las bestias! ¿Por qué no ser lo que soy yo, *un oso entre los osos, un pájaro entre los pájaros?*»

«Y ¿qué hace el santo en el bosque?», preguntó Zarathustra.

A lo que el santo contestó: «Compongo canciones y las canto. Mientras hago esas canciones, río, lloro y murmuro; y así es como alabo al Señor. Entre cantos y lágrimas, risas y murmullos, alabo al Señor mi Dios. Pero, veamos, ¿qué presente es ése que nos traes?»

Al oír Zarathustra esas palabras, se inclinó ante el anciano, y dijo:

«¿Qué es lo que yo podría daros? ¡Será mejor que me dejéis partir cuanto antes, no vaya a quitaros algo!»

Y así se separaron uno de otro, el anciano y el hombre, riéndose como dos chiquillos.

Cuando Zarathustra estuvo solo, vino a decirle a su corazón: «¿Será posible? Ese santo varón, metido ahí en su bosque, ¡no ha oído aún que Dios *ha muerto!*»

III

Cuando Zarathustra entró en la ciudad más cercana al bosque, halló un gran gentío congregado en la plaza. Había corrido la voz de que llegaba un titiritero. Y Zarathustra habló al pueblo con estas palabras:

«Yo predico el Superhombre. Yo os anuncio el Superhombre. El hombre es algo que debe ser superado. ¿Quién de vosotros ha hecho algo para superarle?

Todos los seres, hasta el presente, han originado algo superior a ellos mismos; ¡y mientras, vosotros, queréis ser el refluir de esa marea y retornar a la animalidad, mejor que superar al hombre! ¿Qué es el mono para el hombre? Un motivo de risa, o una dolorosa vergüenza. Pues otro tanto debe ser el hombre para el Superhombre: una irrisión, o una afrentosa vergüenza. ¡Habéis ya recorrido el sendero que va desde el gusano al hombre, pero queda aún en vosotros mucho de gusano!

En tiempos pasados fuisteis simios, ¡pero ahora es el hombre más simio que cualquier simio! Y el más sabio de todos vosotros no pasa de ser una realidad disparatada, un ser híbrido de planta y fantasma. Mas ¿os digo yo que os transforméis en plantas o en fantasmas?

Escuchadme, os diré qué es el Superhombre:

El Superhombre es el sentido de la tierra. Que vuestra voluntad diga: ¡sea el Superhombre el sentido de la tierra!

¡Hermanos míos, yo os exhorto a que *permanezcáis fieles al sentido de la tierra*, y nunca prestéis fe a quienes os hablen de esperanzas ultraterrenas! Son destiladores de veneno, conscientes o inconscientes. Son menospreciadores de la tierra, moribundos y emponzoñados, y la tierra les resulta fatigosa. ¡Por eso desean abandonarla!

Antaño, los crímenes contra Dios eran los máximos crímenes, la blasfemia contra Dios era la máxima blasfemia. Pero Dios ha muerto, y con él han muerto esas blasfemias y han desaparecido esos delitos. Hogaño el crimen más terrible es el crimen contra la tierra; es decir, poner por encima del sentido de la tierra las entrañas de lo incognoscible.

Antaño el alma miraba al cuerpo con desdén, y no existía entonces virtud más excelsa que aquel desdén. El alma quería ver al cuerpo demacrado, horrible y muerto de hambre: así creía llegar a emanciparse de él y de la tierra.

¡Oh, mas el alma misma estaba macilenta, horrorosa y famélica, y la crueldad era su deleite!

Pero, hablad vosotros, hermanos míos. ¿Qué os dice vuestro cuerpo sobre vuestra alma? ¿No es vuestra alma miseria, o basura, o una sucia voluptuosidad?

Verdaderamente, el hombre es una corriente impura y cenagosa. Hay que tornarse Océano, para poder recibir tal corriente turbia y cenagosa sin contaminarse de su impureza.

Escuchadme, yo os diré lo que es el Superhombre. El Superhombre es la misma cosa que el Océano de que os hablaba, aquel en que puede sumergirse vuestro gran menosprecio.

¿Qué es lo más grande que puede sucederos? Que llegue la hora del gran menosprecio, la hora en que os asqueéis de vuestra propia felicidad, o de vuestra razón, o de vuestra virtud. La hora en que os digáis: ¿Qué me importa mi felicidad si no es más que miseria, o basura, o una voluptuosidad lamentable? Y, en cambio, ¡la felicidad debiera justificar incluso la existencia!

La hora en que os digáis: ¿qué me importa mi razón? ¿Acaso ansía ésta el saber, como el león su alimento?, ¿o es pobre y sucia, una voluptuosidad harto miserable? (5).

La hora en que os digáis: ¿Qué me importa mi virtud? Aún no me ha proporcionado ni un instante siquiera de embriaguez. ¡Cuán harto estoy de lo bueno y de lo malo dentro de mí! ¡No es todo sino miseria, o basura, o una miserable voluptuosidad!

La hora en que os habréis de decir: ¿Qué me importa mi justicia? No veo que yo sea pasión y frialdad. Y sin embargo, el justo debe ser pasión y frialdad.

La hora en que os habréis de decir: ¿Qué me importa mi compasión? Esa compasión, ¿acaso no es la cruz en la que clavan al que ama a los hombres? Pero mi compasión no es crucifixión.

---

(5) De Nietzsche se ha hecho con frecuencia (y de nuevo últimamente) un abanderado de la «moderna» reacción contra la razón; y sería, sin duda, estúpido ignorar o negar su irracionalismo (ver nuestra n. 73). Pero una estupidez no menor se comete a menudo al confundirle con quienes desprecian, o desaconsejan, el saber. La «razón» que a Nietzsche «no le importa» es, aquí nos lo dice él, la que «**no ansía el saber** como el león su alimento» (ver más adelante, el texto correspondiente a nuestras notas 7 y 8). Ahora bien, eso, que ennoblece las **intenciones** de Nietzsche, y le distingue de tanto antiilustrado oscurantista y de tanto primitivista «anticultura», no significa que él mismo no abandonase, **de hecho**, el camino del saber, para refugiarse en un voluntarismo muchas veces ciego y obseso; un abandono que, en buena parte, se explica por su «selecto» desprecio a la laboriosidad, su temperamento poco compatible con la larga dedicación a una tarea realista y constante, y su consecuente fracaso en el mundo de la sabiduría oficial de la universidad germánica (ver nota 59).

¿Lo habéis anunciado ya? ¿Lo habéis gritado ya? ¡Ojalá ya os hubiera oído gritarlo!

¡No son vuestros pecados, sino vuestra moderación, lo que clama al cielo! ¡Vuestra mezquindad, aun dentro de vuestros pecados, es lo que clama al cielo!

¿Dónde se hallará el rayo que os lama con su lengua de fuego? ¿Dónde la locura que habría que inocularos?

Pues bien, yo os predico el Superhombre. ¡El Superhombre es ese rayo, el Superhombre es esa locura!»

Cuando Zarathustra hubo terminado su discurso, salió una voz de entre la multitud, y dijo:

«¡Ya hemos escuchado bastante al titiritero! ¡Ahora queremos ver lo que hace!»

Entonces el populacho se rió de Zarathustra. Y el titiritero, creyendo que aquellas palabras se dirigían a él, comenzó su actuación.

IV

Zarathustra contempló al pueblo, y se maravilló. Luego habló así:

«El hombre es una cuerda tendida entre la bestia y el Superhombre: una cuerda sobre un abismo.

Un peligroso ir más allá, un peligroso detenerse, un peligroso volver atrás, un vacilar peligroso y un peligroso estar de pie.

Lo más grande del hombre es que es un puente y no una meta. Lo que debemos amar en el hombre es que consiste en un *tránsito* y un *ocaso* (6).

---

(6) De **Übergehen**, «pasar al otro lado», y también «transitar». **Übergang** es aquí un «pasar (a ser) otra cosa». El hombre, que aún no es el superhombre, debe «hundirse en su ocaso» (**Unter-gehen**) para «pasar a otra cosa» (**Über-gehen**), es decir, para salir de nuevo renovado, en el proceso de muerte-resurrección, como el Sol de Heráclito, pero no ya igual a sí mismo, como en la dialéctica cíclica, repetitiva, de los viejos griegos, sino «negado-y-superado», como en la dialéctica poshegeliana. Lo que sorprende, sin embargo, en Nietzsche, es que esa idea del superhombre choca con la del eterno retorno, que también toma de los filósofos presocráticos, pero a la que es necesario dar más bien un sentido de **amor fati**, de aceptación de la vida tal cual es, «aunque sea necesario» reemprenderla **tal cual es** infinito número de veces. Ver, más adelante, nuestras notas 71 y 88.

Yo amo a quienes no saben vivir sino para desaparecer, para anularse, pues ésos son los que pasan más allá.

Yo amo a los grandes menospreciadores, porque son los grandes veneradores, flechas de deseo que ansían pasar a la otra orilla.

Yo amo a quienes no buscan tras las estrellas alguna razón para desaparecer o inmolarse, sino que se ofrendan a la tierra para que algún día ésta sea del Superhombre.

Yo amo a quienes viven para el conocimiento y tratan de saber (7), para que algún día llegue a existir el Superhombre. Y es así como quieren su propio ocaso.

Yo amo a quienes trabajan e inventan para construir al Superhombre su morada (8), y preparan para su venida la tierra, los animales y las plantas, y dan para eso incluso su vida.

Yo amo a quienes aman su virtud, porque la virtud es voluntad de ocaso, y una flecha del anhelo.

Yo amo a quienes jamás se reservan ni una gota de su espíritu, y quieren ser íntegramente el espíritu de su virtud, y así atraviesan el puente, como espíritu.

Yo amo a quienes hacen de la virtud vocación y destino, porque viven para su virtud y no intentan vivir fuera de su virtud.

Yo amo a quienes jamás desearon tener demasiadas virtudes. Una virtud es siempre más virtud que dos, porque es más fuerte el nudo a que se vincula el destino.

Yo amo a quienes se prodigan y dilapidan su alma, y nunca buscan agradecimiento ni retribución, pues ésos son los que lo dan todo y no quieren conservarse a sí mismos.

Yo amo a quienes se avergüenzan cuando los dados salen a su favor, y se preguntan: ¿seré un tramposo?; porque ésos son de los que quieren su ocaso.

Yo amo a quienes lanzan palabras de oro delante de sus acciones, y dan siempre más de lo prometido, porque también quieren su ocaso.

---

(7) Ver nota 5.
(8) Ver nota 5.

Yo amo a quienes justifican a los hombres del futuro, y rediman a los hombres del pasado, pues quieren perecer a causa de los hombres del presente.

Yo amo a quienes castigan a su dios, porque aman a su dios; pues ellos perecerán por la ira de su dios.

Yo amo a aquellos cuyas almas son tan profundas, aun cuando se las hiere, que sucumben al menor golpe; porque ésos atravesarán el puente.

Yo amo a aquellos cuyas almas están tan repletas que se desbordan, y se olvidan de sí mismos, y todas las cosas están en sus almas, porque todas las cosas les empujarán hacia el abismo.

Yo amo a quienes poseen corazón libre y espíritu libre, de modo que su cabeza no es sino las entrañas de su corazón, pues tal corazón les llevará al ocaso.

Yo amo a quienes son como esas gotas grávidas que caen, una tras otra, suspendiéndose sobre los hombres desde las oscuras nubes: son heraldos del rayo, y, luego, como augures, como mensajeros, desaparecen.

¡Mirad! Yo soy un mensajero del rayo, y una grávida gota que desciende de su nube: mas ese rayo es el *Superhombre*.»

V

Cuando Zarathustra hubo pronunciado tales palabras, se volvió hacia el pueblo y enmudeció. «¡Vedlos —se dijo— cómo ríen! No me comprenden, no es mi boca la adecuada a esos oídos.

¿Será preciso destrozar sus oídos, para que aprendan a oír con los ojos? ¿Habrá que atronar al modo de los tambores, o de los predicadores de la Cuaresma, o de los misioneros? ¿O será más bien que sólo hacen caso de los tartamudos?

Existe algo de lo que se sienten intensamente orgullosos. ¿Cómo llaman a eso en lo que cifran su orgullo? Cultura lo llaman, y es lo que les distingue de los cabreros.

Por eso les hiere la palabra "desdén". Hay que hablarles de su orgullo. Hay que hablarles incluso del más despreciable de entre ellos: *el último hombre.*»

Y Zarathustra, dirigiéndose al pueblo, le habló así:

«Ha llegado el momento de que el hombre se proponga su meta. Ha llegado el momento de que el hombre siembre la semilla de sus más preciosas esperanzas.

Todavía es su suelo lo bastante rico. Mas llegará un día en que tal suelo será demasiado estéril y miserable, y ningún árbol elevado podrá ya crecer en él.

¡Ay! ¿Se aproxima acaso el tiempo en que el hombre no podrá ya disparar las flechas de su anhelo más allá del hombre mismo, y la cuerda de su arco no podrá ya vibrar?

Yo os lo anuncio: es preciso llevar aún algún caos dentro de sí para poder engendrar estrellas danzarinas. Yo os lo anuncio: aún se agita algún caos en vuestro interior.

¡Ay! Se acercan los tiempos en que ya no podréis dar a luz estrellas danzarinas. ¡Ay! ¡Se acercan sin duda los tiempos del hombre más despreciable, de un hombre que ya no sabrá despreciarse a sí mismo!

¡Mirad! Voy a mostraros *el último hombre.*

¿Qué es amor? ¿Qué es creación? ¿Qué es deseo? ¿Qué es una estrella? Esas preguntas se hace el último hombre, entre gesticulaciones y guiños.

La tierra se ha empequeñecido, y sobre ella da brincos el último hombre, el que todo lo empequeñece. Su linaje es inmortal, como el del pulgón: el último hombre es el que más vive.

¡Nosotros hemos descubierto la felicidad!", se dicen los últimos hombres, entre gesticulaciones y guiños.

Han abandonado los parajes en que la existencia era dura, pues necesitaban calor. Aún aman al prójimo, y se acercan a él, porque necesitan calor. El enfermar y el desconfiar se les antoja pecaminoso. Andan siempre con cautelas. ¡Qué tonto quien sigue tropezando con otros hombres, o con las piedras!

Una pizca de veneno de vez en cuando condimenta los ensueños. Y mucho veneno al final da un morir agradable.

Se trabaja aún, porque el trabajo es una distracción: mas hay que procurar que tal distracción no haga daño.

No haya ni pobres ni ricos: ambas cosas son demasiado molestas. ¿Quién quiere aún gobernar? ¿Quién aún obedecer? También esas dos cosas resultan demasiado molestas.

¡No haya pastores ni rebaños! Todos quieren lo mismo, todos son iguales; y quien no se conforme, al manicomio.

"En otros tiempos todos parecían locos", dicen los más sutiles, entre gesticualciones y guiños.

Son prudentes, y saben todo lo que ha ocurrido: por esos sus burlas no tienen fin. Todavía disputan, pero para reconciliarse pronto: lo contrario estropea la digestión.

Se tienen pequeños placeres para el día y para la noche; pero hay que respetar siempre la salud.

"Hemos descubierto la felicidad", repiten los últimos hombres, entre gesticulaciones y guiños.»

Y así terminó el primer discurso de Zarathustra, también llamado «El Prólogo» (9). Pues en aquel punto le interrumpió el griterío y el regocijo de la multitud.

«¡Danos esos últimos hombres, Zarathustra! —gritaban a coro—. ¡Haznos como ese Último Hombre, y quédate tú con tu Superhombre!»

Y todo el pueblo se reía a carcajadas, emitiendo extraños ruidos con la lengua.

Entonces Zarathustra, muy entristecido, dijo a su corazón:

«No me entienden. No soy la boca para esos oídos.

Sin duda he vivido demasiado tiempo en las montañas, y he escuchado demasiado tiempo a los arroyuelos y a los

---

(9) Hay aquí un juego de palabras alemán. «Prólogo», en correspondencia literal con la etimología griega de la palabra, se dice **Vorrede**, «prediscurso», discurso preliminar, mientras que «**erste Rede**» significa «primer discurso». La siguiente parte del libro se titulará «Discursos (**Reden**) de Zarathustra».

árboles: ahora les hablo como si también ellos fueran cabreros.

Mi alma está empapada de placidez, radiante y sosegada como los montes por la mañana. Pero ellos piensan que yo soy frío, un bufón que usa de ironías siniestras.

Me miran y se ríen; y, mientras ríen, me odian. En esa risa hay hielo.»

VI

Mas en aquel instante sucedió algo que hizo enmudecer todas las bocas y atrajo todas las miradas. Sucedió que el titiritero, tras haber salido por una portezuela y haber empezado a pasar por la cuerda tendida entre las dos torres, comenzó su trabajo, por encima de la plaza y de la multitud. Llegado justamente a mitad del camino, se abrió de nuevo la portezuela y dio paso a un personaje grotesco, parecido a un bufón, de abigarrados vestidos, quien, a buen paso, se dirigió hacia el volatinero. «¡Adelante, cojitranco! —le gritaba con voz estentórea—, ¡adelante, haragán, fullero, cara pálida! ¡Procura que no te haga yo cosquillas con mis talones! ¿Qué buscas ahí, entre esas dos torres? ¡En una de ellas deberías estar, encerrado! ¡Por cortar el paso a quien vale más que tú!» Y a cada frase se acercaba más y más al volatinero; y cuando ya se encontraba a sólo un paso de distancia, ocurrió un accidente horrible, que enmudeció a todos, y paralizó todas las miradas: aquel ser retorcido, tras lanzar un aullido que parecía salir de las fauces de un demonio, saltó por encima del volatinero que le obstaculizaba el camino. Al verse derrotado por su rival, el volatinero perdió el equilibrio, soltó el balancín en que apoyaba sus manos, y, con la mayor rapidez, cayó al suelo convertido en un pelele, en un remolino de brazos y piernas. La multitud se agitó entonces como el mar embravecido por la tempestad; y todos huyeron, dispersándose y atropellándose, en particular cuantos se hallaban más cerca del lugar en que cayó el desdichado.

Zarathustra era el único que permanecía inmóvil, y a sus pies fue a parar el titiritero, malherido y conmocionado, aunque no muerto todavía. Al cabo de un instante el caído recuperó el conocimiento, y, al abrir los ojos, clavó su mirada en Zarathustra, arrodillado junto a él. «¿Qué haces ahí? —pudo articular al fin—. Hace tiempo que sabía que el demonio iba a jugarme una trastada así, para llevarme luego al infierno. ¿Quieres tú impedírselo?»

«Oh, amigo mío —contestó Zarathustra—. Te juro por mi honor que no existe nada de eso de lo que estás hablando. No hay demonio, ni hay infierno. Tu alma estará muerta aún antes que tu cuerpo. ¡Nada en absoluto tienes, pues, que temer!»

El moribundo le miró con recelo, y replicó:

«Si lo que afirmas es cierto, nada pierdo al perder la vida. Apenas si paso de ser un animal, al que han enseñado a bailar a fuerza de palos y de privaciones.»

«No, eso sí que no —repuso Zarathustra—. Tú has hecho del peligro tu oficio, y eso nada tiene de vergonzoso. Ahora sucumbes, víctima de tu profesión. Yo te prometo que te enterraré con mis propias manos.»

El moribundo no pudo ya responder a las últimas palabras de Zarathustra. Lo que hizo fue extender la mano, como buscando la de Zarathustra, para manifestarle su gratitud.

VII

Comenzaba, entretanto, a hacerse de noche, y las tinieblas caían sobre la plaza. El pueblo se fue dispersando, pues también el miedo y la curiosidad cansan. Solamente Zarathustra continuaba sentado en el suelo junto al muerto, abismado en sus pensamientos, olvidado del tiempo. Al fin la noche cerró por completo, y un viento helado sopló sobre el solitario. Zarathustra se levantó y habló así a su corazón:

«¡En verdad, he hecho hoy una bonita pesca! ¡En vez de pescar un hombre, he pescado un cadáver!

¡Qué ingrata es la vida humana, y qué grande su falta de sentido! Un bufón puede serle fatal.

Yo quiero mostrar a los hombres el sentido de su existencia, que no es sino el Superhombre, el rayo que emerge de la sombría nube humana.

Mas aún estoy muy alejado de los hombres, y mi sentimiento no se concierta con sus sentimientos. Para los hombres, vengo a ser algo así como un intermedio entre el loco y el cadáver.

¡Qué oscura se presenta la noche, y qué oscuros son los caminos de Zarathustra! (10). Vente conmigo, compañero rígido y helado. Yo te llevaré hasta donde pueda enterrarte con mis propias manos.»

VIII

Cuando Zarathustra hubo hablado así a su corazón, se echó el cadáver a cuestas y se puso en camino. No habría recorrido más de cien pasos cuando un hombre apareció cautelosamente a su lado y le musitó unas palabras al oído. Era el payaso de la torre.

«Márchate de esta ciudad, Zarathustra —le dijo—. Hay acá muchos que te odian. Te odian los buenos y justos, alegando que eres su enemigo y les menosprecias. Te odian los creyentes de la fe verdadera, que te llaman el peligro de las multitudes. Mucha suerte tuviste de que te tomaran a risa: y en verdad que les has hablado como un bufón. Mucha suerte has tenido al solidarizarte con ese perro muerto. Al rebajarte así, te has salvado, por hoy. Pero márchate de la ciudad, o mañana deberé brincar sobre ti; con lo cual, un vivo saltaría sobre un muerto.»

Tras decir esas palabras, se esfumó. Y Zarathustra continuó deambulando, con su carga a la espalda, por oscuras callejuelas.

_____

(10) El traductor A. Sánchez Pascual ve aquí, con acierto, una cita de Lutero: «oscuros son los caminos del sin-Dios».

A las puertas de la ciudad se topó con los sepultureros, los cuales aproximaron a su rostro las antorchas que llevaban. Reconocieron a Zarathustra y se burlaron mucho de él, diciendo:

«Zarathustra se lleva al perro muerto. ¡Bravo, Zarathustra se ha hecho sepulturero! Que entierre, pues, al perro, porque nuestras manos están demasiado limpias para tocar tal pieza. ¿Es que Zarathustra quiere robarle al diablo su pitanza? ¡Pues que sea enhorabuena, y buen provecho! Pero el demonio es mejor ladrón que Zarathustra: robará a los dos, se zampará a los dos!» Y cuchicheaban y se reían.

Zarathustra no dijo ni una palabra, se limitó a seguir su camino. En dos horas había atravesado un bosque y unas ciénagas, y escuchado aullidos de lobos famélicos: su propio apetito se despertó. Vio entonces una casa solitaria, en cuyo ventanal ardía una luz, y se dijo:

«El hambre me ha asaltado como un salteador de caminos. En la noche oscura, entre bosques y ciénagas, el hambre se ha apoderado de mí.

¡Qué raramente caprichosa se me antoja mi hambre! Con frecuencia no surge sino después de haber cenado, y hoy no me vino en todo el día. ¿Dónde se habrá entretenido?»

Entonces golpeó la puerta de la casa, apareció un viejo que, con una luz en la mano, le preguntó:

«¿Quién es el que se arrima a mí y a mi mal sueño?»

«Un vivo y un muerto —contestó Zarathustra—. Dame de comer y de beber, pues me he olvidado de hacerlo durante la jornada. Según dice el proverbio, quien da de comer a un hambriento reconforta su espíritu.»

El viejo volvió a penetrar en la casa, y salió luego para ofrecer pan y vino a Zarathustra.

«Mal paraje para los hambrientos es el nuestro —dijo—. Por eso vivo yo aquí. Hombres y animales acuden a mí, al eremita. Pero no te olvides de dar de comer también a tu compañero, que, por las trazas, está más fatigado que tú.»

Zarathustra respondió:

«Mi compañero está muerto. Trabajo me costaría hacerle comer.»

«Eso a mí no me incumbe —gruñó el viejo, de mal talante—. Quien llama a mi puerta debe aceptar lo que le ofrezco. ¡Comed, pues, y que os aproveche!»

Después de ese episodio, Zarathustra siguió caminando otras dos horas, fiando su ruta a la claridad de las estrellas, pues por costumbre era noctámbulo, y se gozaba en mirar a la cara a todo lo que duerme. Mas cuando empezó a apuntar el alba, se encontró en un valle profundo, el que concluían todos los caminos. Allí colocó al muerto en el hueco de un árbol, a la altura de su cabeza (queriendo así protegerlo de los lobos), y, recostándose sobre el musgo, pronto se quedó dormido, fatigado su cuerpo, a la vez que tranquilo su espíritu.

IX

Tanto tiempo durmió Zarathustra que sobre su rostro no sólo pasó la aurora, sino también el mediodía. Mas al fin abrió los ojos, y miró a su alrededor, asombrado: asombrado tanto del silencio como de sí mismo. Después se levantó apresuradamente, como el navegante que divisa tierra firme, y lanzó un grito de alegría, pues una verdad nueva se le había revelado. Entonces habló así a su corazón:

«Un rayo de luz atraviesa mi alma. Mis ojos se abren ante una luz nueva. Necesito compañeros vivos, no compañeros muertos ni cadáveres, que he de llevar a cuestas por dondequiera que vaya.

Necesito compañeros vivos, que me sigan, porque se sigan a sí mismos, y vayan adonde yo vaya.

Un rayo de luz, una luz nueva, ha aparecido en mi horizonte. ¡Zarathustra no debe hablar al pueblo, sino a compañeros! ¡Zarathustra no debe actuar como un pastor o un perro de rebaños!

¡Para incitar a muchos a apartarse del rebaño, para eso

he venido! Pueblos y rebaños se enfadarán conmigo, me gruñirán: los pastores llamarán ladrón a Zarathustra. Pastores les llamo, aunque a sí mismos se llaman los buenos y justos. Pastores les llamo, aunque a sí mismos se llaman creyentes de la fe verdadera.

¡Ved a los buenos y justos! ¿A quién odian por encima de todo? Al que rompe sus tablas de valores, al quebrantador, al infractor. ¡Pero ése es el creador!

¡Ved a los creyentes de todas las creencias! ¿A quién odian por encima de todo? Al que rompe sus tablas de valores, al quebrantador, al infractor. ¡Pero ése es el creador!

Compañeros para su andar busca el creador, y no cadáveres, ni tampoco rebaños y creyentes. Colaboradores busca el creador, que escriban nuevos valores en nuevas tablas.

Compañeros busca el creador, colaboradores en la recolección, pues todo está en él maduro para la cosecha. Pero le faltan las cien hoces, por eso arranca las espigas y se encoleriza.

Compañeros busca el creador, que sepan afilar sus hoces. Se les llamará demoledores, y despreciadores del bien y del mal. Pero ellos cosecharán y celebrarán las fiestas.

Compañeros en la creación busca Zarathustra, compañeros para cosechar y para celebrar las fiestas. ¿Qué podría hacer con rebaños, y pastores, y cadáveres? (11).

Y tú, mi primer compañero, descansa en paz. Te he proporcionado buena sepultura en el hueco del árbol, estás en buen abrigo contra los lobos.

Pero no me separo de ti, porque mi tiempo ha pasado. Entre la aurora y el mediodía ha venido a mí una verdad nueva.

No debo ser pastor ni sepulturero. Ni quiero volver a hablar al pueblo: por última vez he hablado a un muerto.

A los creadores, a los cosechadores, a los que celebran

---

(11) Ver más adelante, «Del nuevo ídolo», y «De las moscas del mercado», y nuestras notas 26 y 28.

fiestas quiero unirme; quiero mostrarles el nuevo arco iris y los escalones que conducen al Superhombre.

Cantaré mi canción para los eremitas, o para las parejas solas (12); y a quien tenga todavía oídos para oír cosas inauditas le abrumaré el corazón con mi dicha.

Hacia mi meta voy, y sigo mi propia ruta: saltaré por encima de los indecisos y de los rezagados. ¡Sea mi marcha el ocaso de ellos!»

X

Eso fue lo que Zarathustra dijo a su corazón cuando el sol estaba en pleno mediodía. Sondeó entonces las alturas con la mirada, pues había oído la voz aguda de un ave: un águila trazaba amplios círculos en el aire, y de ella colgaba una serpiente, no como si fuera un botín, sino como una amiga, pues iba arrollada a su cuello.

«¡Ésos son mis animales! —dijo Zarathustra, y se regocijó en su corazón—. El animal más orgulloso bajo el sol, y el animal más prudente bajo el sol, han salido para explorar el terreno.

Quieren averiguar si Zarathustra vive todavía. ¿Vivo todavía, en verdad?

He encontrado más peligros entre los hombres que entre los animales. Peligrosos son los caminos que recorre Zarathustra. ¡Que mis animales me sirvan de guía!»

Al decir esto Zarathustra recordó las palabras del santo en el bosque. Suspiró, y habló así a su corazón:

«¡Ojalá fuera yo más prudente! ¡Ojalá fuera tan profundamente astuto como la serpiente!

Pero pido imposibles. Por eso pido a mi orgullo que camine siempre junto a mi prudencia.

Y si un día la prudencia me abandona —¡ay, le gusta escapar!— que mi orgullo vuele junto a mi locura!»

Así comenzó el ocaso de Zarathustra.

---

(12) Se pierde aquí el juego de palabras del original alemán. El eremita, o anacoreta, es el «uno-solo» (**Ein-siedler**), palabra que utiliza Nietzsche como modelo para crear «**Zwei-siedler**», el «par-solo», la «pareja en soledad».

LOS DISCURSOS DE ZARATHUSTRA

DE LAS TRES TRANSFORMACIONES

Voy a hablaros de las tres transformaciones del espíritu: de cómo el espíritu se transforma en camello, el camello en león, y finalmente el león en niño.

Muchas cargas soporta el espíritu cuando está poseído de reverencia, el espíritu vigoroso y sufrido. Su fortaleza pide que se le cargue con los pesos más formidables.

«¿Qué es lo más pesado?», se pregunta el espíritu sufrido. Y se arrodilla, como el camello, en espera de que le carguen.

«¿Qué es lo más pesado, oh héroes?», se pregunta el espíriru sufrido para cargar con ello, y que le regocije su fortaleza.

Lo más pesado, ¿no es arrodillarse, para humillar la soberbia? ¿Hacer que la locura resplandezca, para burlarse de la propia sabiduría?

¿O bien separarse de los suyos, cuando todos celebran la victoria? ¿O escalar las elevadas montañas, para tentar al tentador?

¡O acaso alimentarse de las bellotas y los yerbajos del conocimiento, y padecer hambre en el alma por amor a la verdad? ¿O acaso estar enfermo y mandar a paseo a quienes intentan consolarnos, para trabar amistad con los sordos, con aquellos que jamás oyen lo que uno desea?

¿O tal vez zambullirse bajo el agua sucia, cuando es

ésta el agua de la verdad, sin apartar de sí las frías ranas y los calientes sapos? ¿O tal vez amar a quienes nos desprecian, y tender la mano a cuantos fantamas se proponen asustarnos?

Todas esas pesadísimas cargas toma sobre sí el espíritu sufrido; a semejanza del camello, que camina cargado por el desierto, así marcha él hacia su desierto.

Pero en lo más solitario de ese desierto se opera la segunda transformación: en león se transforma el espíritu, que quiere conquistar su propia libertad, y ser señor de su propio desierto.

Aquí busca a su último señor: quiere ser amigo de su señor y su Dios, a fin de luchar victorioso contra el dragón.

¿Cuál es ese gran dragón a quien el espíritu no quiere seguir llamando señor o Dios? Ese gran dragón no es otro que el «tú debes» (13). Frente al mismo, el espíritu del león dice: yo quiero.

El «tú debes» le sale al paso como un animal escamoso y refulgente en oro, y en cada una de sus escamas brilla con letras doradas el «tú debes».

Milenarios valores brillan en esas escamas, y el más prepotente de todos los dragones habló así:

«Todos los valores de las cosas brillan en mí.

Todos los valores han sido ya creados. Yo soy todos los valores. Por ello, ¡no debe seguir habiendo un "yo quiero"!» Así habló aquel dragón.

---

(13) «Tú debes» es la divisa de la ética kantiana, que había entusiasmado a muchos racionalistas, y al propio Nietzsche. Éste escribe, en efecto, poco después: «Como a su cosa más santa, el espíritu amó, en su tiempo, al tú debes»; pero en seguida añade: «Hasta en lo más santo tiene ahora que encontrar ilusión y capricho, para **robar el quedar libre de su amor**». La ética kantiana es la más alta construcción moral de la razón, que se dicta su **imperativo categórico** «por respeto a sí misma» (ver nota 47). Nietzsche admira como el que más y aplaude ese respeto, pero quiere arrebatarle su «santidad», y, sobre todo (quizá por no haber entendido plenamente a Kant y dar a la ética de éste un carácter de «conclusa» que en realidad no tiene) su «congelación de valores», que, para Nietzsche, impedía la libre creación de otros nuevos del «santo decir sí». Por otra parte, Nietzsche ve, por debajo de su formulación racionalista, el origen cristiano de la moral de Kant, y, más aún, ve a su vez al cristianismo basado en el Yahvé judío, «el más prepotente de los dragones», al que se refiere a continuación.

Hermanos míos ¿para qué es necesario en el espíritu un león así? ¿No basta acaso con el animal sufrido, que es respetuoso, y a todo renuncia?

Crear valores nuevos no es cosa que esté tampoco al alcance del león. Pero sí lo está el propiciarse libertad para creaciones nuevas.

Para crearse libertad, y oponer un sagrado *no* al deber —para eso hace falta el león.

Crearse el derecho a valores nuevos, ésa es la más tremenda conquista para el espíritu sufrido y reverente. En verdad, para él eso equivale a una rapiña, a algo propio de animales de presa.

Como su cosa más santa, el espíritu amó en su tiempo al tú debes. Hasta en lo más santo tiene ahora que encontrar ilusión y capricho, para robar el quedar libre de su amor: para ese robo es necesario el león.

Mas ahora decidme, hermanos míos: ¿qué es capaz de hacer el niño, que ni siquiera el león haya podido hacer? ¿Para qué, pues, habría de convertirse en niño el león carnicero?

Sí, hermanos míos, para el juego divino del crear se necesita un santo decir «sí»: el espíritu lucha ahora por *su* voluntad propia, el que se retiró del mundo conquista ahora *su* mundo.

Tres transformaciones del espíritu os he mencionado: os he mostrado cómo el espíritu se transforma en camello, luego el camello en león, y finalmente el león en niño.

Así habló Zarathustra.

Y entonces residía en la ciudad llamada «la Vaca de Muchos Colores».

DE LAS CÁTEDRAS DE VIRTUD

Cierto día oyó Zarathustra predicar a un sabio al que alababan mucho. Hablaba con gran cultura y elocuencia, del sueño (14) y de la virtud. Por ello, decían, eran muy reverenciado, y había sido rodeado de distinciones y recompensas, y todos los jóvenes se sentaban en torno a su cátedra. A él acudió Zarathustra, y, junto con los jóvenes, se sentó ante su cátedra.

Y el sabio habló así:

«¡Honremos y reverenciemos el sueño! ¡Eso es lo primero! ¡Y evitad a cuantos duermen mal, o velan por la noche!

Ante el sueño siente pudor hasta el ladrón: siempre roba a hurtadillas y con mucho sigilo, por la noche. Por el contrario, el guarda nocturno carece de pudor, y desvergonzadamente vagabundea con su trompeta.

Dormir no es cosa fácil. Para dormir se precisa haber pasado bien despierto el día entero.

Diez veces al día deberás vencerte a ti mismo: eso te hará llegar a la noche fatigado, y esa buena fatiga será el mejor opio para el alma.

Diez veces deberás reconciliarte contigo mismo; pues la superación es amarga, y quien no se haya reconciliado dormirá mal.

Diez verdades deberás descubrir durante el día; si no lo haces, durante la noche seguirás persiguiendo la verdad, y tu alma se sentirá hambrienta.

Diez veces deberás reír y alegrarte durante el día; si no lo haces, el estómago, ese padre de la tribulación, te atormentará durante la noche.

---

(14) Es aquí inequívoca la alusión irónica al «sueño de los justos», tan alabado en la Biblia. Al mismo tiempo que Nietzsche puede referirse a su maestro Schopenhauer, con su «gran cultura y elocuencia» de «predicador de moral» (aunque las enseñanzas que siguen no sean propiamente schopenhauerianas).

Muchos lo ignoran, pero es preciso poseer todas las virtudes, si se quiere dormir bien.

¿Levantaré falsos testimonios? ¿Cometeré yo adulterio? ¿Me dejaré llevar a desear la mujer de mi prójimo? Mal se avendrían todas esas cosas con un buen dormir.

Y aun cuando se tengan todas las virtudes, es necesario entender aún de una cosa: hay que saber mandar a dormir a tiempo a esas mismas virtudes.

¡Consigue así que no se peleen entre ellas esas lindas mujercillas!

¡Y que no lo hagan sobre ti, desventurado!

Un buen dormir reclama estar a bien con Dios, con el prójimo, y aun con el demonio del prójimo: de lo contrario, te asediará por la noche.

¡Honra y sométete a la autoridad! Incluso si cojea y no marcha derecha. Así lo requiere el buen dormir. ¿Acaso tengo yo la culpa de que la autoridad ande cojeando?

El mejor pastor es, en mi opinión, el que procura a sus ovejas los prados más verdes. Ese tal dormirá bien.

No deseo muchos honores, ni grandes riquezas: todo eso inflama el hígado. Mas no se duerme bien sin un buen nombre y un pequeño tesoro.

Prefiero compañía escasa a mala; pero que se acerque o se aleje con oportunidad: así conviene al buen dormir.

Mucho me complacen también los pobres de espíritu: hacen conciliar el sueño. Bienaventurados son, especialmente si no se les contradice.

Así se desliza el día para el virtuoso. Y, cuando llega la noche, me guardo muy bien de llamar al sueño. ¡El dormir —ese sueño que es señor de las virtudes— no quiere que se le llame!

Medito sobre mis acciones y mis pensamientos del día. Rumiando tales recuerdos, me interrogo, con paciencia propia de una vaca: ¿Cuáles han sido tus diez superaciones? ¿Y cuáles tus diez reconciliaciones, y tus diez verdades, y esas diez carcajadas tuyas con las que se holgó tu corazón?

Reflexionando sobre todo eso, y mecido por cuarenta pensamientos diversos, ese sueño al que no he invocado

—el señor de las virtudes— llega a sorprenderme de golpe.

El sueño llama a las puertas de mis ojos, y éstas se sienten pesadas. El sueño toca mi boca, y ésta se queda entreabierta.

Es como el más encantador de los ladrones, que se me acerca sigiloso y roba mis pensamientos. Entonces me quedo en pie como un tonto, como esta madera en que me siento.

Pero no permanezco mucho tiempo así, en seguida me acuesto.»

Mientras Zarathustra oía hablar al sabio en esos términos se reía en su corazón; pues en éste se había encendido una luz. Entonces habló así a su corazón:

«Un necio es para mí este sabio, con sus cuarenta pensamientos. Creo, sin embargo, que entiende bien de dormir.

¡Bienaventurado quien vive cerca de ese sabio! Un dormir como el suyo es contagioso, incluso a través de un espeso muro.

Y en su cátedra mora un hechizo. No es extraño que los jóvenes se sienten ante ese predicador de virtudes.

Su sabiduría nos enseña a velar para dormir bien. Y en verdad, si la vida careciese de sentido y yo tuviera que elegir un sinsentido, tendría el suyo como el más digno de ser elegido.

Ahora entiendo con claridad lo que en otro tiempo se buscaba, ante todo, cuando se buscaban maestros de virtud: se buscaba un buen dormir, y virtudes enguirnaldadas de adormidera.

Para todos esos aclamados sabios de las cátedras, la sabiduría estaba en dormir sin pesadillas. Jamás conocieron otro mejor sentido de la vida.

Y todavía quedan algunos predicadores como ése, aunque no siempre tan honestos; pero su tiempo ha pasado; y apenas se mantienen en pie, y ya se tumban.

¡Bienaventurados esos somnolientos, pues no tardarán en quedar dormidos!»

Así habló Zarathustra.

DE LOS DE DETRÁS DEL MUNDO (15)

En otro tiempo, Zarathustra volcó sus ideales más allá del hombre, como suelen hacer todos los de más allá del mundo, los de detrás del mundo.

Entonces me parecía ser el mundo la obra de un dios atormentado y dolorido. Sueño me parecía el mundo, invención poética de un dios: humo coloreado ante los ojos de un ser divino insatisfecho.

Bienes y males, alegrías y dolores, el tú y el yo, humo coloreado ante los ojos creadores. El Creador quiso apartar la mirada de sí mismo, y creó el mundo.

Para quien sufre, hay una alegría embriagadora en olvidar los propios sufrimientos y salir fuera de sí mismo. De ahí que en otro tiempo el mundo me pareciera una alegría embriagadora y un olvidarse de sí mismo.

Un mundo eternamente imperfecto, deficiente trasunto de una eterna contradicción, gozo delirante de su imperfecto creador, eso me parecía el mundo.

Proyecté, así, mis ideales, más allá del hombre, como hacen todos los de detrás del mundo. ¿Los proyecté, en verdad, más allá del hombre?

¡Ah, hermanos míos! Aquel dios forjado por mí no pasaba de ser obra humana y delirio humano, al igual que los dioses todos.

Hombre era, un simple fragmento miserable de hombre y de yo, salido de mi propia invención. De mi propia ceniza nació tal fantasma, y realmente no procedía del Más Allá:

¿Preguntáis qué sucedió, hermanos? Yo me vencí a mí mismo: con mi doliente yo trasladé mis cenizas a la mon-

---

(15) Nietzsche introduce aquí la palabra **Hinterweltler**, formada por él en analogía con el **meta-physika** de los griegos, pero dando a esta palabra su posterior sentido de «más allá del mundo natural», y su combinación con el «otro» mundo del cristianismo. **Hinter** significa «detrás de», «a espaldas de»; **Welt** es «el mundo».

taña, e inventé para mí una llama más clara. Y ved cómo, entonces, el fantasma se alejó de mí.

Para quien ya está sano, creer en tales fantasmas sería un tormento. Para mí, ya curado, resultaría un sufrimiento y una humillación. Por eso me dirijo a los de detrás del mundo.

Sufrimiento e impotencia fue lo que creó a todos los de detrás del mundo. Y ese breve estremecimiento de felicidad que sólo conocen quienes más sufren.

Cansancio del que quiso llegar a su meta de un solo salto, de un salto mortal. Una pobre fatiga ignorante a la que ni quedan fuerzas para querer, y que es la que crea a los dioses todos, y a los de detrás del mundo.

¡Hermanos míos, creedme! El cuerpo fue el que desesperó del cuerpo: con los dedos de su espíritu perturbado palpó a lo largo de los últimos muros.

¡Hermanos míos, credme! El cuerpo fue el que renegó de la tierra: él oyó que le hablaban las entrañas del ser.

Y entonces quiso meter la cabeza a través de los últimos muros, y no sólo la cabeza.

Quiso pasar a «aquel mundo».

Pero «aquel mundo» permanece muy oculto a los ojos del hombre, aquel inhumano mundo deshumanizado no es sino una celestial nada; y las entrañas del ser no le declaran nada al hombre, al no ser en forma de hombre.

En verdad, es difícil demostrar el ser, y es difícil hacerle hablar. Decidme, hermanos míos, la más extraordinaria de todas las cosas, ¿no es acaso la mejor demostrada?

Sí, este yo, y la contradicción y confusión del yo continúan siendo los que más profundamente hablan de su ser. Este yo creador que decide y valora, que es la medida y el valor de todas las cosas.

Ese honestísimo ser, el yo, habla del cuerpo, y quiere al cuerpo, aun cuando fantasee y se exalte, y revolotee de un lado a otro con alas desgarradas.

El yo nos habla con honradez creciente; y cuanto más llega a conocer, tantas más palabras encuentra para honrar al cuerpo y a la tierra.

El yo me ha enseñado una nueva soberbia, la que yo predico a los humanos: ¡Dejad de esconder la cabeza en el polvo de las cosas celestes, llevad alta la cabeza, una cabeza terrena, que es la que crea el sentido de la tierra!

Una nueva buena voluntad predico a los hombres: ¡Quered ese camino que el hombre ha seguido a ciegas, consideradlo el buen camino, no os escapéis de él, como hacen los enfermizos, los decadentes o los moribundos!

Enfermos y moribundos fueron los que despreciaron el cuerpo y la tierra, e inventaron las cosas celestes, y las gotas de sangre redentora. ¡Y hasta esos sombríos venenos los sacaron del cuerpo y de la tierra!

Intentaban esquivar sus miserias y huir de sus tormentos, y las estrellas les parecían lejanas. Entonces suspiraron: «¡Oh, si hubiera senderos celestes para poder remontarse a otra existencia y a otra felicidad!» E inventaron sus caminos furtivos y sus brebajes de sangre.

Esos ingratos imaginaron entonces que se habían apartado de sus cuerpos y de esta tierra. Pero ¿a quién debían los estremecimientos y delicias de sus éxtasis? ¡Al cuerpo y a la tierra!

Suave es la voz de Zarathustra con los enfermos. Ni se encoleriza por su ingratitud ni por su modo de consolarse. ¡Que puedan sanar y vencerse ellos mismos, que se creen otro cuerpo mejor!

Tampoco se enoja Zarathustra con los convalecientes, cuando miran con ternura sus perdida ilusiones, y vagabundean a medianoche en torno al sepulcro de algún dios. Pero no ve en sus lágrimas sino enfermedad.

Entre quienes sueñan y añoran a los dioses abundaron siempre los enfermos: odian con furia a quien ama de veras el conocer, y a la más juvenil de todas las virtudes, la honradez (16).

Siempre miran hacia atrás, hacia los tiempos oscuros. Entonces el ilusionarse, el alocarse y el creer, resultaban ser por cierto muy diversos: el delirio de la razón era semejanza con Dios, y el dudar era pecado.

---

(16) Ver nota 5.

Sobradamente conozco a esos semejantes de Dios. Intentan que se crea en ellos, y que se valore el dudar como pecado. De sobra sé igualmente qué es lo que más creen.

En verdad, no creen en mundos del más allá, ni en gotas de sangre redentora; creen igualmente en el cuerpo. Su propio cuerpo es, entre ellos, la cosa en sí.

Pero el cuerpo es para ellos una cosa enfermiza; muy a gusto escaparían del pellejo. Por eso escuchan con entusiasmo a los predicadores de la muerte, y ellos mismos predican transmundos.

Hermanos níos, escuchadme a mí, oíd la voz del cuerpo sano: con toda seguridad, es una voz más pura y más honrada.

El cuerpo sano, el cuerpo perfecto y cuadrado es el que habla con máxima lealtad y con máxima pureza. ¡Y habla del sentido de la tierra!

Así habló Zarathustra.

DE LOS DESPRECIADORES DEL CUERPO

Quiero decir mi palabra a los despreciadores del cuerpo. Deben tan sólo saludar a su cuerpo, y luego enmudecer.

«¡Yo soy cuerpo y alma!», afirma el niño. ¿Por qué razón no hemos de hablar como los niños?

Mas el ya despierto, el sabio, dice: «Todo mi yo es cuerpo, y el alma no es sino el nombre de algo propio del cuerpo.»

El cuerpo es una gran razón, una enorme multiplicidad dotada de un sentido propio, guerra y paz, rebaño y pastor.

Tu pusilánime razón, hermano mío, es también un instrumento de tu cuerpo, y a eso llamas espíritu: un instrumentito, un juguetillo a disposición de tu gran razón.

«Yo», dices una y otra vez, ensoberbeciéndote con esa palabra. No obstante, lo más ingente, algo en lo que no quieres creer, es tu cuerpo y tu gran razón, la cual no dice ciertamente «Yo», pero es la que hace «yo».

Lo que los sentidos sienten, lo que el espíritu conoce, nunca tiene su finalidad en sí mismo. Pero los sentidos y el espíritu intentan convencerse de que son, en absoluto, la finalidad de las cosas todas: tan vanidosos son.

Los sentidos y el espíritu son instrumentos o juguetes. Tras ellos se oculta el Sí-Mismo (17). Ese Sí-Mismo mira también con los ojos de los sentidos, y oye con los oídos del espíritu.

El Sí-Mismo siempre inquiere y escucha: coteja, reprime, conquista y destruye. Él domina, y también sobre el yo.

Hermano mío, detrás de tus ideas y sentimientos se oculta un poderoso señor, un sabio desconocido. Se llama Sí-Mismo. Reside en tu cuerpo, es tu cuerpo.

Más razón hay en tu cuerpo que en tus pensamientos más sabios. ¿Quién asegurará que el cuerpo no pueda prescindir de la mejor sabiduría?

Tu Sí-Mismo se mofa de tu yo y de sus vanidosas piruetas. «¿Qué son para mí esos saltos y esos vuelos del pensar?», llega a preguntarse. «No son sino rodeos hacia algún fin. Pues yo soy las andaderas del "yo", y el apuntador de su pensar» (18).

El Sí-Mismo le inculca al yo: «¡Siente dolor!» Y entonces el yo sufre y medita en torno a lo que hará para no sufrir: precisamente para eso *debe* actuar su pensamiento.

El Sí-Mismo dice otras veces al yo: «¡Regocíjate!» Entonces el yo se alegra y medita en torno a lo que hará para seguir alegrándose. Y también para eso *debe* actuar el pensamiento.

A quienes menosprecian el cuerpo quiero decirles una gran verdad: su despreciar, a pesar de los pesares, es su apreciar.

¿Qué es lo que creó la estima y el menosprecio, el valor y la voluntad?

---

(17) **Selbst**, que Nietzsche contrapone al «yo» (**Ich**). Ese **Selbst** tiene aquí mucho de la «Voluntad» o «cosa-en-sí» de Schopenhauer, y también anticipa mucho del **Es** o «ello», de Freud.

(18) Véase la semejanza con el **Es** de Freud (nota anterior).

Fue el Sí-Mismo quien creó tanto la estima y el menosprecio como la alegría y el dolor. El creador se creó así el espíritu, para sí mismo, como una mano de su voluntad.

Hasta en vuestra tontería y vuestro menosprecio servís, ¡oh despreciadores del cuerpo!, a vuestro Sí-Mismo; por lo cual yo os aseguro: ¡vuestro Sí-Mismo quiere morir y se aparta de la vida!

Es ya incapaz de hacer lo que querría por encima de todo: crear algo, superándose a sí propio. Tal es su mejor afán, eso es lo que desea con todas sus fuerzas.

Pero ya es demasiado tarde para eso: ¡Por ello vuestro Sí quiere hundirse en su ocaso, despreciadores del cuerpo! ¡Pues ya no podéis crear superándoos a vosotros mismos!

En consecuencia, sentís odio contra la vida y contra la tierra. Una inconsciente envidia se transparenta en vuestro mirar torvo.

Pero yo no sigo vuestra ruta, despreciadores del cuerpo. ¡Para mí no sois el puente que conduce al Superhombre!

Así habló Zarathustra.

DE LAS ALEGRÍAS Y LAS PASIONES

Hermano mío, si posees una virtud, y ella es realmente tuya, con nadie la compartirás.

Querrás llamarla por su nombre y acariciarla, querrás tirarle de las orejas y reírte de ella.

Pues bien, entonces tendrás en común con el pueblo el nombre que le des, y te habrás convertido, con tu virtud, en pueblo y en rebaño.

Obrarás mejor si dices: algo inefable y sin nombre es el tormento de mi espíritu, la dulzura de mi alma, el hambre que roe mis entrañas.

¡Ojalá tu virtud sea tan alta que no consienta la familiaridad de los nombres! Si tienes que hablar sobre ella, no te avergüence el tartamudear.

Cuando hables, balbucea así: mi bien es cuanto yo amo y cuanto me satisface por completo. Solamente así es como *yo* quiero el bien.

No lo quiero como mandamiento de Dios, ni tampoco como ley o forzosidad humana: jamás he querido que fuera una guía, o estrella, hacia super-tierras o paraísos.

La que yo amo es la virtud terrestre, harto distinta, por cierto, de la inteligencia y hasta del sentido común.

Tal pájaro ha construido su nido dentro de mí: por ello le amo y le abrazo. Ahora está incubando, dentro de mí, sus huevos de oro.

Así es como debes balbucear, alabando la virtud.

En otros tiempos tenías pasiones y las llamabas males. Pero ahora no posees sino tus virtudes, las nacidas de tus pasiones.

Tales pasiones se empaparon de tus más altos fines, dentro de tu corazón, y se convirtieron en virtudes y en alegrías.

Aun cuando fueses el peor de la raza de los iracundos, o de los concupiscentes, o de los fanáticos de la fe, o de los vengativos, todas tus pasiones acabarían cambiándose en virtudes, y tus demonios en ángeles.

Antaño guardabas canes furiosos en tu bodega, pero hogaño al fin se han mudado en aves y en dulces cantoras.

Con tus venenos elaboraste tu bálsamo: ordeñaste a la vaca «Aflicción», y ahora bebes la dulce leche de sus ubres.

De ti no puede ya brotar nada malo, a no ser el dolor que brota de la pugna entre las virtudes.

Si eres dichoso, hermano mío, posees una virtud, y nada más que una: con ella pasarás el puente con más ligereza.

Es una distinción poseer múltiples virtudes, pero es también un triste destino: muchos se retiraron al desierto y se mataron, por estar fatigados de ser la batalla y el campo de batalla de sus virtudes.

¿Serán malas, hermano mío, las guerras y las batallas? En todo caso, serán males necesarios. También son necesarias, entre tus virtudes, la envidia, la desconfianza, la calumnia.

Mira cómo cada una de tus virtudes aspira a lo sublime, e intenta monopolizar el espíritu para que se convierta en *su* heraldo; y también toda la fuerza de tu ira, de tu odio y de tu amor.

Cada virtud está celosa de las restantes, y son cosa horrible los celos. También las virtudes pueden morir de celos.

Aquel a quien rodean las llamaradas de los celos acabará volviendo su aguijón contra sí mismo, como hace el alacrán.

Hermano mío, ¿has visto alguna vez cómo una virtud llega a calumniarse y destruirse a sí misma?

El hombre es algo que debe ser superado, y por eso tienes que amar tus virtudes, pues por ellas perecerás.

Así habló Zarathustra.

DEL PÁLIDO CRIMINAL

¿Acaso vosotros, jueces y sacrificadores, no queréis matar antes de que la bestia haya humillado su cabeza? Ved que el pálido criminal ya la ha inclinado, y en sus ojos habla un gran desprecio.

«Mi yo es algo que debe ser superado: mi yo es para mí el gran desprecio de los hombres», así dicen esos ojos.

El instante en que se juzgó a sí mismo fue su momento supremo: ¡no permitáis que el sublime recaiga en su bajeza!

No hay redención para quien sufre a causa de sí mismo, a no ser una muerte rápida.

Vuestro homicidio, jueces, debe ser compasión, y no venganza. ¡Cuidad, mientras matáis, de que vosotros mismos justifiquéis la vida!

No es suficiente que os reconciliéis con aquel a quien matáis. Que vuestra tristeza sea amor al Superhombre: ¡así justificaréis vuestro seguir viviendo!

Debéis decir «enemigo», pero no «malvado»; «enfermo», pero no «miserable»; «insensato», pero no «pecador».

Y tú mismo, juez enrojecido, si alguna vez proclamaras en voz alta cuanto has realizado con el pensamiento, todos te gritarían: «¡Fuera esa inmundicia, ese reptil venenoso!»

Mas una cosa es el pensar, otra el obrar, y otra la imagen del obrar. La rueda de la fortuna no gira entre ellas.

Una imagen hizo empalidecer a ese hombre pálido. Cuando realizaba su acción estaba a la altura de la misma; mas una vez cometida, no soportó su imagen.

Desde aquel momento se vio siempre como autor de un hecho único. Locura llamo yo a eso, pues invierte la excepción, y la convierte en su esencia.

Así como la raya fascina a la gallina, el golpe dado por el criminal embrujó su pobre razón: demencia *después* de la acción llamo yo a eso.

¡Oídme, jueces! Hay todavía otra locura: la de *antes* de la acción. ¡Ay, no habéis ahondado bastante en los rincones del alma!

Así se explicó el Juez Enrojecido: «¿Preguntáis por qué asesinó este criminal? Porque quería robar.» Sin embargo, yo os aseguro que su alma está sedienta de sangre y no de robo: quería emborracharse con la voluptuosidad del cuchillo.

Mas su pobre razón no entendió tal locura, y le persuadió. «¿Qué importa la sangre? —vino a decirle—. ¿No querrás, cuando menos, cometer un robo mediante aquélla? ¿O tomarte una venganza?»

Y él escuchó a su pobre razón, mientras el discurso de ésta pesaba sobre él cual plomo —entonces robó, al matar. No quería avergonzarse de su locura. Y ahora vuelve a sentir de nuevo el plomo de su culpa. Siente de nuevo su razón como rígida, como paralizada, como entorpecida.

Si pudiera sacudir la cabeza, su carga rodaría al suelo; mas, ¿quién sacude su cabeza?

¿Qué es ese hombre? Un cúmulo de enfermedades que,

a través de su espíritu, se extienden por el mundo: allí quieren hacer su botín.

¿Qué es ese hombre? Una maraña de serpientes enfurecidas, que rara vez tienen paz entre sí; cada una de ellas se va por su lado, al mundo, a la búsqueda del botín.

¡Ved ese pobre cuerpo! Su miserable alma intentó interpretar sus padecimientos —los interpretaba como deleites homicidas, como el afán de la voluptuosidad del cuchillo.

Ahora él está enfermo, se siente sorprendido y sojuzgado por el mal de ahora; quiere hacer sufrir con los males que él mismo sufre. Mas hubo otros tiempos, otros males y otros bienes.

Otros tiempos hubo, en los que la duda y la ambición eran males. Entonces los enfermos eran herejes y brujas; y como brujas y herejes sufrían y ansiaban hacer sufrir.

Mas nada de eso quiere entrar en vuestros oídos. Según me decís, perjudica a vuestros buenos. Pero ¡qué me importan a mí vuestros buenos!

Muchas cosas en vuestros buenos me asquean; y no su mal. ¡Desearía que alimentarais alguna locura que os produjera la muerte, como a ese pálido criminal!

En realidad, de verdad, yo querría que su locura se llamase verdad, o bien felicidad, o bien justicia: pero ocurre que ellos tienen su virtud, para vivir largo tiempo, en una deplorable conformidad.

Soy un pretil a orillas del río: quien quiera agarrarse, que me agarre. Mas jamás seré vuestra muleta.

Así habló Zarathustra.

DEL LEER Y ESCRIBIR

Entre todo cuanto se escribe, yo amo sólo *aquello* que alguien escribe con su sangre. Escribe tú con sangre, y comprenderás que la sangre es espíritu.

No es tarea fácil el comprender la sangre ajena: yo odio a los ociosos que leen.

Quien conoce a su lector no hace ya nada por su lector. Todavía un siglo más de lectores conocidos —¡hasta el espíritu olerá mal!

El que todo el mundo tenga derecho a aprender a leer corrompe a la larga no sólo el escribir, sino hasta el mismo pensar.

En otro tiempo el espíritu era Dios. Luego se hizo hombre (19), y ahora se convierte incluso en plebe (20).

Quien escribe sus sentencias con sangre, ése no quiere ser leído, sino más bien aprendido de memoria.

En las montañas, el camino más corto es el que va de cumbre a cumbre; pero para recorrerlo hay que tener piernas largas.

(19 y 20) Sin duda que la «moral de señores» y el desprecio a los «esclavos» son en Nietzsche mucho menos bastos que en algunos de sus panegiristas, y que no todo en ellos es negativo, ni, mucho menos, egoísta o gratuito. Pero, en cualquier caso, aquí estamos ante el aspecto más indefendible de un endeble ideario «aristocratizante» que es, en el fondo, resentimiento de burgués finisecular: el **elitismo** «antiplebeyo». Y tal elitismo hace recaer a Nietzsche en el idealismo contra el que tanto clamó, e incluso expresarse como un «transmundano» (**Hinterweltler**), en el tono de los «buenos y justos» de los que tanto se burla. Ese «espíritu» que era Dios y ha ido **decayendo** en el mundo, parece un «sueño» de uno de esos «enfermos que añoran a los dioses» y «aquel mundo deshumanizado, que es una celestial nada» (ver «De los de detrás del mundo»). La encarnación cristiana a la que se refiere en primer lugar (19), más que una «decadencia» debía haber parecido al Nietzsche ridiculizador de los «transmundanos» un **principio** de reconciliación con el «sentido de la tierra», por más que el hombre se vea como «algo a superar». Y ver **otra** decadencia en que el espíritu, «el saber», se extienda a la «plebe» (20) es enteramente injustificable para el «hombre de conocimiento» que escribe «para todos y para ninguno». El que «todo el mundo tenga derecho a leer» no «corrompe» al escribir y al pensar; sólo **duele** y **alarma** a los escribas y fariseos, a los «buenos y justos» que tanto indignan al Nietzsche noble, y con los que aquí se siente identificado (como siempre lo estuvo, socialmente hablando). Otra cosa es lo que también lamenta Nietzsche, y puede entenderse, si se quiere utilizar esas palabras, como una «plebeyización del espíritu»: el envilecimiento, la trivialización, la pérdida del saber y de sus exigencias en «vulgar» rutina, floja, desvitalizada. Pero fue precisamente mérito de Nietzsche (del Nietzsche enamorado de la vida alta, no del asustado y resentido por el «avance de las masas») ver que aquel envilecimiento se da, y es tanto más grave, entre los falsos selectos, los «buenos y justos», los «catedráticos de virtud», los embaucadores (y también, sí, en la «plebe», en tanto que **embaucada**) (ver más adelante «De las moscas del mercado»: «El pueblo gira en derredor de los grandes comediantes: ¡así marcha el mundo!»). Confundir, pues, la trivialización del espíritu con su **extensión**, y la «plebe» con lo degradante, más bien que con lo degradado, es una trampa de la que no escapa el gran descubridor de trampas que fue Nietzsche. (Ver también, en la parte IV, «Coloquio con los reyes» y «El mendigo voluntario», y nuestras respectivas notas 92 y 95).

Nuestras sentencias deben ser cumbres; y aquellos a quienes se dirigen, hombres altos y robustos.

Aire puro y ligero, peligros cercanos, y el espíritu lleno de una alegre maldad: ésas son cosas que se avienen muy bien.

Quiero tener duendes en derredor mío. Por algo soy valeroso. El valor, que ahuyenta los fantasmas, origina sus propios duendes: el valor quiere reír.

Yo no siento ya nunca como vosotros. Esa nube que veo a mis pies, esa negrura y pesadez de la que me río —ésa es precisamente vuestra nube tormentosa.

Vosotros miráis hacia lo alto cuando queréis elevaros. Yo miro hacia abajo, porque estoy en las alturas.

¿Quién de vosotros puede reír, y mantenerse al mismo tiempo en las alturas?

Quien escala las más elevadas montañas se ríe de todas las tragedias, de la escena o de la vida real.

Valerosos, despreocupados, irónicos y violentos, así nos quiere la sabiduría. Es mujer, y ama siempre sólo al guerrero.

Vosotros me aseguráis: «La vida es difícil de sobrellevar.» Sin embargo, ¿para qué tendríais vuestro orgullo mañanero y vuestra resignación de las tardes?

La vida es difícil de sobrellevar: ¡no os pongáis tan tiernos! Todos nosotros somos borricos, guapos y robustos. ¿Acaso tenemos algo en común con los capullos de la rosa, que tiemblan por sentir sobre sus pétalos una gota de rocío?

Es verdad: amamos la vida no porque estemos habituados a vivir, sino porque estamos habituados a amar.

En el amor hay siempre algo de locura. Mas también hay siempre en la locura algo de razón.

Y también yo, que estoy bien avenido con la vida, estimo que quienes más saben de felicidad son las mariposas y las burbujas de jabón, y todo cuanto a ellas se parece entre los hombres.

Ver cómo revolotean esas almitas ligeras, locas, encantadoras, volubles —eso arranca a Zarathustra lágrimas y canciones.

Yo sólo creería en un Dios que supiera bailar.

Cuando vi a mi demonio, le hallé serio y grave, profundo y solemne. Era el espíritu de la pesadez: por él caen todas las cosas.

No se mata con la ira, sino con la risa: ¡matemos, pues, al espíritu de la pesadez!

Aprendí a caminar, y desde entonces corro. Aprendí a volar, y desde entonces no tolero que me empujen para pasar de un sitio a otro.

Ahora soy ligero, ahora vuelo, ahora me veo a mí mismo por debajo de mí, ahora un dios baila en mí.

Así habló Zarathustra.

DEL ÁRBOL DE LA MONTAÑA

Zarathustra había visto que cierto joven le rehuía. Mas una tarde, mientras caminaba solo por las montañas que rodean la ciudad denominada «la Vaca de Muchos Colores», se topó en su caminar con aquel joven, sentado en el suelo y recostado en un árbol, mientras contemplaba el valle con mirada cansada. Zarathustra abrazó el árbol contra el cual se apoyaba el mozo, y dijo:

«Si yo quisiera sacudir con mis manos este árbol, no podría.

Por el contrario, el invisible viento lo maltrata y lo dobla a su gusto. Manos invisibles son las que nos doblan y maltratan.»

Entonces el muchacho se levantó, consternado, y dijo:

«Estoy oyendo la voz de Zarathustra, ahora justamente, cuando en él pensaba.»

Y Zarathustra le contestó:

«¿Y por eso te asustas? Ocurre con los hombres lo mismo que con los árboles. Cuanto más intentan erguirse hacia la altura y hacia la luz, tanto más profundamente hunden sus raíces en el suelo, hacia lo oscuro, hacia lo hondo —hacia el mal.»

«¡Hacia el mal, es muy cierto! —exclamó el joven—. ¿Cómo es que puedes saber cuanto está ocurriendo dentro de mi alma?»

Zarathustra sonrió, y le respondió:

«Almas hay que jamás se descubren, como no sea que antes se las invente.»

«¡En el mal, es muy cierto! —volvió a exclamar el joven—. Tú has dicho la verdad, Zarathustra. Desde que quiero elevarme hacia la altura, yo ya no creo en mí, y nadie cree en mí. ¿Cómo ha sido eso?

Me transformo demasiado aprisa. Mi Hoy contradice a mi Ayer. A menudo salto los peldaños, mientras subo —eso ningún peldaño me lo perdona.

Cuando estoy arriba, me hallo siempre solo. Entonces nadie me habla, y el frío de la soledad me hace estremecer. ¿Qué es lo que busco en la altura?

Mi desprecio y mi anhelo crecen juntos; cuanto más arriba llego, desprecio más a quienes suben. ¿Qué buscan ésos en las alturas?

¡Cuánto llego a avergonzarme de mis ascensos y de mis tropezones! ¡Cuánto me mofo de mi violento jadear! ¡Cuánto odio al que vuela! ¡Cuánto cansancio siento en la altura!»

Entonces enmudeció el joven, y Zarathustra, mirando hacia el árbol junto al cual se hallaban, habló así:

«Este árbol se encuentra aquí, solitario, en la montaña; ha crecido muy por encima de hombres y animales. Si quisiera hablar, nadie le entendería: tanto es lo que ha crecido.

Ahora va esperando y va esperando..., ¿qué es lo que va esperando? Habita demasiado cerca del asiento de las nubes. ¿Esperará, acaso, un primer rayo?»

Tras oír esas palabras de Zarathustra, el joven exclamó con viveza:

«Sí, Zarathustra, tú dices la verdad. Cuando yo quería llegar a lo alto, anhelaba mi caída. ¡Y tú eres el rayo que yo esperaba! Contémplame y dime: ¿Qué es lo que soy, desde que apareciste entre nosotros? ¡La Envidia de ti es lo que me ha aniquilado!»

Así habló el muchacho, y lloró con amargura. Mas Zarathustra le asió por el talle y se lo llevó consigo (21).

Y, tras haber caminado un breve trecho, Zarathustra volvió a tomar la palabra, y dijo:

«Me has desgarrado el corazón. Mucho mejor que tus palabras, es tu ojo el que me advierte el peligro que te amenaza.

Todavía no eres libre. Todavía *buscas* la libertad. Tu búsqueda te ha vuelto insomne y te ha desvelado en demasía.

Quieres llegar libre a la altura, tu alma está sedienta de estrellas. Mas también tus malos instintos están sedientos de libertad.

Mientras tus perros salvajes quieren libertad y ladran de placer en su cueva, tu espíritu se propone abrir todas las cárceles.

Para mí sigues siendo un prisionero que sueña con la libertad. ¡Ay, el alma de esos prisioneros se vuelve inteligente, pero también astuta y mala!

Quien liberó su espíritu sigue necesitado de purificación: queda aún en él mucho de cárcel y de moho: su ojo tiene aún que volverse puro.

Sí, en verdad conozco tu peligro. Mas por mi amor y mi esperanza te conjuro: ¡no arrojes de ti tu amor ni tu esperanza!

Aún te sientes noble, y aún te estiman como noble los demás, que te aborrecen y te miran con envidia: saben que un noble les estorba a todos en su camino.

Hasta a los buenos les es el noble obstáculo en su caminar: y aun cuando le llamen bueno, lo que con eso buscan es alejarle de su camino.

El noble quiere crear algo nuevo, y una nueva virtud. El bueno quiere lo viejo, y que lo viejo se conserve.

Mas el peligro que amenaza al noble no es volverse bueno, sino insolente, sarcástico y demoledor.

---

(21) El lector medianamente familiarizado con el evangelio cristiano habrá observado ya, y seguirá observando, los constantes paralelismos del **Zarathustra** con situaciones y expresiones evangélicas. Aquí se recuerda, llegando a veces a la paráfrasis, la desolación de Pedro al negar a Jesús.

¡Ay, también he conocido nobles que perdieron su más alta esperanza, y desde entonces calumniaron todas las esperanzas elevadas! (22).

A partir de entonces, viven insolentemente, entre breves placeres, y apenas se trazan metas de más de un breve día. "El espíritu es también voluptuosidad!", así se dijeron. Y entonces se les quebraron las alas del espíritu: éste se arrastra ahora de un lado a otro, y mancilla todo lo que roe.

Antaño soñaron con ser héroes, pero se han quedado en libertinos. Pesadumbre y horror es para ellos el héroe.

Mas yo te conjuro con mi amor y con mi esperanza: ¡no expulses al héroe que hay en tu alma! ¡Conserva santa tu más alta esperanza!»

Así habló Zarathustra.

DE LOS PREDICADORES DE LA MUERTE (23)

Existen predicadores de la muerte: y la tierra está llena de individuos a quienes hay que predicarles que se alejen de la vida.

Repleta está la tierra de gentes que sobran, corrompida está la vida por los superfluos. ¡Bueno será que alguien les saque de esta vida, con el señuelo de la «vida eterna»!

«Amarillos»: así se llama a los predicadores de la muerte; o «negros». Mas yo quiero presentároslos todavía con otros colores.

---

(22) Es éste uno de los puntos en los que de modo a la vez más penetrante y más claro establece Nietzsche la diferencia entre lo que llama «nobleza» y lo que llama «bondad», y la caracterización del noble y del «peligro que amenaza al noble». Pocas veces resulta más patente la exigencia **moral**, la exigencia de **rectitud** moral, en el «inmoralista» Nietsche, y la improcedencia de presentar a éste como un hedonista insolente, sarcástico y demoledor.

(23) Son, en primer lugar, los sacerdotes propiamente dichos, pero que no constituyen sino el modelo o paradigma de todos cuantos Nietzsche llama «sacerdotes», ordenados o no.

Están ahí los terribles, que llevan dentro de sí el animal de presa, y sólo pueden elegir concupiscencias o mortificación. E incluso sus placeres son mortificaciones.

Tales abominables engendros ni a hombres siquiera han llegado: ¡ojalá prediquen el abandono de la vida, y ellos mismos se marchen a la otra!

Ahí están los tísicos de alma: apenas han nacido, ya comienzan a morir, y sueñan con doctrinas de cansancio y de renunciación. ¡Desearían estar muertos, y nosotros deberíamos respaldar su voluntad! ¡Guardaos de resucitar esos muertos y de violentar esos féretros que andan!

Cuando les sale al paso un anciano, un enfermo o un cadáver, se apresuran a proclamar: «¡La vida está refutada!»

Pero los refutados son ellos, y sus ojos, que no saben ver sino *un solo* aspecto de la existencia.

Inmersos en densa melancolía, y buscando con avidez accidentes diminutos que ocasionan la muerte, aguardan siempre, con los dientes apretados.

Otras veces extienden las manos hacia las golosinas, mofándose ellos mismos de tal niñería: penden de esa caña de paja que es su vida, y se burlan de seguir todavía pendientes de ella (24).

Su sapiencia viene a declarar: «¡Continuar viviendo es tontería, y también nosotros somos así de tontos!»

«¡La vida no es sino dolor! —así dicen otros; y no mienten—. ¡Por lo tanto, procurad acabar vosotros, procurad que acabe esa vida, que es sólo dolor!»

Ésta es la enseñanza de vuestra virtud: «¡Debes arrancarte la vida! ¡Debes huir de ti mismo!»

«La lujuria es pecado —dicen algunos predicadores de la muerte—. ¡Apartémonos unos de otros, y no engendremos hijos!»

«Parir es doloroso —dicen otros—. ¿Y a qué viene el parir? Sólo se paren desgraciados.» Y también éstos son predicadores de la muerte.

---

(24) «El hombre no es más que una caña, la más débil de la naturaleza..., un vapor, una gota de agua bastan para matarle» (Pascal, **Pensamientos**, 347). Ahora bien, Pascal añade: «Mas es una caña pensante»; y «Aun cuando el universo le aplastara, el hombre sería todavía más noble que lo que le mata, porque **sabe**...»

«Compasión es lo que hace falta —dicen los terceros—. ¡Tomad todo lo mío, todo cuanto soy! ¡Así estaré menos atado a la vida!»

Si fueran compasivos de verdad, amargarían la vida a su prójimo. Su verdadera obra de misericordia sería ser francamente malos.

Pero ellos quieren librarse de la vida. ¿Qué les importa atar a la vida a otros, con sus cadenas y sus regalos?

Y también vosotros, para quienes la vida es trabajo e inquietud: ¿no estáis muy cansados de la vida? ¿No estáis bien maduros para la predicación de la muerte?

Vosotros, los que amáis el trabajo rudo y todo cuanto es rápido, nuevo, extraño, no os soportáis a vosotros mismos, vuestra vida es una huida, vuestra diligencia es voluntad de olvidaros de vosotros mismos.

Si tuvieseis más fe en la vida no pensaríais tanto en el momento presente. ¡Pero no tenéis bastante contenido para la espera —ni siquiera para la pereza!

La voz de los predicadores de la muerte resuena por todas partes. Es que la tierra está repleta de seres a quienes hay que predicar la muerte.

¡O la vida eterna! Para mí, es lo mismo —¡con tal de que se marchen pronto!

Así habló Zarathustra.

DE LA GUERRA Y DEL PUEBLO GUERRERO

No queremos ser perdonados por nuestros más tenaces enemigos, ni tampoco por *aquellos* a quienes amamos más profundamente. ¡Dejadme, pues, que os diga la verdad!

Conozco el odio y la envidia de vuestro corazón. No sois bastante grandes para desconocer el odio y la envidia. ¡Sed, pues, lo bastante grandes para no avergonzaros de ellos!

Y si no podéis ser santos del conocimiento, sed al menos sus guerreros. Éstos son los compañeros y precursores de aquella santidad.

Veo muchos soldados. ¡Muchos guerreros, es lo que querría ver! «Uniforme» se llama lo que llevan puesto. ¡Ojalá no sea uniformidad lo que encubre!

Debéis ser de aquellos cuyos ojos buscan constantemente un enemigo, *su* enemigo. Y en algunos se descubre el odio a primera vista.

Debéis buscar vuestro enemigo, debéis hacer vuestra guerra, y hacerla por vuestros pensamientos. Y si vuestro pensamiento sucumbe, vuestra honradez debe cantar victoria por ello.

Debéis amar la paz como medio para nuevas guerras, y la paz breve mejor que la larga.

No os aconsejo el trabajo, sino la lucha. No os aconsejo la paz, sino la victoria. ¡Sea vuestro trabajo una lucha, sea vuestra paz una victoria!

Solamente se puede callar o descansar cuando se dispone de una flecha y de un arco. En caso contrario no se hace sino charlar y disputar. ¡Sea vuestra paz una victoria!

¿Cómo es que decís que una buena causa santifica incluso una guerra? Yo os digo: ¡la buena guerra santifica toda causa!

La guerra y el valor han hecho cosas más espléndidas que el amor al prójimo. No vuestra piedad, sino vuestra valentía es lo que ha salvado hasta ahora a los náufragos y periclitantes.

«¿Qué es bueno?», preguntáis. Ser valiente es bueno. Dejad que las niñas pequeñas digan: «Ser bueno es ser bonito, y conmovedor a la vez.»

Se os considera hombres sin corazón, pero vuestro corazón es auténtico, y yo amo el pudor de vuestra cordialidad. Vosotros os avergonzáis de vuestra pleamar y otros se avergüenzan de su bajamar.

¿Sois feos? Bien, hermanos míos. ¡Envolveos en lo sublime, que es el manto de la fealdad!

Y si vuestra alma se engrandece, también se vuelve altanera; y, entonces, en vuestra sublimidad hay maldad. Yo os conozco.

En la maldad se encuentran el altanero y el débil. Pero se entienden mal el uno con el otro. Yo os conozco.

Sólo debéis tener enemigos aborrecibles; mas no enemigos para despreciar. Es preciso que os sintáis orgullosos de vuestros enemigos: ¡entonces sus triunfos son también vuestros triunfos!

Rebelión —tal es la nobleza del esclavo. Vuestra nobleza, en cambio, será la obediencia. ¡Sea vuestro mismo mandar un obedecer!

Al buen guerrero le suena mejor un «yo debo» que un «yo quiero». Y a todo cuanto os es amado debéis dejarle que primero os mande.

Que vuestro amor a la vida sea un amor a vuestra más alta esperanza, y que vuestra más alta esperanza sea el pensamiento más alto de la vida.

Pero debéis permitir que yo os ordene vuestro pensamiento más alto. —El hombre es algo que debe ser superado.

¡Vivid, pues, vuestra vida de obediencia y de guerra! ¿Qué importa vivir mucho tiempo? ¿Qué guerrero quiere ser tratado con indulgencia?

¡Hermanos míos en la guerra, yo no os trato con indulgencia, yo os amo profundamente!

Así habló Zarathustra.

DEL NUEVO ÍDOLO

En algún lugar quedan todavía pueblos y rebaños, pero no entre nosotros, hermanos míos: aquí hay Estados.

¿Estados? ¿Qué es eso? ¡Pues bien, abrid los oídos! ¡Voy a deciros mi palabra sobre la muerte de los pueblos!

Estado es el nombre que se da al más frío de todos los monstruos fríos. El Estado miente con toda frialdad, y de su boca sale esta mentira: «Yo, el Estado, soy el pueblo.»

¡Qué gran mentira! Creadores fueron quienes crearon los pueblos, por la fe y el amor: así sirvieron a la vida.

Aniquiladores son quienes ponen trampas a la multitud, y denominan Estado a tal obra: suspenden sobre los hombros una espada, y cien apetitos.

Donde todavía existe pueblo, éste no entiende al Estado, y le odia, considerándole como un mal de ojo, como un crimen contra las costumbres y los derechos.

Yo os hago esta advertencia: cada pueblo habla su propia lengua del bien y del mal: su vecino no la entiende. Cada pueblo se ha inventado su lenguaje en costumbres y derechos.

Mas el Estado miente en todas las lenguas del bien y del mal. Cuanto dice es mentira, y cuanto tiene es porque lo ha robado.

Todo en él es falso; con dientes robados muerde, ese mordedor. Hasta sus entrañas son falsas.

Confusión de lenguas del bien y del mal: esa señal os doy como señal del Estado. ¡Y, en verdad, esa señal indica voluntad de muerte! En verdad, hace señas a los predicadores de la muerte.

¡Vienen al mundo demasiados hombres! Para los superfluos fue inventado el Estado. ¡Ved cómo convoca a los superfluos, como los devora, y los tritura, y los rumia!

«Sobre la tierra, nada existe más grande que yo: yo soy el dedo ordenador de Dios.» Así ruge el monstruo. ¡Y no son sólo los de orejas largas y vista corta los que se postran de rodillas! (25).

¡Ay, también en vosotros, de alma grande, el monstruo desliza sus sombrías mentiras! ¡Ay, él adivina cuáles son los corazones generosos y ansiosos de prodigarse!

¡Sí, también os adivina a vosotros, los vencedores del viejo Dios! ¡Salisteis del combate fatigados, y vuestra fatiga redunda ahora en provecho del nuevo ídolo!

---

(25) Alusión a Hegel, de quien es casi una paráfrasis la anterior frase entrecomillada.

El nuevo ídolo quiere rodearse de héroes y hombres de honor. ¡Ese frío monstruo se complace en calentarse al sol de las buenas conciencias!

Si *vosotros* le adoráis, el nuevo ídolo os lo concederá todo a *vosotros*: por ello compra el brillo de vuestra virtud y la mirada de vuestros ojos orgullosos.

¡Quiere que le sirváis de cebo para atraer a los superfluos! ¡Sí, una infernal artimaña ha sido aquí inventada, un corcel de muerte enjaezado con el tintineante adorno de honores divinos! (26).

Aquí ha sido inventada, para muchos, una muerte que se precia de ser vida: en realidad, un servicio íntimo para todos los predicadores de la muerte, una servidumbre a la medida del deseo de todos los predicadores de la muerte.

Estado llamo yo al lugar donde todos, buenos y malos, son bebedores de venenos; Estado, al lugar donde todos, buenos y malos, aseguran su perdición. Estado, al lugar donde se llama «la vida» al lento suicidarse de todos.

¡Contemplad a esos superfluos! Roban para sí las obras de los inventores y los tesoros de los sabios, y llaman cultura a sus latrocinios. ¡Y todo se vuelve para ellos enfermedades y reveses!

¡Contemplad a los superfluos! Siempre están enfermos, dan salida libre a su bilis, y la llaman periódico. ¡Unos a otros se devoran, y ni siquiera pueden digerirse!

¡Contemplad a esos superfluos! Adquieren riquezas, y con ello resultan más pobres. Quieren poder, y, en primer lugar, la palanqueta del poder, el oro —¡esos insolventes!

---

(26) El Estado que tiene Nietzsche ante los ojos es el Imperio Germánico. Pero su caracterización hasta aquí ajusta tan perfectamente al fascismo hitleriano que no es extraño que los panegiristas nazis de Nietzsche se vieran perplejos ante esa andanada de su «precursor» contra el Estado-ídolo. Ahora bien, la calidad de anticipación del futuro en esta radioscopia que Nietzsche hace del Estado de su tiempo llega aún más lejos. Si hasta aquí parece presentirse el Estado nazi «devorador, triturante y rumiante»; lo que sigue va haciéndose más bien un retrato anticipado del Estado de la «sociedad de consumo».

¡Contemplad cómo trepan esos ágiles simios! Trepan unos por encima de otros, arrastrándose así al cieno y a la profundidad.

¡Todos quieren llegar al trono! Su locura consiste en creer que la felicidad radica en el trono. —Y, con frecuencia, el fango se asienta en el trono, y también el trono se asienta en el fango.

Dementes son para mí todos ellos, y atolondrados simios trepadores. Su ídolo, ese monstruo helado, me huele mal: todos me huelen mal, esos servidores del ídolo.

Hermanos míos, ¿es que queréis ahogaros con el aliento de sus hocicos y sus concupiscencias? ¡Mejor haríais rompiendo las ventanas y saltando al aire libre!

¡Huid del mal olor! ¡Alejaos de las ciegas idolatrías de los superfluos!

¡Huid del mal olor! ¡Alejaos del humo de esos sacrificios humanos!

Aún está la tierra a disposición de las almas grandes. Todavía quedan muchos puestos vacantes para eremitas solitarios o en pareja, puestos saturados del perfume de mares silenciosos.

Todavía queda abierta, ante las almas grandes, la posibilidad de una vida libre. En verdad, quien menos posee, tanto menos es poseído. ¡Alabada sea la pequeña pobreza! (27).

Donde el Estado acaba, allí comienza el hombre que no es superfluo: allí comienza la canción de quienes son necesarios, la melodía única e insustituible.

Allí donde el Estado *acaba*. —¡Vedlo, hermanos míos! ¿No veis el arco iris, y los puentes hacia el superhombre?

Así habló Zarathustra.

---

(27) Ver el final de la nota anterior.

DE LAS MOSCAS DEL MERCADO

¡Amigo mío, cobíjate en tu soledad! Te veo ensordecido por el estruendo de los grandes hombres, y afligido por los aguijones de los pequeños.

El bosque y la roca saben callarse dignamente contigo. Vuelve, pues, a asemejarte a tu amado, el árbol de dilatadas ramas, que escucha en silencio, suspendido sobre el mar.

Donde la soledad acaba, allí comienza el mercado, y donde comienza el mercado comienzan también el ruido de los grandes comediantes y el zumbar de los moscones venenosos.

En el mundo jamás salen a flote las cosas buenas, a menos que alguien las represente: a tales actores el pueblo les llama grandes hombres.

El pueblo comprende poco lo grande, esto es, lo creador. Posee en cambio gran olfato para todos los actores y comediantes que simulan cosas grandes.

El mundo gira en derredor de los inventores de nuevos valores —gira de un manera invisible. Pero el pueblo y la fama giran en derredor de los grandes comediantes. ¡Así marcha el mundo!

El comediante tiene espíritu, pero poca conciencia del espíritu. Cree siempre en aquello que mejor le permite llevar a los otros a creer —a creer en *él*.

Mañana tendrá una nueva fe, y pasado mañana otra nueva. Al igual que el pueblo, el comediante tiene sentidos rápidos y presentimientos mudables.

Derribar. —A eso llama demostrar. Enloquecer a las gentes: a eso llama convencer. Y la sangre es, para él, el mejor de los argumentos.

A las verdades introducibles sólo en oídos delicados, les llama mentira, y nada. ¡En verdad, no cree sino en los dioses que arman gran ruido sobre el mundo!

¡Rebosante de bufones solemnes está el mercado! —¡Y el pueblo, entretanto, se vanagloria de sus grandes hombres! Estos son, para él, los señores del momento.

Pero el momento les apremia: y así ellos te apremian a ti. Quieren de ti un «sí» o un «no». ¡Desgraciado de ti, si intentas situar tu silla entre un pro y un contra!

¡Oh, amante de la verdad, no envidies jamás a esos espíritus acuciantes e incondicionales! La verdad nunca se colgó del brazo de un incondicional (28).

¡Vuelve a tu refugio y aíslate de la gente atropellada! Solamente en el mercado le asaltan a uno con un «¿sí o no?».

Todos los pozos profundos son lentos en sus experiencias. Necesitan mucho tiempo para saber qué fue lo que cayó en su fondo.

Todo lo grande se aparta del mercado y de la fama. Apartados han vivido, sin excepción, los inventores de nuevos valores.

¡Amigo mío, escapa a tu soledad! Te veo acribillado por moscones venenosos. ¡Huye hacia la altura, hacia donde soplan vientos ásperos y recios!

¡Huye a tu soledad! Demasiado has vivido ya entre los mezquinos y los envilecidos. ¡Huye de su venganza invisible! No son contra ti sino venganza.

¡No levantes el brazo contra ellos! Son innumerables, y tu destino no es de espantamoscas.

Innumerables son esos pequeños y mezquinos. Muchas torres altivas se vieron arrasadas por gotas de lluvia o por malas hierbas.

Tú no eres una piedra, pero ya te están resquebrajando infinidad de gotas. Bajo tantas, acabarás resquebrajándote.

---

(28) Esta frase debió embarazar no poco a los incondicionales nazis, que se mostraban nietzscheanos, y de los que también este capítulo es una caracterización anticipada: «Quieren de ti un sí o un no». «El comediante cree siempre en aquello que mejor le permite llevar a los otros a creer... a creer en él.» «Derribar: a eso llaman demostrar.» «Enloquecer a las gentes: a eso llaman convencer.» «Y la sangre es para él mejor argumento.» «¡En verdad, no cree sino en los dioses que arman gran ruido sobre el mundo!» «¡Rebosante de bufones solemnes está el mercado! — Y el pueblo, entretanto, se vanagloria de sus grandes hombres..., los señores del momento.»

Harto te veo de moscas venenosas: lleno te veo de pica-
duras, y ensangrentado por mil ángulos; y tu orgullo ni se
resiente siquiera.

Simulando una máxima inocencia, esas moscas quieren chuparte la sangre: sus almas exangües codician sangre —y picotean con la mayor inocencia.

Mas tú, profundo, sufres con profundidad, e intensamente: aun cuando tus heridas no sean sino rasguños; y,
antes de haberte curado, ya se arrastraba por tu mano la
misma larva venenosa.

Paréceme, empero, que tienes demasiado orgullo para
matar a esas golosas. ¡Cuidado, no vaya a ser tu destino
soportar toda su injusticia venenosa!

Zumban a tu alrededor, incluso con su adulación. Im-
pertinencia son sus elogios. Lo que quieren es estar muy
cerca de tu piel y de tu sangre.

Cual si fueras un dios o un demonio, te van adulando,
mientras lloriquean ante ti. Pero déjalas: no son más que
aduladores y lloricones.

Se presentan también, no pocas veces, entre grandes
amabilidades. Tal ha sido siempre la astucia de los cobardes. ¡Sí, los cobardes son astutos!

Mucho reflexionan sobre ti, con su alma mezquina
—¡Para ellas fuiste siempre preocupante! Todo aquello
sobre lo que se reflexiona mucho, se vuelve preocupante.

Te castigan por tus virtudes. Solamente te perdonan de
verdad —tus errores.

Como eres dulce y tienes conciencia recta, dices: «¿Tienen ellos la culpa de la mezquindad de su existencia?»
Mas ellos piensan en su alma estrecha: «¡Toda existencia
grande es culpable!»

Aun cuando eres suave con ellos, se sienten menospre-
ciados por ti; y te pagan tus bondades con fechorías encu-
biertas. Tu silencioso orgullo les irrita, y se alegran en
cambio cuando alguna vez eres lo bastante modesto para
ser vanidoso.

Cuanto reconocemos en algún hombre, eso mismo lo
hacemos arder en él. ¡Guárdate, pues, de los mezquinos!

En tu presencia se sienten pequeños, y su pequeñez arde y se pone al rojo en contra tuya, con sed de venganza secreta.

¿No has notado cómo enmudecían cuando a ellos te acercabas, y cómo les abandonaba su fuerza, cual el humo de una hoguera que se extingue?

Sí, amigo mío, para tus prójimos eres la conciencia malvada, pues no son dignos de ti. Por ello te odian, y desean chuparte la sangre.

Tus prójimos siempre serán moscas venenosas; lo que en ti es grande — eso es justamente lo que acrecienta su veneno, y les hace más moscas.

Amigo mío, huye a tu soledad, allí donde sopla un viento áspero, recio. Tu destino no es el de espantamoscas.

Así habló Zarathustra.

DE LA CASTIDAD

Yo amo el bosque. En las ciudades se vive mal. Abundan demasiado los lascivos.

¿Acaso no es preferible caer en manos de un asesino que entre los ensueños de una mujer lasciva?

Contempla a esos hombres: sus ojos lo dicen — no conocen nada mejor, sobre la faz de la tierra, que el acostarse con una mujer.

Cieno es lo hondo de su alma. ¡Ay, si ese cieno tiene además espíritu!

¡Si cuando menos fuerais bestias perfectas! Mas para ser bestia se requiere inocencia.

¿Os exhorto acaso a que matéis vuestros sentidos? Lo que aconsejo es la inocencia de esos sentidos.

¿Os exhorto acaso a la castidad? La castidad es en algunos virtud, pero en muchos es casi un vicio.

Estos son, sí, continentes: mas la perra sensualidad está husmeando de continuo, con envidia, todo cuanto hacen.

Hasta las cumbres de su virtud, y hasta la frialdad de su alma, les sigue esa alimaña con su descontento.

Y ¡cuán comedidamente sabe mendigar la perra sensualidad una migaja de espíritu, cuando se le niega un trozo de carne!

¿Os complacen las tragedias, y todo cuanto desgarra el corazón? Pues yo desconfío de vuestra perra.

Os veo ojos demasiado crueles, y miráis con lascivia a los que sufren. ¿Es que habéis disfrazado de compasión vuestra lujuria?

Os propongo una parábola: No pocos que quisieron expulsar a su demonio acabaron ellos mismos dentro de los cerdos (29).

A quien le resulta gravosa su castidad, precisa que se le desaconseje: para que no se le convierta en el camino hacia el infierno, es decir, hacia el fango y la lascivia del alma.

Diréis tal vez que os hablo de cosas sucias. Para mí no es esto lo más sucio.

A quien busca el conocer le disgusta bajar al agua de la verdad, no cuando está sucia, sino cuando no es profunda.

Realmente existen castos que lo son desde lo más hondo de sus almas: son dulces de corazón, ríen más y mejor que vosotros.

Se ríen incluso de la castidad. Y preguntan, «¿qué es la castidad?»

Tal castidad, ¿es una tontería? Mas esa tontería ha venido a nosotros, y nosotros a ella.

Hemos ofrecido a tal huésped amor y hospitalidad: ahora habita en nosotros — que siga todo el tiempo que guste.

Así habló Zarathustra.

---

(29) Ver nota 21. Aquí la referencia es al episodio de los demonios y los cerdos, San Mateo, 8.

DEL AMIGO

«Uno a mi alrededor es siempre demasiado —así discurre el solitario—. Uno acaba siempre por ser dos.»

«Yo» y «Mí» dialogan siempre con excesiva vehemencia. ¿Cómo soportarlo, de no mediar un amigo?

Para el solitario, el amigo es siempre el tercero; y tal tercero es el corcho que impide que el diálogo de los dos llegue al fondo.

¡Ay, existen demasiadas profundidades para todos los solitarios! Por eso el eremita busca ardientemente un amigo, y ponerse a su altura.

Nuestra fe en otros revela lo que desearíamos creer de nosotros mismos. Nuestro anhelo de un amigo es nuestro delator.

Muy frecuentemente, bajo el amor intentamos ahogar la envidia. Frecuentemente también atacamos, y nos creamos un enemigo para disimular que somos vulnerables.

¡Sé cuando menos mi enemigo! Así habla el auténtico respeto, cuando no se atreve a solicitar amistad.

Quien quiera tener un amigo también debe querer hacer la guerra por él; y para hacer la guerra hay que *saber* ser enemigo.

En el amigo hay que honrar también al enemigo. ¿Podrás aproximarte mucho a tu enemigo sin pasarte a su bando?

En el propio amigo debemos ver nuestro mejor enemigo. Cuando luches con él debes esforzarte por acercarte a su corazón.

¿No quieres llevar vestido alguno ante tu amigo? ¿Será honroso para tu amigo que te ofrezcas a él tal cual eres? ¡Pero por eso mismo te enviará al diablo!

Quien no se recata, indigna: existen muchas razones

para temer la desnudez. ¡Sí, si fueseis dioses podríais avergonzaros de vuestras vestiduras!

Nunca te adornarás bastante bien para tu amigo, pues debes aparecer ante él como una flecha y un anhelo hacia el Superhombre.

¿Has visto ya dormir a tu amigo, para conocer su verdadero rostro? Y ¿qué es, por lo demás, el rostro de tu amigo? Sin duda es tu propio rostro, en un espejo imperfecto y tosco.

¿Has visto ya dormir a tu amigo? ¿No te horrorizaste de los rasgos de tu amigo? ¡Amigo mío, el hombre es algo que debe ser superado!

El amigo debe ser maestro en el arte de adivinar y de guardar silencio: no tienes que querer verlo todo. Tu sueño debe revelarte cuanto tu amigo hace durante la vigilia.

Un adivinar sea tu compasión, para que sepas primero si tu amigo desea ser compadecido: quizá ame en ti los ojos duros, y la mirada de la eternidad.

La compasión hacia el amigo debe ocultarse tras una espesa corteza: en ella debes llegar a romper tus dientes. Así tendrá la suavidad y delicadeza que le corresponden.

¿Eres para tu amigo aire puro y soledad, y pan, y medicina? Más de uno no logra romper sus propias cadenas, y, no obstante, es un redentor para el amigo.

¿Eres esclavo? En tal caso, no puedes ser amigo. ¿Eres tirano? En tal caso, nadie puede ser amigo tuyo.

Durante demasiado tiempo la mujer ha ocultado en sí un tirano y un esclavo: por ello, la mujer no es aún capaz de amistad; sólo conoce el amor.

En el amor de la mujer hay injusticia y ceguera frente a cuanto en ella no es amor. Y aun en el amor sabio de la mujer hay agresión inesperada, y rayo y noche, al lado de la luz.

La mujer no es todavía capaz de amistad: gatas y pajarillos son todavía las mujeres; o, a lo sumo, vacas.

La mujer no es todavía capaz de amistad. Mas decidme, varones: ¿quién de vosotros es capaz de amistad?

¡Cuánta miseria y cuánta avaricia hay en vuestra alma, varones! Lo que dais al amigo, eso quiero darlo yo hasta a mi enemigo, y no por eso sería más pobre.

Existe la camaradería: ¡ojalá exista la amistad!

Así habló Zarathustra.

DE LAS MIL METAS Y DE LA UNICA META

Muchos países ha visto Zarathustra, y muchos pueblos. Así ha descubierto el bien y el mal de muchos pueblos. Ningún poder ha encontrado en la tierra Zarathustra mayor que las palabras bueno y malo.

Ningún pueblo habría podido vivir si antes no hubiera hecho sus valoraciones; mas si quiere conservarse, no puede valorar como valora su vecino.

Muchas cosas que este pueblo llamó buenas son para aquel otro vergonzosas y malas: eso es lo que yo he visto. Muchas cosas que aquí eran llamadas malas, las encontré allí honradas con la púrpura.

Jamás un vecino comprendió al otro: siempre se asombra su alma de la locura y la maldad del otro.

Sobre cada pueblo está suspendida una tabla de valores: es la tabla de sus triunfos, la voz de su voluntad de poder.

Laudable es lo que parece difícil. A lo que es indispensable, además de difícil, se le llama «lo bueno»; y a lo que libra de la más extrema necesidad, a lo más raro, a lo dificilísimo, se le llama «santo».

Lo que da a ese pueblo la victoria, el poder y el esplendor, lo que excita la envidia y el odio de su vecino: eso es para aquél lo elevado, lo primero, la medida y el sentido de las cosas.

En verdad, hermano mío: si has empezado por conocer la necesidad de un pueblo, y su tierra, su cielo y su vecino, sabrás cuál es la ley de sus superaciones, y por qué es ésa la escala por la que asciende hacia su esperanza.

«Debes ser siempre el primero, y aventajar a los demás. A nadie, excepto al amigo, debe amar tu alma celosa»: esto hacía vibrar el alma de un griego, y así seguía la senda de su grandeza.

«Decir la verdad, y manejar con destreza el arco y la flecha»: eso le parecía preciado y difícil a aquel pueblo del que proviene mi nombre (30), el nombre que es para mí preciado y difícil.

«Honrar padre y madre, y ser suyos hasta la raíz del alma»: esa tabla de valores es de otro pueblo, que fue con ella poderoso y eterno (31).

«Guardar fidelidad, y dar por ella el honor y la sangre, aun por causas peligrosas y malas»: con esa enseñanza se disciplinó otro pueblo, y con esa disciplina se preñó de grandes esperanzas (32).

En verdad, los hombres se han dado a sí mismos su «bueno» y su «malo». En verdad, no los tomaron de otra parte, no cayeron sobre ellos como una voz del cielo.

Para conservarse, el hombre empezó por implantar valores en las cosas. El fue quien creó un sentido humano para las cosas. Por eso se llama «hombre», es decir, «el que da la medida del valor» (33).

Valorar es crear — ¡oídlo, creadores! El mismo valorar es el tesoro y la joya de todas las cosas valoradas.

Sólo por el valorar existen los valores; y sin el valorar estaría vacía la nuez de la existencia. ¡Oídlo, creadores! Cambio de los valores — cambio de los creadores. Siempre aniquila el que ha de ser creador.

---

(30) Nietzsche se refiere, naturalmente, no a sí mismo, sino a Zarathustra; y el pueblo de que aquí se trata es el de los antiguos persas.
(31) El judío.
(32) El alemán.
(33) Nietzsche refiere la palabra alemana que significa hombre (**Mensch**) a la latina **mensura**, medición, y piensa sin duda en la expresión clásica «homo mensura»: «el hombre (es) la medida (de lo bueno y lo malo)».

Creadores fueron primero los pueblos, y sólo después lo fueron los individuos; en realidad, el individuo mismo es la más reciente creación.

Los pueblos suspendían sobre ellos una tabla del bien. El amor que quiere dominar y el amor que quiere obedecer crearon juntos esas tablas.

El placer de ser rebaño es más antiguo que el placer de ser un yo: y mientras la buena conciencia se llame rebaño, la mala conciencia es la que dice: yo.

En verdad, el yo astuto, sin amor, el que quiere su propia utilidad, ése no es el origen del rebaño, sino su ocaso.

Amantes fueron siempre, y creadores, quienes crearon el bien y el mal. Fuego de amor arde en los nombres de todas las virtudes, y también fuego de iracundia.

Muchos países ha visto Zarathustra, y muchos pueblos: ningún poder ha encontrado en la tierra mayor que las obras de los amantes: «bueno» y «malo» son los nombres de tales obras.

Es en verdad monstruoso el poder de ese alabar y ese censurar. Dime, hermano mío, ¿quién me domeñará al monstruo?, ¿quién encadenará las mil cabezas de la bestia?

Mil metas ha habido hasta ahora, pues ha habido mil pueblos. Solamente falta la cadena que ate las mil cabezas, solamente falta la *única* meta. La humanidad no tiene aún su meta.

Mas decidme, hermanos: si a la humanidad le falta todavía la meta, ¿no es que aún falta también — ella misma?

Así habló Zarathustra.

DEL AMOR AL PROJIMO

Vosotros os apretujáis alrededor del prójimo, y tenéis bellas palabras para expresar vuestro apretujaros. Mas yo os digo: vuestro amor al prójimo es vuestro mal amor hacia vosotros mismos.

Os refugiáis en el prójimo al huir de vosotros mismos, y quisierais hacer de tal huida una virtud: mas yo veo a través de ese «altruismo» vuestro.

El tú es más antiguo que el yo; el tú ha sido santificado, pero el yo todavía no: de ahí que el hombre corra hacia el prójimo.

¿Os aconsejo yo el amor al prójimo? ¡Mejor os aconsejaré que huyáis del prójimo y améis al más lejano! (34).

Más elevado que el amor al prójimo se halla el amor al lejano y al venidero; más elevado que el amor a los hombres es el amor a las cosas y a los fantasmas.

Ese fantasma que galopa por delante de ti, hermano, es más hermoso que tú: ¿por qué no darle tu carne y tus huesos? Pero tú tienes miedo, y corres en busca de tu prójimo.

No os soportáis a vosotros mismos, no os amáis lo suficiente: de ahí que queráis inducir al prójimo a que ame, y aureolaros con su error.

Yo desearía que no pudierais soportar ni al prójimo ni a sus vecinos. Entonces tendríais que crear, sacándolo de vosotros mismos, vuestro amigo y su corazón rebosante.

Cuando queréis hablar bien de vosotros mismos, invitáis a un testigo; y en cuanto le habéis inducido a que piense bien de vosotros, también vosotros pensáis bien de vosotros mismos.

---

(34) En alemán «prójimo» se dice con un superlativo, **Nächste**, «el **más** cercano». Eso facilita la contraposición con otro superlativo, **Fernste**, «el **más** lejano».

No solamente miente quien habla en contra de lo que conoce, sino, ante todo, quien habla en contra de lo que no conoce; y así es como vosotros habláis de vosotros en sociedad, y, además de a vosotros, mentís al vecino.

Así habló el necio: «El trato con hombres echa a perder el carácter, sobre todo cuando no se posee ninguno.»

Unos van al prójimo porque se buscan a sí mismos, y otros lo hacen porque quisieran perderse. Vuestro amor a vosotros mismos es lo que convierte en prisión vuestra soledad.

Los más lejanos son quienes pagan vuestro amor al prójimo: y en cuanto os juntáis cinco, un sexto tiene que morir.

Tampoco yo amo vuestras fiestas (35): encuentro en ellas demasiados comediantes. Hasta los mismos espectadores actúan, a menudo, como comediantes.

Yo no os hablo del prójimo, sino del amigo: sea el amigo, para vosotros, la fiesta de la tierra; y un presentimiento del Superhombre.

Yo os predico el amigo y su corazón rebosante: mas debéis saber ser una esponja, si queréis ser amados por un corazón rebosante.

Yo os predico el amigo en el que el mundo está completo, como una copa del bien: el amigo creador, que siempre tiene un mundo completo que regalar.

Al igual que para él se desplegó el mundo, volverá ahora a plegársele de nuevo en anillos, como en la formación del bien por el mal, como en la formación de las finalidades a partir del azar.

Sean el porvenir y lo remoto la causa de tu hoy; ama al Superhombre, en tu amigo, como causa de ti.

Hermanos míos: yo no os aconsejo el amor al prójimo, lo que os aconsejo es el amor al más lejano.

Así habló Zarathustra.

---

(35) Referencia a palabras de Yahvé a los hebreos: «Yo aborrezco vuestras fiestas», **Amós**, 3.

DEL CAMINO DEL CREADOR

Hermano mío, ¿quieres marchar a la soledad? ¿Quieres buscar la senda que conduce a ti mismo? Detente un poco, y escúchame.

«El que busca, con facilidad se pierde a sí mismo. Todo aislamiento es culpable», así habla el rebaño. Y tú has venido formando parte del rebaño durante mucho tiempo.

La voz del rebaño retumba todavía en tus oídos. Y dices: «Yo ya no tengo la *misma* conciencia que vosotros»; mas esas palabras son queja y dolor.

Mira: aquella conciencia *única* engendró también ese dolor; y en tu aflicción brilla aún el último destello de esa conciencia.

Mas ¿quieres seguir la senda de tu aflicción, el camino que te conduce hacia ti mismo? ¡Muéstrame tu derecho y tus fuerzas para hacerlo!

¿Eres tú una nueva fuerza y un nuevo derecho?, ¿un primer movimiento?, ¿una rueda que gira por sí misma? ¿Puedes obligar a las estrellas a que giren a tu alrededor?

¡Ay, existe tanta ansia de elevarse! ¡Existen tantas convulsiones de codicia! ¡Muéstrame que no eres un ambicioso ni un codicioso!

¡Ay, existen tantos grandes pensamientos que hacen el oficio de fuelles: inflan y quedan más vacíos!

¿Te llamas libre? Quiero que me digas tu pensamiento dominante, y no simplemente que has escapado de un determinado yugo.

¿Eres alguien con derecho a escapar de algún yugo? Pues no faltan quienes perdieron su último valor al escapar de su servidumbre.

¿Libre de qué? ¡Qué importa eso a Zarathustra! Tus ojos deben decirme claramente: libre, *¿para qué?*

¿Puedes fijar para ti mismo tu bien y tu mal, y suspender sobre ti tu voluntad propia, como una ley? ¿Puedes ser juez de ti mismo y vengador de tu ley?

Terrible cosa es estar a solas con el juez y con el vengador de la propia ley. Así es arrojada una estrella al solitario espacio sideral y al soplo helado de la soledad.

Hoy te atormenta aún la muchedumbre, a ti, que eres uno solo; hoy conservas aún tu valor y tus esperanzas.

Mas alguna vez la soledad te fatigará, alguna vez fallará tu orgullo, y tu valor rechinará los dientes. Ese día gritarás: «¡Estoy solo!»

Un día dejarás de ver tu altura, y contemplarás demasiado cerca tu bajeza: tu misma elevación te hará temblar como un espectro, y gritará: «¡Todo es falso!»

Sentimientos hay que quieren matar al solitario: cuando no lo consiguen, ellos mismos tienen que morir. Mas ¿eres tú capaz de ser asesino?

¿Conoces ya, hermano mío, el sentido de la palabra desprecio? ¿Sabes lo que tiene que sufrir tu justicia, al ser justo con los que te desprecian?

Tú fuerzas a muchos a cambiar de opinión acerca de ti, y ellos te lo hacen pagar caro. Pasaste cerca de ellos y no te detuviste: jamás te lo perdonarán.

Tú caminas por encima de ellos; pero cuanto más alto subes, tanto más pequeño te ven los ojos de la envidia. El más odiado de todos es el que vuela.

«¿Cómo vais a hacerme justicia? —tienes que decir—. Elijo para mí vuestra injusticia, como la parte que me cupo en suerte.»

Contra el solitario arrojan basuras e injusticia. Mas tú, hermano mío, ¡si quieres ser estrella no tienes que iluminarles menos por eso!

Y ¡guárdate de los buenos y los justos! Con gusto crucificarían a quien se crea sus propias virtudes. — Odian al solitario.

¡Guárdate igualmente de la santa simplicidad! Para ella, no es santo lo que no es simple; también le gusta jugar con fuego — con el fuego de las hogueras para quemar hombres (36).

¡Líbrate también de tus mismos impulsos de amor! Con excesiva rapidez tiende la mano el solitario a aquel con quien se encuentra. Y existen muchos hombres a quienes no deberías dar la mano, sino la pata; y bueno sería que tu pata tuviera garras.

Pero el peor de los enemigos con quien puedes topar eres tú mismo: a ti mismo te acechas tú, en las cavernas y en los bosques.

¡Oh, solitario, tú recorres el camino que conduce hacia ti mismo! Y ese camino pasa junto a ti mismo y a tus siete demonios.

Para ti mismo llegarás a ser un hereje, y una bruja, y un hechicero, y un loco, y un incrédulo, y un impío, y un malvado.

Tienes que querer consumirte en tus propias llamas. Sin antes haberte reducido a cenizas, ¿cómo renovarías tu ser?

¡Solitario, tú sigues el camino del creador! ¡Con tus siete demonios quieres crearte un dios!

¡Solitario, tú sigues el camino del amante! Te amas a ti mismo, y por ello te desprecias, como sólo los amantes saben despreciar.

El enamorado quiere crear, porque desprecia. ¡Qué sabe del amor quien no tuvo que despreciar precisamente lo que amaba!

¡Vuelve a tu soledad con tu amor y tu creación, hermano mío, que luego te seguirá, renqueando, la justicia!

¡Vuélvete a tu soledad, hermano mío, y llévate tus lágrimas! Yo amo a quien quiere crear algo superior a él, y por ello perece.

Así habló Zarathustra.

---

(36) Se dice que Juan Huss, uno de los primeros reformistas religiosos, quemado en la hoguera por hereje en 1415, exclamó «O sancta simplicitas!» al ver a una piadosa vieja que atizaba con nueva leña las llamas que le devoraban.

DE LAS VIEJAS Y LAS JOVENES

«¿Por qué te deslizas furtivo en el crepúsculo, Zarathustra? ¿Qué ocultas con tanto cuidado bajo tu manto?

¿Es que te han regalado un tesoro? ¿Has tenido un niño? ¿O es que sigues ahora el sendero de los ladrones, tú, el amigo de los malvados?»

«¡Cierto, amigo mío! —respondió Zarathustra—. Es un tesoro que me han regalado: una pequeña verdad.

Pero esta verdad es tan traviesa y rebelde como un niño pequeño, y si no se le tapa la boca chilla como loca.

Cuando hoy seguía solitario mi camino, a la hora en que el sol se pone, me encontré con una vieja que habló así a mi alma: "Zarathustra ha hablado muchas veces con nosotras las mujeres, pero nunca nos ha hablado de la mujer".

Y yo respondí: "De la mujer sólo se debe hablar a los hombres".»

«Háblame a mí también de la mujer —me dijo—. Soy lo bastante vieja como para olvidar al momento lo que me digas.»

Y yo accedí al ruego de la viejecita, y le dije:

«Todo en la mujer es un enigma, con una solución *única:* se llama "embarazo". El hombre es un simple medio para la mujer; el fin es siempre el hijo. Pero ¿qué es la mujer para el hombre?

Dos cosas quiere el hombre auténtico: peligro y juego. Por ello quiere a la mujer: el más peligroso de los juegos.

El hombre debe ser educado para la guerra, y la mujer para el solaz del guerrero: todo lo demás es tontería.

Los frutos demasiado dulces no agradan al guerrero. Por ello le gusta la mujer: la más dulce deja siempre algún amargor.

La mujer comprende al niño mejor que el hombre, mas el hombre es más niño que la mujer. En el hombre auténtico se oculta siempre un niño. ¡Adelante, mujeres! ¡Descubrid ese niño que hay en todo hombre!

Sea la mujer un juguete puro y delicado, semejante a las piedras preciosas, iluminado por las virtudes de un mundo que todavía no existe.

¡Resplandezca en vuestro amor el fulgor de una estrella! Diga vuestra voluntad: "¡Ojalá diera yo a luz al Superhombre!"

¡Sed valientes cuando améis! Con vuestro amor debéis lanzaros contra aquel que os infunde temor.

¡Cifrad vuestro honor en vuestro amor! Mas la mujer entiende poco de honor. Que vuestro honor sea amar más de lo que os amen, y no ser nunca las segundas.

Que el hombre tema a la mujer cuando ésta ama; entonces ella es capaz de todo sacrificio, y cualquier otra cosa se le aparece desprovista de valor.

Tema el hombre a la mujer cuando ésta odia; pues en el fondo del alma, el hombre es sólo un malvado: pero la mujer es mala.

¿A quién odia más la mujer? El hierro habló así al imán: "A ti es a quien más odio, porque atraes, pero no eres bastante fuerte para retener."

La felicidad del hombre se llama: yo quiero; la de la mujer se llama: él quiere.

"Mira, ahora es cuando el mundo se ha vuelto perfecto": así piensa la mujer, mientras obedece enamorada.

Y la mujer debe obedecer, y hallar algún fondo a su superficie. Superficie es el ánimo de la mujer; una flotante película de agua en un estanque.

Mas el ánimo del hombre es profundo, y su corriente ruge en cavernas subterráneas: la mujer presiente el vigor del hombre, pero no lo comprende.»

Entonces la viejecilla interrumpió:

«Zarathustra ha dedicado muchas gentilezas a las mujeres, en especial a las que son bastante jóvenes para ello.

Es extraño que, conociendo Zarathustra tan poco a las mujeres, hable de ellas con tanto juicio. ¿Será tal vez porque en la mujer nada hay imposible?

Y ahora toma, como prueba de gratitud, una pequeña verdad: ¡soy ya lo bastante vieja para eso!

Envuélvela bien y tápale la boca. De lo contrario, esa pequeña verdad chillaría mucho.»

«Dame tu pequeña verdad, mujer», dije yo.

Y la vieja habló así:

«¿Vas con mujeres? ¡No olvides el látigo!»

Así habló Zarathustra.

DE LA PICADURA DE VIBORA

Un día Zarathustra se había quedado dormido bajo una higuera, y, como hacía calor, había ocultado la cara bajo el brazo. Entonces se le acercó una víbora y le picó en el cuello, y Zarathustra despertó gritando de dolor. Al apartar el brazo de su cara vio la serpiente, que, al reconocer los ojos de Zarathustra, dio la vuelta torpemente y quiso escapar. «No te vayas aún —dijo Zarathustra—, déjame darte las gracias. A tiempo me despertaste, pues aún me queda bastante trecho por recorrer». «Poco trecho podrás recorrer ya —respondió la víbora con tristeza—, pues mi veneno es mortal». Zarathustra sonrió: «¿Ha muerto alguna vez un dragón por el veneno de una serpiente? Pero toma de nuevo tu veneno: no eres bastante rica para regalármelo.» La víbora le saltó de nuevo al cuello y le lamió la mordedura.

Cuando Zarathustra relató lo sucedido a sus discípulos, éstos le preguntaron: «¿Cuál es la moraleja de esa historia, Zarathustra?»

Y Zarathustra les contestó:

«Los buenos y justos me llaman el aniquilador de la moral: mi relato es un relato inmoral.

Si tenéis un enemigo, no le devolváis bien por mal, pues eso le humillaría. Demostradle, mejor, que os ha hecho un bien.

Mejor es que os encoléricéis, y no humilléis. Y si os maldicen, no me gusta que queráis bendecir. ¡Es mejor que también vosotros maldigáis un poco!

Y si se ha cometido alguna gran injusticia con vosotros, cometed vosotros por lo menos cinco pequeñas injusticias. Es horrible ver a un hombre a quien la injusticia le aflige, sólo a él.

¿No sabíais esto? La injusticia compartida es justicia a medias. ¡Y sólo debe cargar con la injusticia *aquel* que sea capaz de llevarla!

Una venganza pequeña es más humana que ninguna venganza. Y si el castigo no es un derecho y un honor para el transgresor, entonces tampoco me gusta vuestro castigo.

Es más noble quitarse a sí mismo la razón que mantenerla, sobre todo cuando se tiene razón. Más para eso hay que ser muy rico.

Me desagrada vuestra fría justicia: desde los ojos de vuestros jueces me miran siempre el verdugo y su helada cuchilla.

Decidme: ¿Dónde se encuentra la justicia que sea amor con ojos clarividentes?

¡Inventad, pues, un amor que soporte todos los castigos, y también todas las culpas! ¡Inventad, pues, la justicia que a todos absuelva, excepto a aquellos que juzgan!

¿Queréis oír algo más? En quien quiere ser radicalmente justo, hasta la mentira se convierte en amor a los hombres. Mas ¿cómo podría ser yo radicalmente justo? ¿Cómo puedo «dar a cada uno lo suyo»? Básteme esto: yo doy a cada uno lo mío.

En fin, hermanos, guardaos de ser injustos con ningún solitario. ¿Cómo podría olvidar un solitario? ¿Cómo podría corresponder?

Cual un profundo pozo es el solitario. Fácil es tirar en el pozo una piedra: mas una vez que ha llegado al fondo, ¿quién quiere sacarla?

¡Guardaos de ofender al hombre solitario! pero si lo habéis hecho, ¡matadle además!»

Así habló Zarathustra.

DEL HIJO Y DEL MATRIMONIO

Tengo una pregunta para ti solo, hermano mío. La voy a arrojar como una sonda dentro de tu alma: quiero saber cuán profunda es ésta.

Eres joven, y deseas para ti una mujer e hijos. Mas yo te pregunto: ¿Eres un hombre al que sea *lícito* desear un hijo?

¿Eres el victorioso, el domeñador de ti mismo, el dueño de tus sentidos, el señor de tus virtudes? ¡Tal es mi pregunta!

¿O hablan en tu deseo la voz de la bestia y de la necesidad? ¿O la soledad? ¿O el descontento de ti mismo?

Yo quiero que tu victoria y tu libertad ansíen un hijo. Monumentos vivientes debes erigir a tu victoria y a tu liberación.

Tus edificios deben ser más altos que tú, pero antes has de estar construido tú mismo, cuadrado de cuerpo y de alma.

¡No debes propagarte al mismo nivel, sino hacia arriba! ¡Ojalá te ayude el jardín del matrimonio!

Debes crear un cuerpo más erecto, un primer movimiento, una rueda que gire por sí misma — un creador debes crear.

Matrimonio: así llamo yo a la voluntad de dos en orden a crear uno que sea más que quienes le crearon. Respeto mutuo llamo al matrimonio entre quienes coinciden en tal voluntad.

¡Sea ése el sentido y la verdad de tu matrimonio! Pero lo que llaman matrimonio los superfluos, ¿cómo lo llamo yo?

¡Ay, esa pobreza de alma compartida por dos! ¡Ay, esa inmundicia de alma convivida por dos! ¡Ay, ese lamentable bienestar de dos!

A todo eso llaman matrimonio: y aseguran que tal unión ha sido contraída en el cielo.

¡No, no me gusta ese cielo de los superfluos! ¡No, no me gustan esos animales enlazados en la red celestial!

¡Lejos de mí también ese Dios que se acerca, a la pata coja, a bendecir algo que él no ha unido!

¡No riáis de tales matrimonios! ¿Qué hijo no tendría motivos para llorar por causa de sus padres?

Digno me parecía ese hombre, y maduro para el sentido de la tierra; mas tras haber visto a su mujer, la tierra me pareció una casa de locos.

Sí, yo quisiera que la tierra se convulsionara al aparearse un santo y una gansa.

Este partió como un héroe, en busca de verdades, y acabó trayendo como botín una mentirijilla bien aderezada; y a eso llama su matrimonio.

Aquél era reservón en sus relaciones con otros, elegía con detenimiento. Mas de golpe estropeó su compañía para siempre; y a eso llama su matrimonio.

Aquel otro buscaba una criada con las virtudes de un ángel. Mas se convirtió él en criada de una mujer; y ahora tendría que trocarse, además, en ángel.

He mirado con atención a todos los compradores, y he comprobado que todos tienen ojos de lince. Pero hasta el más astuto se compra a su mujer a ciegas.

Muchas breves tonterías — a eso llamas amor. Y vuestro matrimonio pone fin a muchas breves tonterías en forma de una estupidez única y prolongada.

Vuestro amor a la mujer y el amor de la mujer al hombre — ¡ay, ojalá fuera compasión por dioses ocultos y atormentados! Pero, casi siempre, un animal es adivinado por otro.

Hasta vuestro amor no es sino un símbolo de éxtasis y un dolorido ardor. Es una antorcha que debe guiaros hacia caminos más altos.

Algún día debéis amar por encima de vosotros mismos. *¡Aprended*, pues, primero, a amar! ¡Apurar para ello sin reservas el amargo cáliz de vuestro amor!

Amargura hallaréis hasta en el cáliz del mejor amor. ¡Por eso el amor despierta la sed del Superhombre, por eso te da sed, creador!

Sed para el creador, flecha y anhelo hacia el Superhombre: hermano mío, ¿es así tu voluntad de matrimonio?

Santos son entonces, para mí, tal voluntad y tal matrimonio.

Así habló Zarathustra.

DE LA MUERTE VOLUNTARIA

Muchos mueren demasiado tarde, y algunos demasiado pronto. Todavía nos extraña la máxima: «¡Muere a tiempo!»

Morir a tiempo: eso enseña Zarathustra.

En verdad, quien no vive nunca a tiempo, ¿cómo va a morir a tiempo? ¡Ojalá no hubiera nacido jamás! Eso aconsejo a los superfluos.

Pero también los superfluos se dan importancia con su muerte: hasta las nueces más vacías quieren ser cascadas.

Todos dan importancia al morir: pero la muerte no es todavía una fiesta. Los hombres ignoran aún cómo se celebran las fiestas más bellas.

Yo os muestro la muerte bienhechora, que es para los que viven un aguijón y una promesa.

Quien se realiza por completo muere victorioso, rodeado de personas que esperan y prometen.

¡Así habrá que aprender a morir!: no debería haber festejo alguno en el que uno de esos moribundos no consagrara los juramentos de los vivos.

Morir así, es lo mejor; y lo segundo es morir en la lucha, y prodigando un alma grande.

Tanto al combatiente como al victorioso les es aborrecible esa muerte, vuestra muerte gesticuladora, que se aproxima sigilosamente como un ladrón, y que sin embargo viene como señora.

La muerte que yo os predico es la mía, la muerte voluntaria, aquella que llega hasta mí porque yo lo quiero.

Y ¿cuándo querré? — Quien tiene una meta, y un heredero, quiere la muerte en el momento justo para la meta y el heredero.

Y, por respeto a la meta y al heredero, yo no colgaré ya coronas marchitas en el santuario de la vida.

En verdad, no quiero asemejarme a los cordeleros, que, al estirar sus hilos, marchan siempre hacia atrás.

Algunos se vuelven ancianos en demasía, incluso para sus verdades y sus victorias; una boca desdentada no tiene ya derecho a todas las verdades.

Y quien aspire a la gloria debe despedirse a tiempo de los honores, y ejercer el arte difícil de — marcharse a tiempo.

No hay que dejarse engullir cuando mejor se sabe: quienes quieren ser amados durante largo tiempo conocen bien esa verdad.

Existen, sí, manzanas agrias, cuyo destino es aguardar hasta el último día del otoño, y madurar, amarillear y arrugarse al mismo tiempo.

En unos envejece antes el corazón y en otros el espíritu. Algunos son ya viejos en su juventud; pero quien tarda en ser joven, ése es joven durante largo tiempo.

A algunos les falla la vida: en el corazón llevan un gusano venenoso que les roe. Por ello cuidan tanto más que no se les malogre el morir.

Algunos no llegan a madurar, se pudren ya en el estío de su vida: es la cobardía quien les retiene en su rama.

Demasiados son los que viven pendiendo, durante excesivo tiempo, de su rama. ¡Así llegase una tempestad que hiciera caer del árbol toda esa podredumbre de gusanos!

¡Ojalá vinieran predicadores de la muerte *pronta*! ¡Serían verdaderas tempestades, sacudirían oportunamente los árboles de la vida! Mas yo no oigo sino predicar la muerte lenta, y la paciencia con todo lo «terreno».

¡Ay! ¿Predicáis la paciencia con todo lo terreno? ¡Son las cosas terrenas las que muestran excesiva paciencia con vosotros, hocicos blasfemos!

En verdad, aquel hebreo que adoran quienes predican la muerte lenta murió demasiado pronto; y, para muchos, constituyó una fatalidad que él muriera tan pronto.

No conocía sino lágrimas, y la melancolía del hebreo, junto con el odio de los buenos y justos — el hebreo Jesús (37); y entonces sintió el deseo de la muerte.

¿Por qué no se quedá en el desierto, lejos de los buenos y justos? ¡Quizá abría aprendido a vivir, y a amar la vida — y también a reír!

¡Hermanos míos, creedme! Aquel hebreo murió prematuramente: él mismo se hubiera ido retractando de sus doctrinas si hubiese llegado a mi edad (38). ¡Era bastante noble para retractarse!

Mas estaba aún inmaduro. El amor del joven está falto de madurez, y de manera inmadura odia a la tierra y a los hombres. No ha desplegado todavía las alas de su espíritu ni las de su carácter.

Mas en el hombre adulto hay más niño que en el joven, y menos melancolía: entiende mejor de muerte y de vida.

Libre para la muerte y libre en la muerte, un santo que dice no cuando ya no es hora de decir sí: así comprende él la vida y la muerte.

¡Amigos míos, que vuestra muerte no sea una blasfemia contra los hombres y contra la tierra! Eso es lo que yo pido a la miel de vuestra alma.

¡Sigan brillando en vuestra agonía vuestro espíritu y vuestra virtud, como el arrebol del poniente en torno a la tierra! De lo contrario, se os habrá malogrado la muerte.

---

(37) Aquí es el propio Nietzsche quien identifica sus «buenos y justos» con los «escribas y fariseos» del Evangelio.
(38) Ver nota 1.

Así quiero morir yo también, para que améis más la tierra por amor a mí; a la tierra quiero volver, para hallar el reposo en aquella que me alumbró.

En verdad, una meta tenía Zárathustra, y ya lanzó su pelota. Ahora, amigos, vosotros sois los herederos, a vosotros os lanzo la pelota de oro.

Amigos míos, veros lanzar la pelota de oro es lo que más me complace. Por ello quiero seguir todavía algún tiempo más en la tierra. ¡Perdonádmelo!

Así habló Zarathustra.

DE LA VIRTUD DADIVOSA

I

Cuando Zarathustra se hubo despedido de la ciudad que su corazón amaba, cuyo nombre es «la Vaca de Muchos Colores», muchos le siguieron, y se llamaban sus discípulos, y le hacían compañía. Llegaron así a una encrucijada. Allí Zarathustra les dijo que quería andar solo, pues era amigo de caminar en soledad. Entonces los discípulos le entregaron como despedida un bastón, en cuyo puño de oro una serpiente se enroscaba en torno al sol. Zarathustra se alegró del bastón, se apoyó en él, y habló así a sus discípulos:

«Decidme. ¿Por qué el oro llegó a ser el valor más preciado? Porque es raro e inútil, y resplandeciente, y de dulces reflejos: siempre hace don de sí mismo.

Sólo en cuanto reflejo de la virtud más alta llegó el oro a ser el valor supremo. Reluciente como el oro es la mirada del dadivoso: brillo de oro sella las paces de la luna con el sol.

Rara es la virtud más alta, e inútil, y resplandeciente, y de brillo suave: una virtud que hace regalos es la más alta virtud.

¡En verdad que os adivino, discípulos míos! También

vosotros aspiráis, como yo, a la virtud dadivosa. ¿Qué tendríais vosotros en común con los gatos y los lobos?

Esta es vuestra sed: llegar vosotros mismos a ser víctimas y regalos. Por ello ansiáis atesorar todas las riquezas de vuestra alma.

Vuestra alma anhela insaciable tesoros y joyas, pues vuestra virtud, en su voluntad de dar, es insaciable.

Las cosas todas forzáis hacia vosotros, a entrar en vosotros, para que rebroten de vuestro hontanar, como dádivas de vuestro amor.

En verdad, ese amor tan dadivoso tiene que convertirse en ladrón de todos los valores: mas yo llamo sano y santo a ese egoísmo.

Otro egoísmo existe, famélico y miserable, que siempre ansía hurtar: el egoísmo de los enfermos, el egoísmo enfermo.

Con ojos de ladrón observa cuanto reluce; con 1 avidez del hambre contempla a quien tiene abundante comida; y merodea siempre en torno a la mesa del dadivoso.

Enfermedad y degeneración invisible hablan por la boca de esos hambrientos: desde el cuerpo enfermo habla la avidez de hurto.

Hermanos míos, decidme: ¿qué es para vosotros lo malo y lo peor? ¿No lo es acaso la *degeneración?* ¡Y siempre adivinamos degeneración allí donde falta el alma dadivosa!

Hacia arriba va nuestro camino, desde la especie sube a la superespecie. Y nos horroriza ese sentido degenerante que proclama: "Todo para mí."

Hacia arriba vuela nuestro sentido: así es símbolo de nuestro cuerpo, símbolo de elevación. Semejantes símbolos de elevaciones son los nombres de las virtudes.

Así atraviesa el cuerpo la historia, como algo que deviene y lucha. Y el espíritu — ¿qué es el espíritu para él? Heraldo de sus luchas y sus victorias, compañero y eco.

Símbolos son todos los nombres del bien y del mal: no definen, sólo hacen gestos. Tonto será quien de ellos espere ciencia.

Hermanos míos, estad alerta durante las horas en que vuestro espíritu quiere hablar por símbolos: allí se habla al origen de vuestra virtud.

Elevado está entonces vuestro cuerpo, y resucitado: con su dicha arrebata al espíritu para que éste se convierta en creador, y en valorador, y en amante, y en benefactor de todas las cosas.

Cuando vuestro corazón hierve, ancho y rebosante, como un río, siendo una bendición y un peligro para los ribereños, entonces asistís al origen de vuestra virtud.

Cuando os alzáis por encima de encomios y de censuras, y vuestra voluntad quiere dar órdenes a todas las cosas, como la voluntad de quien ama, entonces asistís al origen de vuestra virtud.

Cuando desdeñáis lo agradable, y el blando lecho, y no podéis reposar sino lejos de los comodones, entonces asistís al origen de vuestra virtud.

Cuando no tenéis sino *una única* voluntad, y el curso de las cosas se llama para vosotros necesidad, entonces asistís al origen de vuestra virtud.

En verdad, ello es un nuevo bien y un nuevo mal. En verdad, es un nuevo profundo murmullo, la voz de un nuevo manantial.

Poder es esa nueva virtud; un pensamiento dominador, enclaustrado en un alma inteligente: un sol de oro, y, en torno a él, la serpiente del conocer.»

II

Cuando llegó a este punto, Zarathustra calló unos instantes y contempló con amor a sus discípulos. Después, con voz transformada, siguió diciendo:

«¡Hermanos míos, permaneced fieles a la tierra, con las fuerzas todas de vuestra virtud! Vuestro amor dadivoso y vuestro conocimiento sirvan al sentido de la tierra. ¡Así os lo ruego, y a ello os conjuro!

No permitáis que vuestra virtud huya de las cosas terrenas y dé con sus alas contra murallas eternas. ¡Ay, ha habido siempre tanta virtud que se ha perdido volando!

Conducid de nuevo a la tierra, según yo hago, esa virtud que se ha perdido volando. ¡Sí, conducidla de nuevo al cuerpo y a la tierra, para que sea ésta su sentido, un sentido humano!

De cien maneras han hecho ensayos y se han extra-extraviado el espíritu y la virtud. ¡Ay, en vuestro cuerpo habita ahora todo ese delirio y error: en cuerpo y voluntad se han convertido!

De cien maneras se han hecho ensayos y se han extra-viado hasta ahora el espíritu y la virtud. Sí, un ensayo ha sido el hombre. ¡Ay, cuánta ignorancia y cuánto error se han hecho cuerpo en nosotros!

No sólo la razón de milenios, también su locura se abre paso en nosotros. ¡Peligroso es ser heredero!

Combatimos aún, día tras día, con el gigante Azar: sobre la humanidad entera han reinado hasta el presente el sin sentido y el absurdo.

¡Vuestro espíritu y vuestra virtud sirvan al sentido de la tierra, hermanos míos! ¡Y quede renovado por vosotros el valor de todas las cosas! ¡Para eso debéis ser luchadores, para eso debéis ser creadores!

El conocer purifica el cuerpo, y, haciendo ensayos con la ciencia, se enaltece. Los instintos todos se santifican para el hombre de conocimiento; el alma del hombre elevado se alboroza.

Médico, cúrate a ti mismo y curarás así a tu enfermo. Sea tu mejor ayuda que él, con sus propios ojos, vea a quien se sana a sí mismo.

Existen aún mil caminos inexplorados: mil hontanares de salud, y mil ocultas islas de vida. El hombre y la tierra del hombre continúan para mí inagotados y no descubiertos.

¡Vigilad y escuchad, solitarios! Del porvenir llegan vientos con secretos aleteos; una buena nueva anda en busca de oídos sutiles.

Vosotros, los solitarios de hoy, vosotros, los apartados, seréis en el futuro un pueblo; de vosotros, que os habéis elegido a vosotros mismos, debe formarse un día un pueblo elegido, y, de él, el Superhombre.

¡En verdad, la tierra será algún día un lugar de curación! Ya la rodea un nuevo perfume que trae salud — ¡y una nueva esperanza!»

III

Dicho esto, Zarathustra calló, como aquel que aún no ha dicho su última palabra. Largo rato permaneció perplejo, sosteniendo con su mano el bastón. Por fin, con la voz nuevamente transformada, habló y dijo:

«Ahora partiré yo solo, queridos discípulos. Y vosotros también partiréis solos. Así lo quiero.

En verdad, éste es mi consejo: ¡Alejaos de mí, y precaveos contra Zarathustra! Mejor aún: ¡Avergonzaos de él! Tal vez os engañó (39).

El hombre de conocimiento no sólo tiene que saber amar a sus enemigos: tiene además que saber odiar a sus amigos.

Mal se paga al maestro si se permanece siempre discípulo. ¿Por qué no vais a deshojar vosotros mi corona?

Vosotros me veneráis, mas, ¿qué ocurrirá si vuestra veneración se derrumba? ¡Cuidad de que no os aplaste mi estatua!

¿Decís que creéis en Zarathustra? Sin embargo, ¡qué importa Zarathustra! ¿Vosotros sois mis creyentes? No obstante, ¡qué importan los creyentes todos!

Me hallasteis cuando aún no os habíais buscado a vosotros mismos. Así les ocurre a todos los creyentes: por eso es la fe tan poquita cosa.

_____

(39) No cabe mayor refrendo de aquel «la verdad nunca se colgó del brazo de un incondicional» (ver nota 28). Zarathustra quiere que todo se rumie, hasta lo que parece una exhortación definitiva; que las decisiones no se deleguen en otro, y que no se tomen en el calor del entusiasmo.

Ahora os ordeno que me perdáis a mí y os encontréis a vosotros; y solamente cuando hayáis renegado todos de mí, solamente entonces volveré entre vosotros (40).

En verdad, con otros ojos, hermanos míos, buscaré yo entonces a mis ovejas perdidas; y entonces os amaré con otro amor.

Día llegará en que seáis amigos míos e hijos de *una única* esperanza. Entonces quiero estar a vuestra vera, por tercera vez, a fin de festejar con vosotros el gran mediodía.

Y el gran mediodía es la hora en que el hombre se halla a mitad de su camino, entre la bestia y el Superhombre, y canta como a su nuevo camino el sendero hacia el atardecer, como su más alta esperanza: pues es el camino hacia una nueva aurora.

Entonces el que se hunde en su ocaso se bendecirá a sí mismo, por ser uno que pasa al otro lado (41); y el sol de su conocimiento brillará para él en el mediodía.

¡Los dioses han muerto, y ahora queremos que viva el Superhombre! Sea ésta alguna vez, llegado el gran mediodía, nuestra voluntad postrera.»

Así habló Zarathustra.

---

(40) En el Evangelio de san Mateo (10-33) Jesús anuncia: «Negaré ante mi Padre a todo el que me niegue ante los hombres».
(41) Ver el Prólogo, I, y nuestras notas 2 y 6.

SEGUNDA PARTE

> "Solamente cuando hayáis renegado todos de mí, solamente entonces volveré entre vosotros.
>
> "En verdad, con otros ojos, hermanos míos, buscaré yo entonces a mis ovejas perdidas; y entonces os amaré con otro amor."

Zarathustra, I. "De la virtud dadivosa"

EL NIÑO DEL ESPEJO

Zarathustra volvió a continuación a la montaña y a la soledad de su cueva, y se apartó de los hombres: como el sembrador que ha lanzado ya su semilla, y espera. Mas pronto su alma se llenó de impaciencia y deseo de aquellos a quienes amaba: pues aún tenía muchas cosas que darles. Esto es, en efecto, lo más difícil: cerrar por amor la mano antes abierta, y conservar el pudor al hacer regalos.

Así transcurrieron para el solitario meses y años; mas su sabiduría crecía y le hacía sufrir con su creciente abundancia.

Una mañana se despertó antes de la aurora, estuvo meditando largo tiempo en su lecho, y al fin habló así a su corazón:

«¿Qué ha sido lo que tanto me ha asustado durante el sueño, que me ha despertado? ¿No se me acercó un niño que llevaba un espejo?

"Mírate en el espejo, Zarathustra", me dijo. Y al mirar

el espejo lancé un grito, y mi corazón se estremeció pues no era a mí a quien veía, sino la catadura y la risa sarcástica de un demonio.

En verdad, demasiado bien comprendo el sentido y la advertencia del sueño: ¡mi doctrina está en peligro, la cizaña quiere hacerse pasar por trigo!

Mis enemigos se han vuelto poderosos y han desfigurado la imagen de mi doctrina, de forma que los más queridos por mí han tenido que avergonzarse de los regalos con que les obsequié.

¡He perdido a mis amigos, ha llegado la hora de irme tras lo que perdí!»

Al decir esas palabras, Zarathustra se irguió de un salto: mas no como quien se asfixia y busca aire, sino como un vidente o un profeta inspirado. Extrañados miraron hacia él su águila y su serpiente; pues de su cara irradiaba una dicha luminosa semejante a la aurora.

«¿Qué me ha sucedido, animales, míos? —dijo Zarathustra—. ¿No estoy transformado? ¿No me invade la felicidad como un viento huracanado? Loca es mi felicidad, y locamente hablará: ¡es tan joven! ¡Sed indulgentes, pues, con ella!

Herido estoy por mi propia felicidad: ¡Todos cuantos sufren deben ser médicos para mí!

De nuevo me es lícito descender a mis amigos, y también a mis enemigos. ¡De nuevo me es lícito hablar, y obsequiar, y dar lo mejor a mis bienamados!

Mi impaciente amor se desborda a torrentes en todas direcciones. ¡Desde montañas silenciosas y tempestades de dolor, mi alma se precipita hacia los valles!

Demasiado tiempo he anhelado mirando hacia la lejanía. Demasiado tiempo me ha poseído la soledad: ya he olvidado el callar.

Me he vuelto todo yo una boca, estruendo de torrentera que se despeña de los riscos: quiero precipitar mis palabras a los valles.

¡Sea así, aunque el torrente de mi amor se precipite en lo infranqueable! ¿No habría de hallar tal río su salida al mar?

Un lago existe, sin duda, en mí: un lago solitario, que se basta a sí mismo. Pero la corriente de mi amor le arrastra consigo — al mar.

Caminos nuevos se ofrecen a mi paso, un nuevo modo de hablar viene a mí; como todos los creadores, me he cansado de las viejas lenguas: mi espíritu se niega a caminar con sandalias gastadas.

Todo hablar corre para mí demasiado lento. — ¡Salto a tu carro, tempestad, y hasta a ti quiero fustigarte con el látigo de mi saña!

Como un grito y una exclamación jubilosa, quiero correr sobre anchos mares, hasta encontrar las islas afortunadas, donde habitan mis amigos.

¡Y también mis enemigos! ¡Cuánto amo yo ahora a todo aquel a quien me sea lícito hablar! Hasta mis enemigos forman parte de mi felicidad.

Y si quiero montar en mi caballo salvaje, me pertrecho con mi lanza, que me ayuda mejor que nada: ella es siempre el mejor escudero de mi pie.

¡La lanza que arrojo contra mis enemigos! ¡Cómo les agradezco que por fin se me permita arrojarla!

Mi nube está cargada en demasía. Entre carcajadas de rayos quiero lanzar mi granizo a la profundidad.

Poderoso se hinchará entonces mi pecho, y lanzará su tempestad por encima de los montes: así quedará aliviado.

En verdad, mi felicidad y mi libertad llegan semejantes a tempestades. Pero mis enemigos estimarán que es *el Maligno* el que rabia sobre sus cabezas.

Sí, amigos míos, vosotros también os asustaréis de mi sabiduría salvaje. Acaso hasta huiréis de ella, junto con mis enemigos.

¡Ay, si yo supiese haceros regresar, tocando mi caramillo de pastor! ¡Ay, si mi leona sabiduría supiera rugir con dulzura! ¡Muchas cosas hemos ya aprendido juntos!

Mi sabiduría salvaje quedó preñada en las montañas solitarias, y sobre los ásperos peñascos parió su última cría.

Ahora corre enloquecida por el desierto árido, y busca y busca el blando césped — ¡mi vieja sabiduría salvaje!

Sobre el blando césped de vuestros corazones, amigos míos, y sobre vuestro amor, me placería acostar lo más querido para ella.»

Así habló Zarathustra.

DE LAS ISLAS AFORTUNADAS

Caen del árbol los higos. Son dulces y buenos. Y, según caen, se abre su roja piel. Viento del norte soy para los higos maduros.

Amigos míos, igual que los higos maduros caen estas enseñanzas sobre vosotros: Bebed su jugo y su dulce pulpa! Nos rodea el otoño, el cielo puro, la tarde.

¡Ved qué plenitud nos rodea! Y es bello mirar, desde el seno de la abundancia, hacia mares lejanos.

En otros tiempos, al mirar hacia mares lejanos se pensaba en Dios. Mas ahora yo os he enseñado a decir: Superhombre.

Dios es una conjetura. Pero quiero que vuestras conjeturas no vayan más lejos que vuestra voluntad creadora.

¿Podríais vosotros *crear* un Dios? ¡No me habléis, entonces, de dioses! Mas el Superhombre sí podéis crearlo. Quizá no podréis vosotros mismos, hermanos. Mas podríais transformaros en padres y ascendientes del Superhombre. ¡Sea ésa vuestra mejor creación!

Dios es una conjetura. Mas yo quiero que vuestras conjeturas no rebasen lo pensable.

¿Podríais vosotros *pensar* a Dios? ¡Ojalá que la voluntad de verdad signifique para vosotros que todo sea transformado en algo pensable por el hombre, visible para el hombre, sentible para el hombre! ¡Llegad hasta las fronteras de vuestros sentidos!

Y eso que llamáis mundo debe ser creado primero por vosotros: vuestra razón, vuestra imagen, vuestra voluntad, vuestro amar, deben hacerse ese mundo. ¡Y por cierto que para vuestra felicidad, hombres del conocimiento!

¿Y cómo soportaríais la vida sin esa esperanza, vosotros, los hombres del conocimiento? No podéis estableceros por nacimiento en lo incognoscible ni en lo irracional.

Pero, amigos míos, para revelaros por entero mi corazón: si hubiera dioses ¿cómo toleraría yo no ser Dios? *Por tanto*, no hay dioses.

Yo soy, en realidad, el autor de esa conclusión: mas ahora es ella la que me saca (42).

Dios es una conjetura. ¿Quién bebería, empero, sin morir, todo el tormento de esa conjetura?

¿Debe arrebatarse al creador su fe, debe impedirse al águila que vuele en lo más alto? Dios es un pensamiento que tuerce todo lo derecho y vuelca cuanto está en pie. ¿Es que el tiempo podría ser abolido, y ser falso todo cuanto es perecedero?

Pensar eso es torbellino y vértigo del humano esqueleto, y hasta un vómito para el estómago: en verdad, a esa hipótesis la llamo «enfermedad de vértigo».

Malvadas llamo, y enemigas del hombre, a todas esas doctrinas de lo Uno y lo Lleno, y lo Inmóvil, y lo Saciado, y lo Imperecedero (43).

¡Lo imperecedero no es más que un símbolo! Los poetas mienten demasiado (44).

De tiempo y de devenir deben hablar los mejores símbolos. ¡Deben ser una alabanza y una justificación de todo lo perecedero!

Crear: ahí está el gran alivio del dolor, y así es como se hace más ligera la vida. Mas para que llegue a existir un creador precisan muchas crisis de dolor y muchas transformaciones.

¡Sí, creadores, muchas muertes amargas ha de haber

---

(42) Me hace existir. Es decir: yo existo **porque** no existe Dios. Nietzsche juega con los sentidos de **ziehen**: sacar (una conclusión = «concluir» o una cosa (= ponerla fuera, ex-sistente).

(43) Todo este pasaje ha sido muy utilizado por la filosofía existencial alemana, y también por el Jean-Paul Sartre de **L'Être et le néant**.

(44) Nietzsche acaba de volver del revés las palabras del **Fausto**: «Lo perecedero no es más que un símbolo.»

en nuestra vida! Así sois voceros y defensores de todo lo perecedero.

Para ser el niño que vuelve a nacer, el creador tiene que querer ser también la parturienta, y los dolores de la parturienta.

En verdad, he recorrido mi camino a través de cien almas, a través de cien cunas, a través de cien dolores de parto. Ya me he despedido muchas veces, y conozco esas horas, desgarradoras, de las despedidas.

Mas así lo quieren mi voluntad creadora y mi destino. O, para decirlo de un modo más honrado, tal destino es justamente el que quiere mi voluntad.

Todo cuanto siente, en mí sufre y está como preso. Mas mi voluntad acude siempre en mi socorro, como mensajero de alegría.

El querer hace libres: tal es la doctrina verdadera acerca de la volutnad y de la libertad. Así os lo enseña Zarathustra.

No-querer-ya, y no-estimar-ya, y no-crear-ya. ¡Que ese gran cansancio esté siempre lejos de mí!

También en el conocer siento únicamente el placer de mi voluntad de crear y devenir. Si en mi conocimiento hay inocencia es porque en él hay voluntad de crear.

Lejos de Dios y de los dioses me ha atraído esa voluntad. ¿Qué habría que crear —si hubiera dioses?

Mi vehemente voluntad de crear me empuja siempre de nuevo hacia los hombres; así se siente el martillo impulsado hacia la piedra. ¡Ay, hombres, en la piedra duerme para mí una imagen, la imagen de mis imágenes! ¡Ay, que ella tenga que dormir en la piedra más tosca y dura!

Mi martillo golpea con furia su cárcel y la piedra salta a pedazos..., ¿qué me importará a mí?

Quiero acabar..., pues se ha acercado a mí una sombra... ¡La más callada y ligera de todas las cosas vino a mí!

La belleza del Superhombre vino a mí como una sombra. ¡Ay, hermanos, qué me importan ya —los dioses!

Así habló Zarathustra.

DE LOS MISERICORDIOSOS

Amigos míos, a los oídos de vuestro amigo han llegado palabras de mofa: «Mirad a Zarathustra, ¿no camina entre nosotros igual que entre animales?»

Mejor harían en decir: «El que conoce, camina entre los hombres *como* entre animales.» Para quien conoce, el hombre se llama: el animal de mejillas encarnadas.

¿Y por qué así? ¿No es porque ha tenido que avergonzarse demasiadas veces?

Amigos míos, el que conoce habla así: «Vergüenza, vergüenza, vergüenza, ésa es la historia del hombre.»

Y por ello el hombre noble se exige a sí mismo no avergonzar a otros hombres, y tener pudor ante todo lo que sufre.

No soporto, en verdad, a los misericordiosos, que son bienaventurados en su misericordia: les falta demasiado el pudor.

Si he de ser misericordioso, no quiero ser llamado así; y, si lo soy, séalo solamente a distancia.

Con gusto escondo la cara y escapo antes de ser reconocido. ¡Amigos míos, haced vosotros otro tanto!

¡Quiera mi destino poner siempre en mi ruta a seres como vosotros, sin sufrimientos, con quienes me sea *lícito* compartir mis esperanzas, mi aliento y mi miel!

En verdad, ya hice algo en favor de los que sufren. Mas siempre se me antojó que obraba mejor cuando aprendía a regocijarme mejor.

Demasiado poco se ha regocijado el hombre, desde que existen hombres. ¡Amigos míos, ése es nuestro único pecado original!

Y aprendiendo a alegrarnos mejor, es como mejor nos olvidamos de perjudicar a los demás y de inventar daños.

Por eso me lavo yo la mano que ha auxiliado al que sufre, y por eso me limpio incluso el alma.

Pues al ver sufrir a un hombre me avergoncé de su vergüenza: y al auxiliarle herí gravemente su orgullo.

Los grandes favores no inspiran agradecimiento, sino deseo de venganza; y si no se olvida un favor pequeño, éste acaba por convertirse en un gusano roedor.

¡Sed reacios en el aceptar! ¡Honrad por el hecho de aceptar! Doy siempre este consejo a quienes nada tienen que regalar.

Mas yo soy de los que regalan: me complace dar, como amigo, a los amigos. Los extraños, en cambio, y los pobres, ¡cojan por sí mismos los frutos de mi árbol! Eso les avergüenza menos.

Mas a los mendigos habría que suprimirlos por completo. En verdad, igual molesta el darles que el no darles.

Otro tanto digo de los pecadores y de las conciencias protervas. ¡Amigos míos, creedme: los remordimientos de conciencia enseñan a morder!

Mas lo peor de todo son los pensamientos mezquinos. En verdad, vale más obrar malvadamente que pensar con mezquindad.

Cierto que vosotros decís: «El placer de las acciones mezquinas nos ahorra más de una gran acción malvada.» Pero éste no es campo para el ahorro.

La acción malvada es como una úlcera: escuece, irrita y hace erupción —hablando sinceramente.

«Mira, yo soy enfermedad»: así habla la acción malvada, y ésa es su sinceridad.

Mas el pensamiento mezquino es como un hongo: se arrastra, se agacha y no quiere estar en parte alguna —hasta que el cuerpo entero queda podrido y mustio por los hongos.

Mas a quien está poseído por el diablo yo le susurro estas palabras al oído: «Mejor será que cebes a tu diablo. ¡También existe para ti un camino de grandeza!»

¡Ay, amigos míos, sabemos algo de más acerca de cada uno! Muchos se nos vuelven transparentes, mas aun así estamos lejos de poder penetrar a través de ellos.

Difícil es vivir entre los hombres, porque es difícil guardar silencio.

Y con quienes más injustos somos no es con los que aborrecemos, sino con quienes nada nos importan.

No obstante, si tienes un amigo que sufre, sé un refugio para su dolor; mas, por así decirlo, un lecho duro, un lecho de campaña. Así le serás más útil.

Y si un amigo te hace mal, dile: «Te perdono el daño que me has hecho. Pero ¿cómo podría perdonar el que te has hecho a *ti*?»

Así habla todo amor grande: supera incluso el perdón y la misericordia.

Debemos contener, con mano firme, el propio corazón: pues, si le dejamos ir, ¡qué pronto se nos va la cabeza!

¿Acaso cometió alguien mayores tonterías que el compasivo? ¿Acaso algo originó en el mundo mayores sufrimientos que las tonterías de los misericordiosos?

¡Ay de quienes aman mucho, y no tienen una estatura superior a su compasión!

El diablo me dijo una vez: «También Dios tiene su infierno: es su amor a los hombres.»

Y hace poco le oí decir: «Dios ha muerto. Su compasión por los hombres ha matado a Dios.»

Estad, pues, prevenidos contra la misericordia: *de ella* continúa viniendo a los hombres una nube. En verdad, yo conozco los signos del tiempo.

Mas recordad también esta frase: Todo amor grande está por encima incluso de su compasión, pues él quiere además —crear lo amado.

«Yo mismo me ofrezco a mi amor; *y a mi prójimo como a mí mismo*»: éste es el lenguaje de todos los creadores. Mas todos los creadores son duros.

Así habló Zarathustra.

DE LOS SACERDOTES

Cierta vez Zarathustra hizo una seña a sus discípulos, y les habló así:

«Ahí hay sacerdotes. Aun cuando sean mis enemigos, pasad por su vera en silencio, con las espadas dormidas. También entre ellos hay héroes. Muchos de ellos han sufrido demasiado. —Por eso quieren hacer sufrir a otros.

Son enemigos malos. Nada hay más vengativo que su humildad: fácilmente se mancha quien les ataca. Mas mi sangre es parienta de la suya; y hasta en la suya quiero que sea honrada mi sangre.»

Y cuando hubieron pasado a su lado, a Zarathustra le embargó la tristeza; después de haber luchado algún tiempo con su dolor, habló así:

«Estos sacerdotes me dan lástima; y también me repugnan: si bien esto es para mí lo menos, desde que vivo entre los hombres.

Pero yo sufro y he sufrido con ellos. Réprobos y cautivos son para mí. Aquel a quien llaman ellos su Redentor les ha cargado de cadenas. ¡De cadenas de valores falsos, y de palabras ilusorias! ¡Ah, quién pudiera redimirles de su redentor!

En otro tiempo creyeron llegar a una isla, cuando el mar les arrojaba lejos: pero se trataba de un monstruo dormido.

Valores falsos y palabras ilusorias: ésos son los monstruos peores para los mortales. La fatalidad duerme y aguarda en ellos largo tiempo. Mas al fin llega, despierta y devora aquello que construyó cabañas sobre ella.

¡Mirad las cabañas que se han construido los sacerdotes! Iglesias llaman a sus antros de empalagoso aroma.

¡Qué luz tan falsa la suya, qué aire con olor a moho! ¡Ahí no es lícito al alma subir volando hasta su propia altura!

Pues su fe les exhorta: "¡Subid las escaleras de rodillas, pecadores!" (45).

En verdad, prefiero ver a un hombre sin pudor, antes que los ojos torcidos de ese pudor y esa devoción.

¿Quién creó para sí tales antros y escaleras de mortificación? ¿No sería alguien que quería esconderse y se avergonzaba del cielo puro?

Y sólo cuando el cielo puro mire de nuevo, a través de las bóvedas derruidas, y llegue hasta las hierbas y la roja amapola crecida entre las grietas —sólo entonces querré yo volver mi corazón hacia las moradas de ese dios.

Ellos llamaron Dios a cuanto les contrariaba o causaba dolor: y, en verdad, su devoción tuvo mucho de heroísmo.

¡Y no supieron amar a su Dios como no fuera crucificando al hombre!

Como cadáveres quisieron vivir, y amortajaron de negro su propio cadáver: hasta en sus discursos percibo el hedor de las cámaras mortuorias.

Quien vive cerca de ellos vive cerca de negros estanques, y desde éstos el sapo, melancólico, entona sus canciones.

Para que yo aprendiese a creer en su redentor tendrían que cantarme mejores canciones; y sus discípulos tendrían que parecerme más redimidos.

Desnudos querría verles, pues solamente la belleza debería predicar penitencia. Mas ¿a quién persuade esa tribulación embozada?

¡En verdad, sus mismos redentores no vinieron de la libertad, ni del séptimo cielo de la libertad! ¡En verdad, no caminaron nunca sobre las alfombras del conocimiento!

De huecos estaba constituido el espíritu de tales redentores. En cada hueco colocaron su quimera, su tapahuecos, al que llamaban Dios.

---

(45) En carta a su amigo Overbeck (mayo de 1883), Nietzsche acusa el desagradable impacto que le produjo el espectáculo de peregrinos católicos subiendo de rodillas la **Santa Scala**, en Roma.

En su piedad se había ahogado su espíritu, y cuando se henchían y desbordaban de piedad, siempre sobrenadaba en la superficie una gran tontería.

Con celo y griterío conducían su rebaño, por su propia vereda. ¡Como si no existiera más que una vereda que condujera hacia el futuro! En verdad, también esos pastores formaban parte de las ovejas.

Espíritus enanos y almas voluminosas tenían esos pastores; pero, hermanos, ¡cuán diminutos países han sido hasta ahora las almas más voluminosas!

En los senderos que recorrieron escribieron signos de sangre. ¡Y su tontería predicaba que la verdad se demuestra con sangre!

Mas la sangre es el peor testimonio de la verdad: la sangre envenena hasta la doctrina más pura, la trueca en ilusión y odio de los corazones (46).

Y si alguien entra en la hoguera por defender su doctrina, ¿qué prueba eso? ¡Mejor es que del propio incendio salga la propia doctrina!

Corazón ardiente y cabeza fría: cuando coinciden surge el torbellino, el "redentor".

¡Ha habido en verdad hombres más grandes y de más alta cuna que esos denominados redentores por el pueblo; esos vientos arrebatadores y violentos!

¡Hermanos míos, si queréis hallar el camino hacia la libertad, tendréis que ser redimidos por hombres más grandes que todos los redentores!

Aún no ha llegado el Superhombre. Mas ya he visto desnudos a los dos hombres, el más grande y el más diminuto.

Aún se parecen demasiado los dos. En verdad, al más grande le hallé todavía —¡demasiado humano!»

Así habló Zarathustra.

---

(46) No se olvide esta idea, sobre la que Nietzsche vuelve en muchas ocasiones, cuando se trata del «belicismo» nietzscheano, o cuando, para elogio o condena, según quién haga la referencia, se le convierte en patrón del «germanismo», nazi o prenazi. Ver nota 100.

DE LOS VIRTUOSOS

Con truenos y celestes fuegos de artificio, así es como voy a hablar a los sentidos flojos y dormidos.

Mas la voz de la belleza habla quedo: solamente llega a insinuarse en las almas más despiertas.

Mi escudo ha reído y vibrado hoy con suavidad: ésas son la sagrada vibración y risa de la belleza.

Mi belleza se ha reído hoy de vosotros, los virtuosos. Y su voz llegó hasta mí, y me dijo: «¡Ellos quieren además que se les pague!»

¿Pretendéis que se os pague por la virtud? ¿Pretendéis el cielo a cambio de la tierra, y la eternidad a cambio de vuestro hoy? ¿Y os irritáis contra mí porque os digo que no existe pagador ni remunerador? En verdad, ni siquiera enseño que la virtud sea su propia recompensa.

¡Ay, ésa es mi pena! Arteramente se ha puesto en el fondo de las cosas recompensa y castigo. Y ahora, ¡hasta en el fondo de vuestras almas, virtuosos! (47).

Mas semejante al colmillo del jabalí, mi palbra debe desgarrar el fondo de vuestras almas: ¡reja de arado quiero ser para vosotros!

Todos los secretos de vuestras almas deben salir a la luz. Y cuando, revueltos y destrozados, estéis por el suelo, al sol, entonces también vuestra mentira estará separada de vuestra verdad.

Ésta es vuestra verdad: sois demasiado *limpios*, para la suciedad de estas palabras: venganza, castigo, recompensa, o represalia.

---

(47) De nuevo vemos cómo Nietzsche no está tan lejos de la moral de Kant como pretende creer (ver nota 13). El «tú debes» kantiano es precisamente la expulsión de «recompensas y castigos» del campo de la moral, pues la decisión de la voluntad ha de valer por su propia dignidad, y sólo por ésta. No obstante, y aun prescindiendo de otras obvias diferencias, hay un estridente contraste entre la serenidad racional de Kant y la agonía patética de Nietzsche.

Como la madre a su hijo, así amáis vosotros a vuestra virtud: pero, ¿cuándo se dijo que una madre quisiera ser pagada por su amor?

Vuestra virtud es vuestro sí mismo más querido para vosotros mismos. Hay en vosotros sed de anillo: para alcanzarse de nuevo a sí mismo lucha y gira todo anillo.

Y semejantes a la estrella que se apaga son vuestros actos de virtud: su luz sigue siempre en camino y en marcha. ¿Y cuándo dejará de estarlo?

También la luz de vuestra virtud continúa en camino, aunque ya esté cumplida la obra. Puede estar ésta olvidada y muerta: sus rayos de luz prosiguen el viaje.

¡Sea vuestra virtud vuestro sí mismo, y no algo extraño, una epidermis, un manto! ¡Ésa es la verdad que brota del fondo de vuestra alma, virtuosos!

Mas últimamente hay también algunos para quienes la virtud es un espasmo bajo un látigo. ¡Creo que oísteis demasiado los gritos de ellos!

Otros llaman virtud a la pereza de sus vicios, y cuando sus odios y sus envidias se desperezan, entonces su «justicia» despierta, restregándose los ojos adormilados.

Otros hay también a quienes parecen tirarles desde abajo: son sus demonios que les arrastran; y cuanto más se hunden, tanto más se encienden sus ojos y tanto más codician a su dios.

¡Ay, hasta vosotros, virtuosos, llegaron también los gritos de estos últimos! «¡Todo lo que yo *no soy*, *eso*, *eso* son para mí Dios y la virtud!»

Tampoco faltan otros que llevan mucho peso, y rechinan por ello como carros que avanzan cuesta abajo, cargados de pedruscos: hablan mucho de dignidad y de virtud —¡a sus frenos llaman virtud!

Y hay otros que son como relojes a los que se precisa dar cuerda todos los días: producen su tic-tac, y pretenden que a ese tic-tac se le llame virtud.

En verdad, con ésos me divierto: cuando vea a esos relojes les daré cuerda con mi mofa: y no tendrán más remedio que ronronear.

Otros se jactan de su puñado de justicia, y a causa de ella cometen crímenes contra todas las cosas: tanto que el mundo se ahoga en su injusticia.

¡Náuseas siento, cuando les sale de la boca la palabra «virtud»! Y cuando dicen «soy justo» suena como si dijeran: «¡Estoy vengado!» (48).

Con su virtud quieren arrancar los ojos a sus enemigos; y se ensalzan, solamente para humillar a los demás.

Otros más existen que se sientan en su charca y hablan así desde el cañaveral: «Virtud es sentarse en silencio en la propia charca. Nosotros no mordemos a nadie, y nos alejamos del camino de quienes quieren morder; y en todas las cosas tenemos la opinión que se nos transmite.»

Y también hay quienes aman los gestos, y piensan: «La virtud es una especie de gesto.»

Sus rodillas están siempre dispuestas a adorar, y sus manos son alabanzas de la virtud. Mas su corazón nada sabe de todo eso.

Otros hay que tienen por virtud el decir: «La virtud es necesaria»; pero en el fondo creen que sólo la policía es necesaria.

Y muchos que ignoran lo que es elevado en el hombre, llaman virtud a ver de cerca su propia mezquindad: de ahí que llamen virtud a su malvado mirar.

Y algunos quieren ser elevados y glorificados, y llaman a eso virtud; otros prefieren ser abatidos, y también llaman a eso virtud.

Así, casi todos estiman participar en la virtud: cada uno, por lo menos, quiere ser experto en «bien» y «mal».

Zarathustra no vino, empero, para decir a todos esos mentirosos y necios: «¡Qué sabeis *vosotros* de virtud! ¡qué podríais *vosotros* saber de virtud!

Sino para que vosotros, amigos míos, os hartéis de las palabras viejas aprendidas de los necios y de los mentirosos.

Para que os canséis de las palabras «recompensa», «castigo», «retribución», o «Justa Venganza».

---

(48) Nietzsche se ayuda una vez más en el juego de palabras: **ich bin gerecht**, soy justo —**ich bin gerächt**, estoy vengado.

Para que os canséis de decir: una acción es buena si es desinteresada.

¡Que esté vuestro sí mismo en la acción, amigos míos, como la madre está en el hijo! ¡Que sea ésta *vuestra* palabra sobre la virtud!

En verdad, os he quitado cien palabras, y los juguetes más preciados de vuestra virtud: de ahí que os irritéis conmigo como se irritan los niños.

Mientras jugaban junto al mar, llegó una ola y se les llevó al fondo sus juguetes: ahora lloran.

Mas esa misma ola les traerá juguetes nuevos, y depositará a sus pies conchas multicolores.

Así serán consolados, y a vosotros, amigos míos, os ocurrirá otro tanto: también vosotros tendréis vuestros consuelos, y nuevas conchas multicolores.

Así habló Zarathustra.

DE LA CHUSMA

Fuente de alegría es la vida. Mas donde la chusma va a beber con los demás, todos los pozos quedan envenenados.

Gústame todo lo puro; pero no soporto ver los hocicos de mofa y la insaciable sed de los impuros.

Miran al fondo del pozo: del pozo me sube reflejada su repulsiva sonrisa.

Han envenenado con su lascivia el agua santa, y, como llamaron placer a sus sucios ensueños, han envenenado incluso las palabras.

La llama se indigna cuando ellos acercan el fuego a sus húmedos corazones. Y el espíritu hierve y humea cuando la chusma se acerca al fuego.

La fruta se pasa y se torna empalagosa en su mano: al frutal, su mirada lo vuelve fácil de desgajar por el viento, y le seca las ramas.

Más de uno que se apartó de la vida, se apartó tan sólo de la chusma: no quería compartir su agua, ni su llama, ni su fruta, con la chusma.

Y más de uno que huyó al desierto y padeció sed entre las fieras, quería solamente no sentarse con sucios camelleros en torno a la cisterna.

Y más de uno que llegó como ángel exterminador y como granizada sobre la cosecha, quería sólo hollar con sus pies la boca de la chusma, para taparle el gaznate.

Y el bocado más difícil de tragar no es saber que la vida impone hostilidad, y muerte, y crucifixión. Sino que una vez pregunté, y casi me sofoqué con mi pregunta: «¿Cómo? ¿La vida *necesita* también de la chusma?»

¿Serán necesarios pozos envenenados, y hogueras apestosas, y sueños sucios, y hasta gusanos en el pan de la vida?

¡No ha sido mi odio, sino la náusea, la que se ha cebado en mi vida! ¡Ay de mí! Muchas veces he llegado a hastiarme del espíritu al comprobar que también la chusma es ingeniosa (49).

Volví la espalda al que domina cuando descubrí a qué llaman dominar: regatear y chalanear por el poder — ¡con la chusma!

Entre los pueblos de lengua extraña he habitado con las orejas tapadas, para que me fuera siempre extraña la lengua de sus chalaneos, y su regatear por el poder.

Y tapándome la nariz he pasado con disgusto por todo el ayer y todo el hoy: ¡cómo apestan el ayer y el hoy a chusma que escribe!

Cual un paralítico que se hubiera vuelto sordo, ciego y mudo, así he vivido largo tiempo, para no convivir con la chusma del poder, de la pluma o de los placeres.

Trabajosa y cautelosamente subía escaleras mi espíritu: limosnas de placer fueron su alivio; apoyada en su báculo se arrastraba la vida del ciego.

¿Qué me ocurrió entonces? ¿Cómo me redimió mi náusea? ¿Y quién rejuveneció mis ojos? ¿Cómo volé hacia la altura donde no hay ya chusma sentada junto al pozo?

¿Mi misma náusea me dio alas, y las fuerzas que adivinan los manantiales? En verdad, tuve que volar hasta

---

(49) Nuevo juego de palabras: **Geist**, espíritu; **geistreich**, ingenioso.

lo más alto para volver a encontrar el manantial del placer.

¡Y al fin lo hallé, hermanos míos! Aquí, en lo más alto, brotó para mí el manantial del placer. ¡Y hay una vida de la cual la chusma no bebe con los demás!

¡Oh, fuente del placer, brotas casi con excesiva energía para mí! A menudo has vaciado la copa al querer llenarla.

Tendré que aprender a acercarme a ti con mayor modestia. Mi corazón tiende aún a tu encuentro con excesiva violencia.

Mi corazón, sobre el que arde mi verano, breve, ardiente, melancólico y venturoso. ¡Cómo ansía tu frescura mi corazón estival!

Pasó ya la titubeante tribulación de mi primavera. ¡Pasaron ya los malignos copos de las nevadas de junio! ¡En verano me transformé por entero, y en mediodía de verano!

Un verano en la cumbre, con fríos manantiales y silencio dulce: ¡amigos míos, venid para que el silencio me resulte más dichoso!

Pues ésta es *nuestra* altura y nuestra patria: habitamos en un lugar demasiado alto y escarpado para los impuros y para su sed.

¡Amigos míos, lanzad vuestros ojos puros en el manantial de mi placer! No por eso se enturbiará mi agua. La respuesta de ésta será la risa de *su* pureza.

En el árbol del Futuro construimos nosotros nuestro nido: las águilas nos traerán alimento en sus picos, a nosotros, los solitarios.

Y no un alimento del que también sea lícito comer a los impuros: ¡Creerían devorar fuego, y se les abrasarían los hocicos!

En verdad, no tenemos aquí dispuestas moradas para los impuros: nuestra bienaventuranza sería una caverna de hielo para ellos y para sus espíritus.

Y como fuertes vientos anhelamos vivir por encima de ellos, vecinos de las águilas, vecinos de las nieves perpetuas, vecinos del sol; como viven los fuertes vientos.

Igual que los vientos quiero yo soplar entre ello, y

cortar con mi espíritu la respiración de su espíritu: así lo quiere mi futuro.

En verdad, Zarathustra es eso: un intenso viento para todas las hondonadas. Y este consejo da a sus enemigos, y a quienes escupen o vomitan: ¡guardaos de escupir *contra* el viento!

Así habló Zarathustra.

DE LAS TARÁNTULAS

¡Mira, ésa es la cueva de la tarántula! ¿Quieres verla a ella misma? Ahí cuelga su tela: tócala, para que tiemble.

Aquí está, sin hacerse de rogar. ¡Bien venida, tarántula! Sobre tu lomo negrea tu emblema triangular; y también conozco lo que hay en tu alma.

En tu alma se asienta la venganza. Allí donde tú muerdes, una costra negra se forma: el veneno de tu venganza hace bailar, como un torbellino, a las almas. ¡Torbellinos de venganza encrespa en el alma tu veneno! Así os hablo en parábola a vosotros, los que levantáis torbellinos en el alma, ¡vosotros, predicadores de la *igualdad!* ¡Tarántulas sois para mí, y vengativos ocultos!

Pero voy a sacaros de vuestros escondrijos. ¡Por eso me carcajeo en vuestra cara, con mi carcajada de las alturas!

Por eso desgarro vuestra tela, para que la rabia os haga salir de vuestros antros de mentiras, y vuestra venganza aparezca tras vuestra palabra «justicia».

¡Sea el hombre redimido de la venganza! Ése es para mí el puente hacia la suprema esperanza, y un arco iris tras prolongadas tempestades.

Muy distinto es, en verdad, lo que las tarántulas quieren: «Llámese para nosotros justicia precisamente a esto: ¡que el mundo se llene de las tempestades de nuestra venganza!» — Así halban entre sí.

«Vengarnos queremos, y burlarnos de cuantos no sean

119

iguales a nosotros.» — Eso se juran a sí mismos, los corazones de tarántulas.

«Voluntad de igualdad, ése debe ser en lo sucesivo el nombre de la virtud. ¡Y lanzaremos nuestros aullidos contra todo lo que tiene poder!»

¡Oh, predicadores de la igualdad, el tiránico delirio de vuestra impotencia es lo que en vosotros reclama a gritos la «igualdad»! Con palabras de virtud se disfraza vuestra oculta concupiscencia tiránica.

Presunción amargada, envidia reprimida, tal vez presunción y envidia de vuestros padres: en vosotros resurgen como llamas y quimeras de venganza.

Lo que el padre silenció, en el hijo habla: muchas veces comprobé que el hijo era el desvelado secreto del padre.

A los entusiastas se asemejan: mas no es el corazón lo que se les entusiasma, sino la venganza Y cuando se vuelven sutiles y fríos no es por el espíritu, sino por la envidia.

Su envidia les conduce también a los senderos de los pensadores, y ése es el signo característico de su envidia. — Van siempre demasiado lejos; tanto, que, a la postre, tienen que echarse a dormir incluso sobre la nieve.

En cada una de sus quejas resuena la venganza, en cada una de sus alabanzas late un agravio: ser jueces es para ellos la dicha suprema.

Amigos míos, yo os lo aconsejo: ¡desconfiad de quienes tienen fuerte tendencia a imponer castigos!

Es gente de mala índole y de mal origen: por sus ojos asoman el verdugo y el sabueso.

¡Desconfiad de quienes hablan continuamente de su justicia! En verdad, no es sólo miel lo que falta a sus almas.

Y si se llaman a sí mismos «los buenos y justos», no olvidéis que para ser fariseos no les falta sino — ¡poder!

Amigos míos, no quiero que se me mezcle y confunda con otros.

Hay quienes predican mi doctrina acerca de la vida, y son a la vez predicadores de la «igualdad», y tarántulas.

Su hablar en favor de la vida, aunque ellos están agazapados en sus cuevas y apartados de la vida, esas arañas ponzoñosas, se debe a que así quieren hacer daño.

Quieren hacer daño, con esos ardides, a quienes detentan el poder: pues entre éstos la predicación de la muerte tiene la mejor acogida.

De no ser así, las tarántulas predicarían otras doctrinas: justamente fueron ellos, en otro tiempo, quienes mejor calumniaron el mundo y quemaron herejes.

No quiero ser mezclado ni confundido con esos predicadores de la igualdad. Pues la justicia *me* dice: «Los hombres no son iguales.»

¡Ni deben llegar a serlo! ¿Qué sería mi amor al Superhombre, si yo hablara de otro modo?

Por mil puentes o sendas deben los hombres lanzarse hacia el futuro, y entre ellos debe implantarse más guerra y más desigualdad. ¡Así me hace hablar mi gran amor!

¡Inventores de imágenes y de fantasmas deben llegar a ser en sus hostilidades! ¡Con sus imágenes y sus fantasmas, luchen aún unos con otros su batalla suprema!

Bueno y malo, y rico y pobre, y alto y bajo, y los restantes nombres de los valores, deben ser otras tantas armas, y estandartes que proclamen que la vida tiene que superarse continuamente a sí misma.

¡La vida misma quiere edificarse hacia la altura, con pilares y peldaños!: hacia lejanos horizontes quiere mirar, y hacia una dichosa hermosura — *¡por eso* necesita altura!

Y ya que necesita altura, necesita de peldaños y de la contradicción entre los peldaños y los que suben. Subir quiere la vida, y, subiendo, superarse a sí misma.

Advertidlo bien, amigos míos: aquí, en la cueva de la tarántula, se alzan hacia arriba las ruinas de un viejo templo. — ¡Contempladla con ojos iluminados!

En verdad, quien convirtió aquí un día sus pensamientos en torre, ése conocía, como el más sabio, el misterio de la vida.

Que existen lucha y desigualdad hasta en la belleza, y guerra por el poder, y por el sobrepoder: eso es lo que aquí nos enseña, en símbolo clarísimo.

A la manera como bóvedas y arcos se traban cuerpo a cuerpo en divino combate, y se derrumban; al modo como con luz y sombra y pugnan ellos entre sí, llenos de divinas aspiraciones — ¡así nosotros, con igual seguridad y belleza, amigos míos, queremos *oponernos*, a lo divino, en nuestras aspiraciones!

¡Ay! ¡A mí mismo me ha mordido la tarántula, mi vieja enemiga! ¡Con su seguridad y su belleza divinas me ha picado en el dedo!

Habrá pensado así: «Castigo ha de haber, y justicia. ¡Este hombre no debe cantar aquí impunemente himnos en honor de la enemistad!»

¡Ay de mí, ya se vengó! ¡Ahora, con su venganza, producirá también su torbellino en mi propia alma!

Mas para que yo no padezca en el torbellino, amigos míos, ¡atadme fuertemente a esta columna! ¡Antes santo estilita que torbellino de venganza!

En verdad, no es Zarathustra una tromba ni un torbellino; y, si es un bailarín, no es bailarín de tarántulas, ¡no baila la tarantela!

Así habló Zarathustra.

DE LOS SABIOS CÉLEBRES

¡Al pueblo habéis servido, y a la superstición del pueblo, todos vosotros, sabios célebres, pero no a la verdad! Y por ello precisamente se os tributó veneración.

Por ello también se toleró vuestra incredulidad, ya que era un ardid y un rodeo para llegar al pueblo. Así deja el señor regodearse a sus esclavos, y se divierte además con las petulancias de éstos.

Mas a quien el pueblo aborrece, como al lobo los perros, es al espíritu libre, el enemigo de las cadenas, el que no adora, el que habita en los bosques.

Sacarle de su cobijo — eso ha significado siempre para el pueblo el «sentido de lo justo». Contra él azuza, todavía hoy, sus sabuesos de más afilados dientes.

«¡Pués la verdad está aquí, donde está el pueblo! ¡Ay de quienes buscan!» Así se viene diciendo siempre.

Por cuento el pueblo os veneraba, quisisteis darle la razón: ¡a eso llamasteis «voluntad de verdad», oh, sabios célebres!

Y vuestro corazón siempre se decía: «Del pueblo he venido, y de él me ha venido la voz de Dios.»

Pacientes y astutos, como el asno, habéis sido siempre, en cuanto abogados del pueblo.

Y más de un poderoso, cuando quería estar a bien con el pueblo, enganchó ante su carro un borriquillo: un sabio célebre.

Y ahora yo quisiera, ¡oh, sabios célebres!, que os librarais por fin de la piel de león y la arrojarais muy lejos.

La piel multicolor de la fiera, y las melenas del investigador, del explorador, del conquistador.

¡Ay, para que yo aprendiera a creer en vuestra veracidad, tendríais antes que romper en pedazos vuestra voluntad veneradora!

Veraz llamo yo al hombre que se retira al desierto sin dioses, y ha roto en pedazos su corazón venerador.

Entre la amarilla arena del desierto, quemado por el sol y abrasado por la sed, dirige miradas veladamente ávidas hacia los oasis abundantes en fuentes, allá donde, entre sombras de árboles, reposan seres vivos.

Pero su sed no le lleva a imitar a aquellos comodones: pues donde hay oasis, allí hay también imágenes de ídolos.

Hambrienta, violenta, solitaria, sin Dios: así se quiere a sí misma la voluntad-león.

Liberada de los placeres del esclavo, redimida de dioses y de adoraciones, impávida y aterraodra, grande y solitaria: así es la voluntad del hombre veraz.

En el desierto han vivido siempre los veraces, los espíritus libres, como señores del desierto, mientras que en las ciudades viven los sabios célebres y bien alimentados: son los animales de tiro.

¡En verdad, siempre tiran como asnos del carro del pueblo!

No es que yo se lo reproche. Mas para mí siguen siendo esclavos y animales de tiro, aun cuando lleven dorados jaeces.

Y con frecuencia fueron buenos servidores, dignos de loa. Pues la virtud habla así: «Si tienes que servir, busca el amo a quien tus servicios puedan ser más útiles.»

«El espíritu y la virtud de tu señor deben crecer por hallarte tú a sus órdenes. ¡Así te engrandeces también tú, junto con el espíritu y la virtud de tu señor!»

Y en verdad, vosotros, sabios célebres, vosotros, servidores del pueblo, habéis crecido junto con el espíritu y la virtud del pueblo, mientras el pueblo crecía con vuestro espíritu y con vuestra virtud. Que así quede reconocido, en honor vuestro.

Mas para mí seguís siendo pueblo, incluso en vuestras virtudes: un pueblo de ojos miopes, que desconoce lo que es espíritu.

Espíritu es la vida que se saja a sí misma, en vivo: con su propio tormento acrecienta su propio saber. ¿Acaso lo sabíais ya?

Y la felicidad del espíritu consiste en esto: en ser ungido por las lágrimas y consagrado con lágrimas como víctima del sacrificio. ¿Acaso lo sabíais ya?

Y la ceguera del ciego, su titubear y su tantear, deben seguir testimoniando el poder del sol al que miró. ¿Acaso lo sabíais ya?

Y quien busca el conocimiento debe aprender a *edificar* con montañas: poco es que el espíritu traslade montañas. ¿Acaso lo sabíais ya?

Solamente conocéis las chispas del espíritu; mas no veis el yunque que él es, ni tampoco la crueldad de su martillo.

¡En verdad, no conocéis el orgullo del espíritu! ¡Pero aún soportaríais menos la modestia del espíritu, si intentara hablar!

Y nunca os ha sido lícito arrojar vuestro espíritu a

una fosa de nieve. ¡No sois bastante ardientes para ello! Por eso desconocéis los éxtasis de su frialdad.

Y demasiadas confianzas os tomáis con el espíritu: no es raro que hagáis de la sabiduría un asilo y hospital para malos poetas.

No sois águilas. Por eso no habéis conocido el goce que hay en el terror del espíritu. Y quien no es pájaro no debe hacer su nido sobre el abismo.

Tibios me parecéis: y todo conocimiento profundo es frío. Glaciales son los pozos más íntimos del espíritu: un alivio para las manos ardientes de quienes trabajan.

¡Honorables os situáis ante mí, tiesos, con el espinazo bien erguido, oh, sabios célebres! Y no os empujan viento ni voluntad poderosos.

¿Jamás habéis visto una vela surcando el mar, hinchada, redondeada y temblorosa, por la fuerza del viento? ¡Semejante a la vela que tiembla por la fuerza del espíritu, así camina sobre el mar — mi sabiduría salvaje!

Pero vosotros, servidores del pueblo, vosotros, sabios célebres, ¿cómo *podríais* marchar junto a mí?

Así habló Zarathustra.

EL CANTO DE LA NOCHE

Es de noche: a esta hora hablan más fuerte todos los manantiales. Y también mi alma es un manantial.

Es de noche: sólo a esta hora despiertan las canciones de los amantes. Y también mi alma es la canción de un amante.

Hay en mí algo insatisfecho, algo insaciable, que quiere hablar. Hay en mí un ansia de amor, que habla asimismo el lenguaje del amor.

Luz soy: ¡ay, si fuera noche! Mas ésa es mi soledad, estar circundado de luz.

¡Ay, si fuera yo noche y oscuridad! ¡Cómo iba a sorber de los pechos de la luz!

¡Aun a vosotras os bendeciría, pequeñas estrellas centelleantes, luciérnagas del cielo! Vuestros regalos de luz me darían la dicha.

Pero yo vivo en mi propia luz, yo reabsorbo en mí las llamas que de mí brotan.

Desconozco la felicidad de quien recibe: con frecuencia he soñado que el robar debe ser más deleitoso que el aceptar.

En eso está mi pobreza: mi mano nunca descansa de dar. Esta es mi envidia: ver ojos que aguardan con avidez y noches en vela de anhelo.

¡Malaventurados los que dais! ¡Oh, eclipses de mi sol! ¡Oh, anhelo de anhelar! ¡Oh, hambre devoradora dentro de la hartura!

Ellos toman de mí. Pero ¿toco yo siquiera su alma? Entre el dar y el aceptar media un abismo: el abismo más pequeño es el más difícil de salvar.

De mi belleza brota un hambre: yo quisiera dañar a aquellos a quienes ilumino, y robar a aquellos a quienes colmo de regalos. ¡Tanta es mi hambre de maldad!

Retirar mi mano cuando ya otra se ha extendido hacia ella, vacilar como la cascada antes de despeñarse. — ¡Tanta es mi hambre de maldad!

Tal venganza imagina mi plenitud, tal maldad incuba mi soledad.

¡Mi gozo de dar murió, a fuerza de dar! ¡Mi virtud se cansó de sí misma por su misma exuberancia!

Quien siempre regala, expuesto está a perder el pudor: a quien siempre distribuye, la mano y el corazón se le encallecen de tanto repartir.

Mis ojos no se inundan ya de lágrimas ante la vergüenza de los que piden: mi mano se ha endurecido, ya no siente el temblor de las manos ya llenas.

¿Adónde fueron las lágrimas de mis ojos y la gala de mi corazón? ¡Oh, soledad de los generosos! ¡Oh, silencio de los que brillan!

Muchos soles giran en los espacios vacíos. A todo lo que es oscuro le hablan con su luz — para mí, callan.

¡Ay, así es la enemistad de la luz contra lo que brilla: despiadada sigue su camino!

Injusto en lo más hondo de su corazón contra cuanto brilla, frío para con los soles: así caminan todos los soles.

Semejantes a huracanes, vuelan los soles por sus órbitas. Siguen en su voluntad inexorable: ésa es su frialdad.

¡Ay, solamente vosotros, los oscuros y nocturnos, extraéis calor de lo que brilla, solamente vosotros bebéis la leche y consuelo de las ubres de la luz!

¡Ay, hielo me rodea, hielo abrasa mi mano! ¡Ay, en mí hay sed, que desfallece por vuestra sed!

Es de noche: ¡ay, que yo tenga que ser luz! ¡Y sed de lo nocturno! ¡Y soledad!

Es de noche: a esta hora brota de mí mi deseo, cual una fuente. — Hablar es lo que deseo.

Es de noche: a esta hora hablan más fuerte todos los manantiales. Y también mi alma es una fuente saltarina.

Es de noche: a esta hora despiertan las canciones de los amantes, y también mi alma es la canción de un amante.

Asi habló Zarathustra.

EL CANTO DE LA DANZA

Un atardecer Zarathustra caminaba con sus discípulos por el bosque; y como buscasen una fuente, llegaron a un verde prado, rodeado de árboles y maleza. Allí bailaban, unas con otras, unas muchachas. Apenas vieron éstas a Zarathustra interrumpieron su danza. Pero Zarathustra se aproximó a ellas y, con expresión amistosa, les dijo:

«¡Seguid bailando, encantadoras muchachas! Zarathustra no es un ogro, ni un enemigo de la gente joven.

Abogado de Dios soy ante el diablo, y el diablo es el espíritu de la pesadez. ¿Cómo habría yo de ser, oh, leves, enemigo de danzas divinas, o de pies de muchacha con finos tobillos?

Soy en verdad un bosque, y una noche de árboles tenebrosos: mas quien no se asuste de mi oscuridad, hallará también rosas bajo mis cipreses.

Y hallará además al diosecillo favorito de los jóvenes: el que yace tranquilo junto a la fuente, con los ojos cerrados.

En verdad que en un claro día se me quedó dormido, el haragán. ¿Es que acaso corrió demasiado tras las mariposas?

¡No os irritéis, bellas bailarinas, si fustigo un poco a tal diosecillo! De seguro que chillará y llorará. ¡Pero hasta cuando llora anima a reír!

Con lágrimas en los ojos os pedirá que dancéis con él: y yo mismo entonaré una canción para su baile.

Una canción de baile y de mofa contra el espíritu de la pesadez, mi más excelso y poderoso diablo, del que ellos dicen que es el Señor del Mundo.»

Y ésta es la canción que cantó Zarathustra, mientras Cupido y las jóvenes danzaban juntos:

«Hace poco miré en tus ojos, oh, vida, y me pareció sumergirme en lo insondable.

Mas me sacaste tú con anzuelo de oro: y reíste burlonamente cuando te llamé insondable.

"Ése es el lenguaje de todos los peces —me dijiste—: llaman insondable a lo que ellos no pueden sondar.

No obstante, yo soy sólo voluble, y salvaje, y en todo mujer; ¡y no virtuosa!

Aun cuando para vosotros, los hombres, me llame 'la profunda', o 'la fiel', o 'la eterna', o la 'llena de misterio'.

Vosotros, los hombres, me otorgáis siempre el regalo de vuestras propias virtudes, ¡ay, virtuosos!"

Y así reía ella, la increíble: mas yo jamás lo creo, ni a ella ni a su risa, cuando con picardía habla de sí misma.

Y cuando yo hablaba a solas con mi sabiduría salvaje, me dijo encolerizada. "Tú quieres, tú anhelas, tú amas; ¡y sólo por eso haces el panegírico de la vida!"

Sentí la tentación de responderle colérico y decirle la verdad: no se puede contestar de peor modo que "diciendo la verdad" a nuestra propia sabiduría.

Así estamos los tres. A fondo, yo sólo amo la vida: ¡y cuando más la amo es cuando la odio!

Mas que yo sea bueno con la sabiduría, demasiado bueno a menudo, se debe a que me recuerda totalmente a la vida.

Posee sus mismos ojos, su misma risa, y hasta su mismo anzuelo de oro: ¿acaso es mía la culpa si se parecen tanto las dos?

Una vez, cuando la vida me preguntó: "¿Quién es ésa, la sabiduría?", al punto le respondí: "Ah, ya, ¡la sabiduría!"

Tenemos sed de ella y nunca la saciamos, la miramos a través de velos, la queremos atrapar con redes.

¿Es bella tal vez? ¡Qué puedo saber yo! Pero hasta las carpas más viejas muerden su cebo.

Es veleidosa y tozuda: con frecuencia la he visto mordisquearse los labios y peinarse los cabellos a contrapelo.

Quizá sea malévola y falsa, una auténtica mujer: mas cuando habla mal de sí, es justamente cuando seduce más.

En cuanto la vida oyó mis palabras, sonrió picarescamente y entornó los ojos.

"¿De quién estás hablando? —dijo—. ¿Será por ventura de mí?

Y, aunque tengas razón, ¿para qué me dices *esas cosas* en mi propia cara? Pero, ¡habla también de tu sabiduría!"

¡Ay, entonces tornaste a abrir los ojos, oh, vida amada, y me pareció que volvía a sumergirme en lo insondable!»

Así cantó Zarathustra. Mas al terminar la danza y desaparecer las muchachas, se sintió triste.

«Hace ya mucho que el sol se ha ocultado —exclamó al fin—. El prado está húmedo, de los bosques llega un viento frío.

Algo desconocido me rodea, y me contempla pensativo. ¿Cómo? ¿Acaso vives aún, Zarathustra?

¿Por qué?, ¿para qué?, ¿con qué?, ¿hacia dónde?, ¿de dónde?, ¿cómo? ¿No es tontería seguir viviendo?

¡Ay, amigos míos! Es la tarde quien así pregunta dentro de mí. ¡Perdonadme mi tristeza!

El atardecer ha llegado. ¡Perdonadme que haya llegado el atardecer!»

Así hablo Zarathustra.

EL CANTO DE LOS SEPULCROS

«¡Ahí está la isla de los sepulcros, la silenciosa! ¡Ahí están igualmente los sepulcros de mi juventud! A ella quiero llevar una corona siempre verde de vida.»

Con ese propósito en mi corazón, atravesé el mar.

¡Oh, vosotras, visiones de mi juventud, vosotras, miradas del amor, vosotros, instantes divinos! ¡Qué pronto habéis muerto para mí! Hoy os recuerdo como a mis muertos.

De vosotros, mis muertos amados, llega hasta mí un suave perfume que desata el corazón y las lágrimas. En verdad, el corazón del solitario navegante se siente conmovido y aliviado por tal perfume.

Aún sigo siendo el más rico y el más digno de envidia ¡yo, el más solitario! Pues yo os *tuve* a vosotros, y vosotros me tuvisteis a mí. Respondedme: ¿a quién le cayeron del árbol, como a mí, tales manzanas de rosa?

¡Soy aún el heredero de vuestro amor, y el suelo que en recuerdo vuestro florece con virtudes silvestres de todos los colores, oh, vosotros, amadísimos!

¡Ay, estábamos hechos para estar muy cerca!, ¡oh, propicios y extraños prodigios!: y no acudisteis a mí y a mi deseo como parajarillos tímidos — ¡no, sino como confiados a quien confía!

¡Sí, hechos para la lealtad, como yo mismo, y para suaves eternidades: ahora *tengo que* llamaros por vuestra infidelidad, oh, miradas e instantes divinos: aún no he aprendido otro nombre!

En verdad, demasiado pronto habéis muerto para mí, ¡oh, fugitivos! Pero no huisteis de mí, ni yo hui de vosotros: inocentes somos, unos y otros, en nuestra infidelidad.

Para matarme *a mí* os han estrangulado a vosotros, ¡pájaros cantores de mis esperanzas! Sí, contra vosotros, amados, disparó la maldad sus dardos, ¡para herirme en mi corazón!

¡Y dio en el blanco! Porque vosotros erais lo que más amaba mi corazón, erais mi posesión y mi ser poseído: ¡por eso hubisteis de morir, jóvenes y demasiado pronto!

¡Dispararon su dardo sobre mi flanco más débil! ¡Lo erais vosotros, cuya piel parecía una suave pelusa, o, mejor, la sonrisa que muere por una mirada!

Pero esto quiero decir a mis enemigos: ¡qué son todos los homicidios, al lado de lo que conmigo habéis hecho!

Mayor que cualquier homicidio es el daño que me causasteis: me habéis arrebatado algo irrecuperable: ¡Así os hablo, enemigos míos!

Pues habéis asesinado las visiones de mi juventud, y mis prodigios más queridos. ¡Me habéis quitado mis compañeros de juego, mis espíritus bienhadados! Para venerar su memoria deposito esta corona y esta maldición.

¡Esta maldición para vosotros, enemigos míos! Pues abreviasteis mi eternidad, como un sonido se quiebra en la noche fría. Casi tan sólo como un relampagueo de ojos divinos llegó hasta mí — ¡un instante brevísimo! En la hora oportuna, mi pureza dijo así una vez: «Para mí, todos los seres son divinos.»

Entonces caísteis sobre mí con fantasmas inmundos. ¡Ay!, ¿hacia dónde huyó aquella hora propicia?

«Todos los días deben ser santos para mí», dijo en otro tiempo mi juvenil sabiduría. ¡Palabras, en verdad, propias de una gaya ciencia! (50).

Pero entonces vosotros, mis enemigos, me robasteis mis noches, y me las trocasteis en duros insomnios. ¡Ay de mí! ¿Hacia dónde huyó mi gaya ciencia?

---

(50) Nietzsche puso como lema a la primera edición de su **Gaya Ciencia** (y retiró en las siguientes) esta cita de Emerson: «El poeta y el sabio consideran todas las cosas amigas y sagradas... todos los días santos, todos los hombres divinos.»

En otro tiempo suspiraba por auspicios felices. Entonces hicisteis que se cruzara en mi camino un horrible y monstruoso búho. ¡Ay de mí! ¿Hacia dónde huyó entonces mi más tierno afán?

A toda náusea prometí en otro tiempo renunciar: entonces trocasteis a mis allegados y prójimos en llagas purulentas. ¡Ay de mí! ¿Hacia dónde huyó entonces mi más noble promesa?

Como ciego recorría en otro tiempo sendas de felicidad: entonces arrojasteis basuras al camino del ciego, y él sintió náuseas del viejo sendero de ciego.

Y cuando consumé lo más arduo para mí y magnifiqué el triunfo de mis superaciones, entonces hicisteis clamar a cuantos me amaban que yo era quien más daño les hacía.

Así habéis procedido siempre: me habéis amargado mis mejores mieles y la laboriosidad de mis mejores abejas.

A mis benevolencia enviasteis siempre los más insolentes mendigos: e indujisteis a solicitar mi compasión a aquellos cuya desvergüenza era incurable. Así lastimasteis mi virtud en su fe.

Y cuando ofrendé en sacrificio lo que en mí había de más santo, vuestra «piedad» añadió al instante sus dones más grasientos, de modo que en el vaho de vuestra grasa quedó ahogado hasta lo más santo de mí.

En otro tiempo quise bailar como jamás había bailado hasta entonces: más allá de todos los cielos quise bailar. Fue entonces cuando sedujisteis a mi cantor más amado (51).

---

(51) Está claro que Nietzsche habla aquí de Wagner, el artista genial de su juventud, que tanta parte tuvo en la inspiración de su **Origen de la tragedia**, con su «vigor dionisíaco» y su canto a la tierra, la fuerza y la belleza... para defraudarle luego al cantar viejos ideales cristianos («una canción tristona y horrible»). (Y que al mismo tiempo, al casarse con Cosima Lizst, frustró en Nietzsche lo que fue, al parecer, su amor más ardiente y oculto.) Por lo demás, todo capítulo traiciona claramente rencores del hombre Nietzsche, y no es extraño que los eruditos se hayan entretenido en identificarlos. Así, el «horrible y monstruoso búho» que «se cruzó en su camino», sería el filólogo Wilamowitz von Möllendorff, con el que Nietzsche tropezó, en efecto, en los comienzos de su carrera universitaria. (Ver nuevas referencias autobiográficas en «De los doctos», y nuestra nota 58.)

Y aquel cantor entonó una canción tristona y horrible, que en mis oídos retumbó como un tétrico cuerno.

¡Cantor asesino, instrumento de la maldad, el más inocente! Cuando yo estaba dispuesto para el mejor baile, ¡entonces asesinaste mi éxtasis con tus sones!

Sólo en el baile sé yo decir el símbolo de las cosas supremas: ¡y ahora mis miembros han quedado paralizados, y no han podido expresar mi símbolo supremo!

¡Inexpresa e irredenta quedó en mí mi más alta esperanza! ¡Y se me murieron todas las visiones y consuelos de mi mocedad! ¿Cómo pude soportarlo? ¿Cómo vencí y superé tamañas heridas? ¿Cómo volvió mi alma a resurgir de tales sepulcros?

Sí, en mí hay algo invulnerable, algo insepultable, y que consigue hacer saltar las peñas: *mi voluntad*. A través de los años avanza silenciosa e inmune.

Mi vieja voluntad quiere recorrer con mis pies mi camino: su sentir es duro de corazón, invulnerable.

Invulnerable soy, exceptuando mi talón (52). ¡Aún subsistes idéntica a ti misma tú, la más paciente de todas! ¡Siempre conseguiste pasar por entre todos los sepulcros!

En ti vive aún lo irredento de mi juventud: como vida y juventud te has sentado a aguardar esperanzada, sobre amarillas ruinas de sepulcros.

Sí, aún eres para mí la destructora de todos los sepulcros. ¡Salud a ti, voluntad mía! Y sólo donde hay sepulcros hay resurrecciones.

Así hablo Zarathustra.

---

(52)   El retruécano de Nietzsche, vuelto tantas veces contra la Biblia, se vuelve aquí contra la leyenda clásica de Aquiles.

DE LA SUPERACIÓN DE SÍ MISMO

«Voluntad de verdad»: ¿es así como llamáis vosotros, los más sabios, a cuanto os impula e inflama?

Voluntad de volver pensable todo lo que existe: ¡así llamo *yo* a vuestra voluntad!

Queréis hacer pensable cuanto existe: pues, con justificada desconfianza, dudáis de que sea ya pensable.

Mas todo lo existente debe amoldarse y plegarse a vosotros: ¡así lo decreta vuestra voluntad! Debe allanarse y someterse al espíritu, como espejo e imagen reflejada de éste.

¡Así es vuestra voluntad, sapientísimos, una voluntad de poder! Hasta cuando habláis del bien y del mal, y de las valoraciones.

Queréis crear un mundo ante el que podáis arrodillaros: ésa es vuestra última esperanza y vuestra última embriaguez.

Los no sabios, ciertamente, el pueblo, son como el río sobre el que navega una barca: y en la barca se asientan solemnes y embozadas las tablas de valores.

Sobre el río del devenir habéis colocado vuestra voluntad y vuestros valores: lo que es creído por el pueblo como bueno y como malo me revela a mí una vieja voluntad de poder.

¡Oh, hombres sapientísimos! Vosotros sois quienes colocasteis tales pasajeros en la barquilla, y quienes les disteis pompas y nombres vanidosos. ¡Sí, vosotros, y vuestra voluntad de dominio!

Ahora el río lleva vuestra barca: *tiene que* llevarla. Poco importa que la ola rota espumee y se oponga encolerizada a la quilla.

¡Oh, sapientísimos, no es el río vuestro peligro y el término de vuestro· bien y vuestro mal, sino aquella misma voluntad, la voluntad de poder, la inagotable y fecunda voluntad de vida!

Mas para que comprendáis mi palabra sobre el bien y el mal, voy a deciros mi palabra sobre la vida, y sobre la especie de todo cuanto tiene vida.

Yo he seguido las huellas de lo que vive, he recorrido los caminos más grandes y los más pequeños para conocer su especie.

En un espejo de cien facetas he captado su mirada, cuando estaba cerrada su boca, a fin de que fuesen sus ojos los que me hablaran. Y sus ojos me han hablado.

Allá donde encontré seres vivos, allí también oí hablar de obediencia. todo ser con vida es obediente.

Y esto es lo segundo: sólo se manda a quien no sabe obedecerse a sí mismo. Así es la especie de los seres vivos.

Mas esto es lo tercero que oí: Mandar es más difícil que obedecer. Y no sólo porque quien manda ha de soportar el peso de quienes obedecen, un peso que fácilmente le aplasta.

En todo mandar he visto siempre un ensayo y un riesgo. Siempre que el ser vivo manda, se arriesga a sí mismo.

Y aun cuando se manda a sí mismo, tiene que expiar su mandar: tiene que ser juez, y vengador, y víctima de su propia ley.

¿Cómo puede ocurrir así?, me preguntaba. ¿Qué es lo que induce a los seres vivos a obedecer, y a mandar, y a ser obedientes aun mandando?

¡Escuchad, pues, mi palabra, sapientísimos! Examinad con seriedad si he profundizado hasta el corazón de la vida, hasta las raíces mismas de su corazón.

Donde divisé un ser vivo, allí encontré también voluntad de poder: e incluso en la voluntad del siervo encontré la voluntad de ser señor.

Servir al más fuerte, a eso persuade al más débil su voluntad, que quiere ser señora de lo que es más débil todavía: tal es el único goce del que no quiere privarse.

Y así como el menor se entrega al mayor, para dominar y disfrutar de poder sobre el mínimo, así también el mayor se entrega y arriesga la vida por amor al poder.

Tal es la entrega del más fuerte: ser temeridad y riesgo, y un juego de dados con la muerte.

Donde existen sacrificio y servicios, y miradas de amor, allí hay también voluntad de dominio. Por caminos tortuosos se introduce el débil en el fortín, hasta el corazón del poderoso — y le roba el poder.

Este secreto me ha revelado la vida: «Mira —me vino a decir—, yo soy *lo que siempre debe superarse a sí mismo*.»

Vosotros llamáis a eso voluntad de engendrar, o instinto de los fines, de algo más alto, más alejado, más diverso: pero todo eso es una *sola* y misma realidad, un *único* misterio.

Prefiero hundirme en mi ocaso y renunciar a esa *única* cosa: en verdad, donde haya ocaso y otoño, allí la vida se inmola a sí misma — ¡por el poder!

¡Yo tengo que ser combate y devenir, y finalidad, y contradicción de los fines! ¡Ay, quien comprenda mi voluntad comprenderá también las sendas tortuosas por las que tengo que caminar!

Cualesquiera cosas que yo crea, y las ame como las ame, pronto tendré que ser su adversario, y el adversario de mi amor: así lo quiere mi voluntad.

Y también tú, hombre del conocimiento, no eres sino un sendero y una huella de mi voluntad: ¡en verdad, mi voluntad de poder sigue igualmente las huellas de tu voluntad de verdad!

No ha dado ciertamente en el banco de la verdad quien contra ella lanzó la frase «voluntad de existir» (53): ¡tal voluntad no existe!

Lo que no existe no puede querer; y lo que está en la existencia, ¿cómo habría de apetecer lo que ya tiene?

Solamente hay voluntad allí donde hay vida: pero no voluntad de vida, sino —tal es mi doctrina— ¡voluntad de poder!

---

(53)   Schopenhauer.

Muchas cosas tiene el viviente en mayor aprecio que su propia vida. Mas en su propio apreciar habla — ¡la voluntad de poder!

Eso me enseñó la vida, y por eso resuelvo yo, oh, sabios, hasta el enigma de vuestros corazones.

En verdad os digo; no existen un bien ni un mal imperecederos. Tienen que superarse a sí mismos por sí mismos siempre de nuevo.

Con vuestros valores, con vuestras palabras sobre el bien y el mal, vosotros, los valoradores, ejercéis la violencia, y ése es vuestro oculto amor, el esplendor, la emoción, el desbordamiento de vuestra alma.

Mas de vuestros valores brota una violencia más fuerte y una renovada superación: al chocar con ella se rompen el huevo y la cáscara.

Y quien quiere ser un creador en el bien y en el mal, ése ha de ser primero un destructor, y quebrantar valores.

Así, para realizar el mayor bien hay que cometer el mayor mal: ésa es la bondad creadora.

Hablemos de esto, sapientísimos, aunque haga daño. Peor es callar: todas las verdades calladas se vuelven venenosas.

¡Y rompamos todo aquello que podamos romper a nuestras verdades! ¡Hay aún muchas cosas por edificar!

Así hablo Zarathustra.

DE LOS SUBLIMES

Silencioso es el fondo de mi mar: ¡quién imaginaría que oculta monstruos juguetones!

Inconmovible es mi profundidad; mas en ella flotan enigmas y brillantes carcajadas.

Hoy he visto un sublime, un solemne, un penitente del espíritu. ¡Oh, cómo se rió mi alma de su fealdad!

Erguido el pecho, semejante a aquellos que inspiran con vigor el aire, el sublime se mantenían en silencio.

Le adornaban feas verdades, su botín de caza y sus

vestiduras hechas jirones; también muchas espinas pendían de él. En cambio, no vi en él rosa alguna.

Aún no sabía reír ni conocía la belleza. Era un cazador que, con semblante huraño, regresaba del bosque del conocimiento.

De luchar con animales feroces volvía a casa; y su severa fisonomía reflejaba también el aspecto de un animal salvaje — ¡una fiera no domeñada!

Ahí sigue, como un tigre, dispuesto a saltar sobre su presa. Mas no me agradan esas almas tensas: esos reservones no son de mi gusto.

¿Me decís, amigos, que sobre gustos nada hay escrito? ¡Pues la vida toda es un porfiar por cuestión de gustos!

El gusto es simultáneamente la pesa, la balanza y el pesador. ¡Ay del ser vivo que quiera vivir sin disputar por las pesas, por la balanza y por los pesadores!

Si este sublime se hastiase de su sublimidad, entonces comenzaría su bellaza; sólo entonces querría yo probarle y hallarle gustoso.

Y sólo cuando se aleje de sí mismo podrá saltar por encima de su sombra, y penetrará en *su* sol.

Demasiado tiempo ha vivido sentado a la sombra; pálidas se le han vuelto las mejillas al penitente del espíritu; esperando, casi se ha muerto de hambre.

Desprecio hay todavía en sus ojos, y náuseas en su boca. Ahora reposa, ciertamente, pero su reposo aún no se ha tendido al sol.

Debería hacer como el toro; y su felicidad debería oler a tierra, y no a desprecio de la tierra.

Como un toro blanco quisiera yo verle, mugiendo y resoplando delante del arado: y sus mugidos deberían cantar las alabanzas de todo lo terrestre.

Oscuro es todavía su rostro; sobre él juega la sombra de la mano. Y sus ojos siguen reflejando su sombra.

Su misma acción es todavía la sombra sobre él: la mano oscurece al que actúa. Todavía no ha superado su acción.

Es verdad que yo amo en él su cerviz de toro: mas ahora quiero ver también los ojos del ángel.

Igualmente debe olvidar su voluntad de héroe: un elevado, debe ser él para mi, y no sólo un sublime — ¡el éter mismo debiera elevarlo a él, hombre sin voluntad!

Ha domeñado monstruos, ha resuelto enigmas. Mas aún tendría que redimir sus propios monstruos y solucionar sus propios enigmas, transformándolos en hijos celestes.

Su conocimiento aún no ha aprendido a sonreír y a no sentir celos. Y el torrente de su pasión no se ha sosegado todavía en la belleza.

Ciertamente, no en la saciedad debería acallar y sumergir su deseo, sino en la belleza. La gracia forma parte de la magnanimidad de los magnánimos.

Con el brazo sobre la cabeza, así debería descansar el héroe, así debería superar incluso su reposo.

Pero precisamente lo bello es, entre todas las cosas, la que resulta más difícil al héroe. Toda voluntad violenta fracasa en la conquista de lo bello.

Un poco más, un poco menos: justo eso es aquí mucho; es lo más.

Estar en pie con los músculos relajados y con la voluntad desuncida: ¡eso es lo más difícil para vosotros los sublimes!

Cuando el poder se muestra clemente y desciende hasta lo visible, doy el nombre de belleza a ese descender.

Y de nadie exijo más belleza que de ti, violento. Sea tu bondad tu última superación.

Te creo capaz de todas las maldades: por eso quiero de ti el bien.

En verdad, me he reído mucho del débil, que se cree bueno porque tiene las garras tullidas.

A la virtud de la columna debes aspirar: más bella y más delicada, pero más dura y resistente en su interior, cuanto más asciende.

¡Sí, sublime, algún día deberás tú también ser bello, y ofrecer el espejo a tu propia belleza!

Entonces tu alma se estremcerá de ardientes deseos divinos: ¡y habrá adoración incluso en tu vanidad!

Éste es, en efecto, el misterio del alma: sólo cuando el héroe la ha abandonado, se acerca a ella en sueños — el Superhombre.

Así habló Zarathustra.

DEL PAÍS DE LA CIVILIZACIÓN

Demasiado lejos me había adentrado, volando, en el futuro: un escalofrío de espanto se apoderó de mí.

Cuando miré a mi alrededor, mi único contemporáneo era el tiempo.

Entonces hui hacia atrás, hacia el hogar, y hoy me encuentro de nuevo entre vosotros, hombres del presente, y en el país de la civilización.

Por vez primera llevaba conmigo ojos para veros, y grandes deseos: en verdad, volví con el corazón lleno de anhelo.

Pero ¿qué me sucedió? Pese a mi angustia me eché a reír. ¡Jamás vi nada tan pintoresco!

Yo reía y reía, aunque me temblaban las piernas, y hasta el corazón: «¡Ésta es sin duda la patria de todos los tarros de colores!», dije.

Con cincuenta chafarrinones llevabais pintados el rostro y los miembros. ¡Así estabais sentados, para asombro mío, hombres del presente!

Y estabais rodeados de mil espejos que lisonjeaban y copiaban vuestros chillones colorines.

¡Hombres del presente: ninguna careta mejor hubierais podido elegir que vuestra propia cara! ¡Quién podría reconoceros!

Pintarrajeados con los signos del pasado, tiznados a su vez con otros signos, ¡así estáis de bien escondidos para todo hermeneuta!

Aun cuando los augures examinaran vuestras entrañas, ¿quién supondría que las tenéis? Parecéis amasados de colorines y de papeles encolados.

Todas las épocas y todos los pueblos miran confundidos desde vuestros velos: todas las costumbres y todas las creencias hablan confundidas desde vuestro gestos, entre confusionismos (54).

Quien os despojara de velos, y aderezos, y colores, y gestos, tendría aún bastante con el resto para componer un espantapájaros.

En verdad, yo mismo soy el pájaro espantado que una vez os vio desnudos y sin colorines: y cuando vuestro esqueleto me hizo señas amorosas, levanté el vuelo despavorido.

¡Preferiría ser jornalero en el submundo y entre las sombras del pasado! (55). ¡Las sombras de los que viven en los infiernos están, en verdad, más saludables que vosotros!

¡Esto es amargura para mis entrañas, el no poder soportaros ni desnudos ni vestidos, hombres del presente!

¡Todo lo siniestro del futuro, cuanto ha podido espantar a pájaros extraviados, es más apacible y más familiar que vuestra «realidad»!

Mientras tanto os decís: «Nosotros somos reales, ajenos a la fe y a la superstición»; así os ufanáis, ahuecáis el buche, ¡ay, aunque ni siquiera tenéis buche!

¿Cómo *podríais creer* vosotros, gentes pintarrajeadas, si no sois sino pinturas de todo lo que alguna vez se ha creído?

Sois refutaciones ambulantes de la fe misma, y quebrantahuesos de todos los pensamientos. *Indignos de fe*, ¡así os llamo yo a vosotros, hombres reales!

Dentro de vuestro espíritu charlatanean todas las épocas. ¡Y los sueños y el parloteo de todas las épocas eran más reales aún que vuestra vigilia!

---

(54)   Ahora los tiros apuntan a Dilthey, el maestro del historicismo.
(55)   Otra vez los recuerdos clásicos. El alma de Aquiles dice a Odiseo: «Preferiría ser un labrador y servir a un hombre indigente... a reinar sobre los muertos» (**Odisea**, XI, 489).

Estériles sois: *por ello* os falta la fe. Mas quien tuvo que crear tuvo también sus sueños proféticos y sus signos estelares — ¡creía en la fe!

Sois puertas entreabiertas, tras las cuales aguardan los sepultureros. Y ésta es *vuestra* realidad: «Todo merece perecer.»

¡Oh, hombres estériles, de qué modo os presentáis ante mí, con qué flaquísimas costillas! Algunos de vosotros os dais buena cuenta de ello.

Y dijeron: «¿Es que, mientras dormíamos, un dios nos sustrajo algo secretamente? ¡En verdad, lo bastante para formar una mujer!

¡Asombrosa es la pobreza de nuestras costillas!» Así han dicho ya algunos hombres del presente.

¡Risa es lo que me causáis, oh hombres del presente! En especial, cuando os asombráis de vosotros mismos.

¡Miserable de mí, si no pudiera reírme de vuestro asombro, y tuviera que tragarme toda la bazofia de vuestras escudillas!

Pero quiero tomaros a broma, pues ya tengo *cosas graves* que llevar a cuestas. ¡Poco me importa que escarabajos y gusanos voladores se posen sobre mi carga!

En verdad, no por ello me ha de pesar más. Ni sois vosotros, hombres del presente, quienes habéis de causarme la gran fatiga.

¡Ay, hasta dónde deberé ascender todavía con mi anhelo! Desde lo alto de todas las cimas busco con la vista la tierra de mis padres y de mis madres (56).

Mas no encontré hogar en parte alguna: soy un nómada por todas las ciudades, un adiós frente a todas las puertas.

Extraños me son, y una burla, los hombres del presente, hacia quienes no hace mucho me lanzaba mi corazón; y así estoy desterrado de la tierra de mis padres y de mis madres.

---

(56) Como nuestro Unamuno cuando habla de «patria» y «matria», Nietzsche escribe **Vaterland** y **Mutterland**, tierra del padre, tierra de la madre.

Por ello amo ya tan sólo a la *tierra de mis hijos;* la tierra ignorada, más allá de los mares: que la busquen sin cesar, ordeno yo a mis velas.

En mis hijos quiero reparar el ser hijo de mis padres: y en todo el futuro quiero asimismo reparar *este* presente.

Así habló Zarathustra.

DEL CONOCIMIENTO INMACULADO

Ayer, cuando vi salir la luna, me pareció que iba a parir un sol: tan abultada y preñada yacía en el horizonte.

Pero mentía, esa pretendida preñez; y antes creeré hombre, a la luna, que mujer (57).

Mas en verdad es también poco hombre ese tímido noctámbulo, que pasea por los tejados con mala conciencia.

Pues el monje que hay en la luna es lascivo y envidioso: lascivo de la tierra y de todas las alegrías de los amantes.

¡No, no me gusta ese gato de los tejados! ¡Repulsivos me son cuantos rondan furtivamente las ventanas entornadas!

Pío y callado, camina sobre alfombras de estrellas. Mas no me gustan en el hombre esos pies sigilosos en los que ni siquiera una espuela hace ruido.

Las pisadas del hombre honrado hablan; en cambio el gato se desliza furtivo sobre el suelo. Adviértelo: la luna avanza gatuna, sin lealtad.

Esta parábola os ofrezco a vosotros, hipócritas sentimentales, a vosotros, los hombres del «conocimiento puro». Yo os llamo lascivos.

---

(57)   En efecto, **Mond,** «luna», es masculino en alemán.

También vosotros amáis la tierra y lo terrenal, ¡demasiado os conozco! Mas hay vergüenza en vuestro amor, y mala conciencia. ¡Os parecéis a la luna!

A que despreciéis la tierra se ha persuadido a vuestro espíritu; pero no a vuestros intestinos, que son en vosotros lo más fuerte.

Ahora vuestro espíritu siente vergüenza de estar a las órdenes de vuestros intestinos. Y a causa de su propia vergüenza, recorre senderos torcidos y engañosos.

Vuestro espíritu falaz se dice a sí mismo: «Lo más grande para mí sería mirar a la tierra sin codicias, y nunca como los perros, con la lengua fuera. ¡Sería feliz en el contemplar, con la voluntad ya muerta, sin rapacidad ni ambición egoísta, frío y gris el cuerpo todo, pero con ojos ebrios de luna!»

«Lo más querido para mí —así se seduce a sí mismo el seducido— sería amar a la tierra cual la luna la ama, tocar su belleza tan sólo con los ojos.

Que el conocimiento inmaculado de todas las cosas sea para mí el no desear nada de las cosas: excepto el que me sea lícito situarme ante ellas como un espejo de cien ojos.»

¡Oh, lascivos, hipócritas sentimentales! Os falta la inocencia en el deseo ¡y por eso calumniáis el desear!

No amáis la tierra como creadores, o engendradores, o gozosos de devenir. ¿Dónde hay inocencia? Allí donde hay voluntad de engendrar. Y quien quiere crear por encima de sí mismo, ése tiene para mí la voluntad más pura.

¿Dónde hay belleza? Allí donde tengo que querer con toda mi voluntad; allí donde quiero amar y hundirme en mi ocaso, para que la imagen no quede reducida a imagen. Amar y hundirse en su ocaso: he aquí dos cosas emparejadas desde la eternidad. Voluntad de amor: estar dispuesto de buen grado hasta a morir. ¡Ah, cobardes, eso es lo que os digo!

Mas vosotros queréis llamar «contemplación» a vuestro mirar bizco y castrado. Y lo que se deja palpar por ojos pusilánimes os parece bello. ¡Cómo prostituís hasta las palabras más nobles!

¡Ésa es vuestra maldición, inmaculados hombres del conocimiento puro, el que jamás engendraréis, por hinchados y preñados que aparezcáis en el horizonte!

Con nobles palabras llenáis vuestra boca: ¿acaso hemos de creer, embusteros, que vuestro corazón se desborda?

Pero *mis* palabras son insignificantes, despreciadas, torcidas: me alimento de buena gana con las migajas que caen de vuestras mesas.

¡Aun así puedo siempre con ellas decir la verdad a los hipócritas! ¡Sí, a los fariseos les cosquillean en la nariz mis espinas, mis conchas y mis cardos!

A vuestra vera y en vuestros festines hay siempre aire viciado: vuestros lascivos pensamientos, vuestras mentiras y disimulos, apestan. ¡Comenzad por tener fe en vosotros y en vuestros intestinos! Quien no tiene fe en sí mismo, miente siempre.

Pusisteis ante vuestro rostro la máscara de un dios, «puros»: en una máscara de un dios se ha metido, arrastrándose, vuestra asquerosa lombriz.

¡En verdad engañáis, «contemplativos»! También Zarathustra fue en otros tiempos el bufón de vuestras pieles divinas: no adivinó que estaban forradas de serpientes.

En otro tiempo creía yo ver jugar el alma de un dios en vuestros juegos, ¡hombres del puro conocimiento! En otro tiempo me imaginé que no había mejor arte que vuestras artes.

La distancia me impedía percibir vuestro hedor a defecaciones de serpientes, y que ahí rondaba, lasciva, la astucia del lagarto.

Pero me *aproximé* a vosotros: entonces llegó a mi el día, y ahora viene a vosotros. — ¡Se acabaron los amores con la luna!

¡Mirad! ¡Atrapada y pálida está allá la luna, ante la aurora! Pues ya surge ella, la ardiente. ¡Llega el amor *suyo* a la tierra! ¡Todo amor solar es inocencia y afán creador!

145

FRIEDRICH NIETZSCHE

¡Mirad cuán impaciente se eleva sobre el mar! ¿Acaso no sentís la sed y el cálido aliento de su amor?

Del mar quiere sorber el mar, y engullir su profundidad llevándosela a la altura: y el deseo del mar se alza con mil pechos.

Pues el mar *quiere* ser besado y sorbido por la sed del sol: en aire *quiere* convertirse, y en altura, y en huella de luz ¡y en luz misma!

En verdad, igual que el sol amo yo la vida y todos los mares profundos.

Y eso es *para mí* conocimiento: ¡todo lo profundo debe ascender hasta mi altura!

Así habló Zarathustra.

DE LOS DOCTOS

Mientras yo dormía, una oveja vino a pacer de la guirnalda de hierbas con que cubría mi cabeza: y después de engullírsela dijo: «Zarathustra ya no es un docto» (58).

Así dijo; y se alejó muy altiva y desdeñosa. Me lo ha contado un niño.

Me gusta estar echado aquí, donde los niños juegan, junto al muro agrietado, entre cardos y rojas amapolas.

Todavía soy un docto para los niños, para los cardos y para las rojas amapolas. Son inocentes, hasta en su maldad.

Mas ya no lo soy para las ovejas. Así lo quiere mi destino, ¡bendito sea!

Pues ésta es la verdad: he salido de la casa de los doctos, y además he dado un portazo al salir.

---

(58) Esta «oveja» ha sido identificada con el profesor Wilamowitz (ver n. 51 a «El canto de los sepulcros»), que decretó que Nietzsche «no era un docto» al criticar su **Origen de la tragedia** como un libro imaginativo, pero más audaz que sólido y convincente. Es, por otra parte, clara la referencia que el propio Nietzsche hace líneas más abajo a su salida de la universidad, «la casa de los doctos».

Demasiado tiempo estuvo, sentada a su mesa, mi alma hambrienta: no estoy adiestrado a conocer como ellos, que consideran el conocer como un cascar nueces.

Amo la libertad, y me gusta el aire libre que orea la tierra fresca: prefiero dormir sobre pieles de buey que sobre las dignidades y respetabilidades de los doctos.

Soy demasiado ardiente, y estoy demasiado quemado por mis pensamientos propios: con frecuencia me falta la respiración; y entonces tengo que salir al ire libre, y huir de los cuartos llenos de polvo.

Ellos, en cambio, están sentados fríamente entre las sombras frías: no quieren ser sino espectadores en todo, y se guardan muy bien de sentarse donde el sol abrase los escalones.

A imagen de los que se plantan en las calles a contemplar boquiabiertos a la gente que pasa, así aguardan ellos y miran con las bocas abiertas los pensamientos de los que han pasado ante ellos.

Como sacos de harina, levantan, sin quererlo, polvo a su alrededor: mas ¿quién sospechará que su polvo procede del grano y de la dorada delicia de los campos de estío?

Cuando se las dan de sabios, sus pequeñas sentencias o esbozos de verdades me hacen tiritar de frío: su sabiduría despide con frecuencia hedor a ciénaga, y, a decir verdad, yo he oído croar en ella a las ranas.

Son hábiles, y tienen dedos expertos: ¿qué quiere *mi* sencillez entre su complejidad? Sus dedos entienden a la perfección de hilar, y de anudar, y de tejer: ¡así tejen los calcetines del espíritu!

Son buenos relojes, siempre que se tenga cuidado de ir dándoles cuerda: entonces marcan la hora con exactitud, y producen, al hacerlo, un ruido moderado.

Trabajan como molinos y morteros: ¡basta con echarles grano! Ellos lo muelen perfectamente, y lo convierten en polvo blanco.

Unos a otros se vigilan los dedos, sin fiarse del más

experto. Son hábiles en inventar pequeños ardides o trucos, y acechan a aquellos cuya ciencia cojea. — Acechan igual que arañas (59).

Siempre les he visto preparar con cautela sus venenos; y siempre, al hacerlo, se resguardaban las manos con guantes de cristal.

También dominan el juego con dados falsos: y les he visto jugar con tanto ardor, que hasta sudaban.

Son recíprocamente extraños, y sus virtudes me resultan aún más repulsivas que sus falsedades y sus dados amañados.

Cuando yo habitaba entre ellos me mantuve por encima de ellos: por eso se enojaron conmigo.

No quieren siquiera oír que alguien camina por encima de sus cabezas; por eso colocaron tierra, y leños, y basuras, entre sus cabezas y mis pies. Así ahogaban el sonido de mis pasos; y, hasta hoy, quienes peor me han oído han sido los doctos.

Todo tipo de miserias y faltas humanas colocaron entre ellos y yo: «techo falso», llaman a eso en sus casas.

A pesar de todo, sigo caminando con mis pensamientos *por encima* de sus cabezas: y aun cuando yo quisie-

---

(59) Asistimos aquí al desarrollo de uno de los dramas de la vida del propio Nietzsche, quizá no el más profundo y grave, pero sí el más directamente relacionado con su vida intelectual. Su despiadada radiografía de los «doctos» es penetrante, aguda, profundamente veraz, en su parcialidad, y tiene sin duda esa «genialidad» que tantas veces falta a los doctos, pero no puede ocultar el **resentimiento,** que Nietzsche mismo descubrió tan luminosamente como el motivo profundo de muchas de nuestras «nobles» acciones, y, concretamente, como característica del hacer (**práxis** rebajada) de los doctos..., pero que, comprensiblemente, no supo ver en su propio caso. Hay una minuciosidad y esmero del trabajo científico que encubre el sentimiento de la propia incapacidad (o desgana) para cosas más estimadas y estimables; pero también hay una «gloriosa genialidad» de «espíritu que vuela a lo más alto», que encubre el sentimiento de propia incapacidad para el trabajo honrado y veraz y para un auténtico (aunque sea modesto) descubrimiento de la realidad. Sería una pedantería zanjar aquí la cuestión; pero, al menos, parece indudable que para el «hombre de conocimiento» que Nietzsche parecía querer ser, y que él proponía como ejemplo de auténtica virtud humana, su propio resentimiento contra quienes pusieron en evidencia que la ciencia de él «cojeaba», no es menos censurable que el resentimiento de los «doctos eruditos».

ra caminar sobre mis propios errores, continuaría por encima de ellos y de sus cabezas.

Pues los hombres *no* son iguales: así habla la justicia. ¡Y a *ellos* no les ha sido lícito querer lo que quiero yo!

Así habló Zarathustra.

DE LOS POETAS

«Desde que conozco mejor el cuerpo —dijo un día Zarathustra a uno de sus discípulos—, el espíritu no es ya para mí más que una manera de hablar; y lo "imperecedero" tampoco es más que un símbolo.»

«En otra ocasión ya te lo oí decir —respondió el discípulo—, si bien entonces añadiste: los poetas mienten demasiado. ¿Por qué dijiste que los poetas mienten demasiado?»

«¿Por qué? dijo Zarathustra—. ¿Preguntas por qué? No soy yo de ésos a quienes resulta lícito preguntarles por su porqué.

¿Por ventura mi experiencia data de ayer? Hace ya mucho tiempo que he vivido las razones de mis opiniones.

Si quisiera llevar a cuestas todas mis razones, ¿no tendría yo que ser un tonel de memoria?

Mucho hago ya con sólo retener mis opiniones; y más de un pájaro se me escapa volando.

A veces encuentro también en mi palomar alguna paloma que llegó allí volando, y que tiembla al ponerle la mano encima.

¿Qué te dijo Zarathustra aquel día?, ¿que los poetas mienten demasiado? — Mas también Zarathustra es poeta.

¿Crees, pues, que entonces dijo la verdad? ¿Por qué lo crees?»

El discípulo se limitó a respnder: «Creo en Zarathustra.» Mas éste meneó, sonriente, la cabeza.

«La fe no me salva —dijo—. Y menos todavía la fe en mí mismo.

Mas si alguien proclamara en serio que los poetas mentimos demasiado, tendría razón: *nosotros* mentimos demasiado.

Por lo demás, sabemos demasiado poco y aprendemos mal: por ello tenemos que mentir (60).

¿Quién de entre nosotros, los poetas, no ha adulterado su propio vino? Más de un brebaje venenoso se fabricó en nuestras bodegas: en ellas se han realizado muchas cosas indescriptibles.

Y como nosotros sabemos poco, amamos de todo corazón a los pobres de espíritu ¡especialmente cuando son mujeres jóvenes!

Hasta codiciamos los relatos que las ancianas se hacen por las noches: A eso lo llamamos nosotros lo «eterno femenino» que hay en nosotros.

Y como si existiera una vía secreta para llegar al saber, una vía *obstruida* para los que aprenden algo, así creemos en el pueblo y en su "sabiduría".

Y todos los poetas creen que si alguien, tendido en la hierba, o sobre una pendiente solitaria, aguza el oído, puede llegar a saber algo de lo que ocurre entre el cielo y la tierra.

Y si experimentan emociones tiernas, creen siempre que la naturaleza misma se ha enamorado de ellos.

Y que se desliza en sus oídos para susurrarles dulzones secretos y amorosas lisonjas: ¡de ella se glorían ante todos los mortales!

---

(60)   Hasta aquí, las reflexiones de Zarathustra ante su discípulo nos muestran el Nietzsche sagaz, luminoso y grande. La agudeza exhibida en el apartado anterior, contra los «doctos», se aplica aquí también a los «geniales» a quienes «no es lícito preguntar por su porqué», y «bastante hacen con retener sus opiniones», porque, como dirá líneas más abajo, «creen que la naturaleza misma se ha enamorado de ellos» y les revela al oído sus secretos. Y, lo que es más importante, no tiene empacho en aplicar también contra sí su ironía («la fe no me salva, y menos todavía la fe en mí mismo»). Pero al mismo hilo de su autoironía va, como tantas veces, su mordacidad. Nietzsche, que se sabe poeta, y que, de salida de su ataque a los doctos, toma el partido de los poetas, se mofa a la vez de **otros** poetas **consagrados**. Aquí, en primer lugar, de Goethe, al que parodia desde «lo imperecedero no es más que un símbolo» (inversión de una sentencia de aquél) hasta la posterior alusión a lo «eterno femenino» (**das Ewig-weibliche**) y al amor a los pobres de espíritu, «especialmente si son mujeres jóvenes».

¡Ay, cuántas cosas existen entre el cielo y la tierra que sólo los poetas se han permitido soñar! (61)

¡Y sobre todo en el cielo! Pues todos los dioses, sin excepción, son un símbolo de los poetas, un amaño de los poetas (62).

Siempre nos atraen las regiones de las nubes: sobre ellas colocamos nuestros peleles pintarrajeados, y los llamamos dioses y superhombres.

Pues para ocupar ese tipo de sillas — pesan poquísimo, todos esos dioses y superhombres.

¡Ay, qué cansado estoy de todo lo inaccesible, que se empeña en pasar a la categoría de acontecimiento! (63). ¡Ay, qué cansado estoy de poetas!»

Cuando Zarathustra dijo esto, su discípulo se sintió enojado contra él, pero se mantuvo en silencio.

También Zarathustra calló, sus ojos se habían vuelto hacia su propio interior, como si miraran hacia remotas lejanías. Al fin, suspiró y tomó aliento.

Pertenezco al hoy y al ayer —dijo luego—, pero en mí hay algo que es de mañana y de pasado mañana, y del futuro.

Hastiado estoy de los poetas, de los viejos y de los nuevos: superficiales me parecen todos, y mares poco profundos. No han pensado con bastante profundidad: por eso su sentimiento se sumergió hasta llegar al fondo.

Un poco de voluptuosidad y otro poco de aburrimiento: ni la mejor de sus reflexiones ha pasado de ahí.

Sus arpegios me parecen sólo un soplo, una huida de fantasmas. ¡Qué han sabido ellos del ardor de los sonidos!

Tampoco son lo bastante limpios para mí: todos enturbian sus aguas, para que parezcan profundas.

Gústales el papel de conciliadores: en mi opinión no son sino gente de términos medios y de componendas, enredadores, gente sucia.

¡Ay, yo lancé ciertamente mi red en sus mares, y qui-

---

(61) Ahora la parodia le toca a Shakespeare: las famosas palabras de Hamlet a Horacio, en **Hamlet**, acti I.

(62) Nuevo juego de palabras: **Gleichnis,** símbolo, y **Erschleichnis** (de **erschleichen**, amañar).

(63) Otra vez Goethe: «Lo inaccesible se hace acontecimiento.»

se pescar buenos peces; mas siempre saqué la cabeza de algún viejo dios!

Lo que así suministró el mar al hambriento fue sólo una piedra. Y ellos, los poetas, proceden sin duda del mar.

Cierto es que a veces hay en ellos perlas: tanto más se asemejan a duros crustáceos. A menudo encontré en ellos, en lugar de alma, légamo salado.

Tomaron también del mar su vanidad. ¿No es acaso el mar el más vanidoso de los pavos reales?

Incluso ante el más feo de los búfalos abre el mar el abanico de su cola, y nunca se cansa de mostrar sus encajes de plata y seda.

El búfalo lo contempla ceñudo, pues su alma prefiere la arena, y más todavía la espesura de los matorrales, y más que toda otra cosa la ciénaga. ¡Qué le importan a él la belleza, y el mar, y los atavíos del pavo real! Ésa es la parábola que dedico a los poetas.

Su espíritu es, en verdad, el pavo real de los pavos reales, y un mar de soberbia.

Espectadores quiere el espíritu del poeta, ¡aun cuando sean búfalos!

Mas yo ya me he hastiado de tal espíritu, y adivino el día en que también él se hartará de sí mismo.

Transformados he visto ya a los poetas, y con la mirada vuelta contra ellos mismos.

Penitentes del espíritu veo venir: han surgido de los poetas.

Así habló Zarathustra.

DE LOS GRANDES ACONTECIMIENTOS

Hay una isla en el mar, no lejos de las islas afortunadas de Zarathustra, en la cual humea constantemente una montaña de fuego: según dice el pueblo, y especialmente las viejas, la isla es un peñas colocado ante la puerta del submundo: y a través del volcán desciende el angosto sendero que da acceso al submundo.

Cuando Zarathustra vivía en las islas afortunadas, ocurrió que un barco ancló junto a la isla donde se alza la montaña humeante; y la tripulación saltó a tierra, para cazar conejos. Hacia el mediodía, cuando el capitán y su gente se encontraron reunidos de nuevo, vieron de pronto a un hombre que por el aire avanzaba hacia ellos, y oyeron una voz que decía con claridad: «¡Ya es tiempo! ¡La hora ha llegado!» Y cuando la figura estuvo cerca —pasó volando a su lado, como una sombra, en dirección al volcán— reconocieron con consternación que era Zarathustra (64), pues todos, excepto el capitán, le conocían y le amaban, con esa mezcla de cariño y de miedo con la que ama el pueblo.

«¡Mirad! —dijo el viejo timonel—. ¡Zarathustra se dirige hacia el infierno!» (65).

Por la misma época en que los marineros llegaron a la isla del fuego, se rumoreó que Zarathustra había desaparecido; sus amigos decían que se había internado en el mar durante la noche, sin declarar su rumbo.

Aquello produjo cierto desasosiego, incrementado tres días después, por el relato de los marineros. Entonces todo el mundo se puso a decir que el diablo se había llevado a Zarathustra. Sus discípulos se reían muchos con aquellos rumores, y hubo uno que llegó a decir: «Creo más bien que Zarathustra es quien se ha llevado al diablo.» Mas en el fondo todos estaban llenos de congoja y preocupación. Por ello fue grande su alborozo cuando, al día quinto, se presentó ante ellos Zarathustra.

Y éste es el relato de la conversación de Zarathustra con el perro de fuego:

La tierra —dijo— tiene una piel; y esa piel sufre enfermedades. Una de ellas, por ejemplo, es la llamada «hombres».

---

(64) Aquí Zarathustra tiene rasgos de otro presocrático también muy admirado por Nietzsche, Empédocles de Akragas, cuya leyenda está asimismo ligada a un volcán. También Empédocles, sabio y poeta, materialista en su concepción del mundo y místico en su sentimiento de la existencia, se sintió «superhombre» y habló en tonos proféticos o de chamán, si bien estuvo, al parecer, más cerca del pueblo, y fue muy amado por éste.

(65) De Empédocles se dijo que su cuerpo nunca fue encontrado: según unos porque voló a los Campos Elíseos; según otros, porque se arrojó al cráter del Etna.

Y otra se llama «pero de fuego», sobre quien los hombres han dicho y han dejado que les digan muchas mentiras.

Para ahondar en ese misterio he atravesado el mar. Y he visto la verdad desnuda, ¡creedme!, desnuda desde los pies a la cabeza.

Ahora ya sé a qué atenerme acerca del perro de fuego, y sé además qué son todos esos demonios de las erupciones y los estragos ruidosos, que solamente infunden pavor a las viejas.

«¡Ven a mí desde tu cueva, perro de fuego! —le grité—, ¡y confiesa lo profunda que es tu profundidad! ¿De dónde extraes cuanto vomitas por la nariz?

Copiosamente sacias del mar tu sed: así lo manifiesta tu salada facundia. Verdaderamente, para ser un perro de las profundidades tomas demasiado tu alimento de la superficie.

Para mí no pasas de ser el ventrílocuo de la tierra. Siempre que he oído hablar a los demonios ruidosos y pestilentes los he encontrado idénticos a ti: salados, embusteros y poco profundos.

¡Vosotros entendéis de rugir y de oscurecer el día con la ceniza! Sois los mayores bocazas, y habéis asimilado hasta la saciedad el arte de conseguir que hierva el fango.

Allí donde estéis habrá también fango, y otras muchas cosas esponjosas, cavernosas, comprimidas, que quieren salir a la libertad.

"Libertad": tal es vuestro rugido predilecto. Pero yo he perdido la fe en los grandes "acontecimientos" cuando les rodean los aullidos y la humareda.

¡Créeme a mí, amigo estrépito infernal! Los acontecimientos más grandes no son nuestras horas más ruidosas, sino las más silenciosas.

El mundo no gira alrededor de los inventores de ruidos nuevos, sino en torno a los inventores de nuevos valores; de modo inaudible gira.

¡Confiésalo! Cuando tu ruido y tu humareda se disiparon, siempre había ocurrido bien poco. ¡Qué importa que una ciudad se convierta en momia, o que una columna quede sepultada en el fango!

Estas palabras dedico a los destructores de estatuas. No hay mayor tontería que echar sal en el mar, o estatuas en la fango.

En el barrizal de vuestro desprecio yacía la estatua: mas su esencia quiere que del desprecio renazca a una nueva vida, a una belleza purificadora.

¡Oh, derribadores, vedla surgir nuevamente, con rasgos más divinos, y la seductora belleza propia de los que sufren! ¡Todavía os dará las gracias por haberla derribado!

Eso es lo que aconsejo a todos los monarcas y a todas las iglesias, y a cuanto flaquea por la edad o la virtud: ¡Dejaos derribar, para que retornéis vosotros a la vida, y a vosotros la virtud!»

Así hablé ante el perro de fuego, que me interrumpió gruñendo, y me preguntó: «¿Iglesias has dicho?, ¿qué es eso?»

«La Iglesia —le contesté— es una especie de Estado, precisamente la especie más falaz. Pero calla, perro hipócrita: sin duda tú conoces perfectamente tu especie.

Un perro hipócrita es el Estado, igual que tú; lo mismo que a ti, le gusta hablar con humareda y rugidos —para hacer creer, como tú, que su palabra mana de las entrañas de las cosas. Pues él pretende ser el animal más importante de la tierra; y también la tierra se lo cree.»

Al oír mis palabras, el perro de fuego se enfureció, y parecía haber enloquecido de celos. «¿Cómo? —gritó—. ¿El animal más importante de la tierra? Y, ¿todo el mundo lo cree?» Y tanto humo brotó de sus horribles fauces, mezclado con tan tremendos aullidos, que pensé que iba a ahogarse de ira y envidia.

Por fin se fue tranquilizando, y su jadeo aminorándose. Al verle ya tranquilizado, dije, sonriendo:

«Montas en cólera, perro de fuego; en consecuencia, vienes a darme la razón. Y para probarlo aún más, oye lo que voy a contarte de otro perro de fuego; éste habla, de verdad, desde el corazón de la tierra.

Su aliento es de oro, una lluvia de oro: así lo quiere su corazón. ¡Qué le importan el humo, ni las cenizas, ni la lava!

Una risa sonora vuela de su seno, como nube irisada; y desdeña tus salivazos y el ruido de tus deteriorados intestinos.

Él extrae oro y risa del corazón de la tierra; pues, para que lo sepas, *¡de oro es el corazón de la tierra!*»

Cuando el monstruo oyó esto, no pudo seguir escuchando. Avergonzado, introdujo el rabo entre las piernas, dijo *guau guau* con voz abatida, y se arrastró al interior de su cueva.

Eso contó Zarathustra. Mas sus discípulos apenas le escuchaban, pues ardían en ganas de contarle la historia de los marineros, los conejos y el hombre que voló.

«¿Qué debo pensar de todo? —preguntó Zarathustra—. ¿Por ventura soy yo un fantasma?

Habrá sido mi sombra. ¿Habéis oído algo sobre el viajero y su sombra? (66). La verdad es que tendré que atarla más corto: de lo contrario, perjudicará mi reputación.»

Y Zarathustra movió de nuevo la cabeza, confuso, y repitió: «¿Qué debo pensar de todo eso?»

«Por qué gritó el fantasma "ya es tiempo, la hora ha llegado"?

¿De qué — ha llegado la hora?»

Así habló Zarathustra.

EL ADIVINO

...Y vi venir una gran tristeza sobre los hombres. Hasta los mejores estaban cansados de sus obras.

Una doctrina se difundió, y con ella una fe: «¡Todo está vacío, todo da igual, todo ha caducado!»

Y desde todos los cerros el eco repetía: «¡Todo está vací, todo da igual, todo ha caducado!»

---

(66) Título de otra obra de Nietzsche. (Ver en «El canto de los sepulcros», a propósito de **La Gaya Ciencia**, nota 50.)

Verdad es que hemos recogido nuestra cosecha; mas ¿por qué se nos han podrido todos los frutos, y se nos han ennegrecido? ¿Qué maleficio cayó de la luna la pasada noche?

Todo nuestro esfuerzo ha sido en vano: nuestro vino se ha convertido en veneno, el mal de ojo ha marchitado nuestros sembrados, y nuestros corazones.

Resecos hemos quedado todos: y si cae fuego sobre nosotros, nos reduciremos a polvo, como la ceniza. ¡Más aún, hasta al mismo fuego hemos fatigado!

Todas las fuentes se nos han secado, hasta el mar ha retrocedido. ¡Los suelos quieren abrirse, pero los abismos no quieren tragársenos!

¡Ay, dónde hallar un mar en que poder ahogarnos! Así retumba nuestro lamento, alejándose sobre ciénagas.

En verdad, estamos demasiado cansados, hasta para morir. Continuamos despiertos, sobrevivimos — ¡en cámaras sepulcrales!

Zarathustra oyó esas palabras a un adivino; y su vaticinio le llegó al corazón y se lo transformó. Iba errante de un lado hacia el otro, fatigado y triste: acabó asemejándose a aquellos de los que había hablado el adivino (67).

«En verdad —dijo a sus discípulos— poco falta ya para que llegue ese largo crepúsculo. Ay, ¿cómo lograré atravesarlo, llevando a salvo mi luz? ¡Que no se me apague entre tamañas tristezas! ¡Debe ser luz para mundos remotos, para las más remotas noches!»

Con el corazón así dolorido, Zarathustra vagabundeaba de un lugar a otro: sin probar alimento, sin beber durante tres días, intranquilo, sin habla. Por fin le embargó un profundo sueño: y sus discípulos pasaban largas vigilias sentados a su alrededor, y esperaban con inquietud a que despertase para ver si le volvía el habla y se curaba de su tribulación.

---

(67) Este adivino de «voluntad cansada», que así impresionó a Nietzsche-Zarathustra, puede muy bien ser el maestro de filosofía que le impresionó en su juventud, Schopenhauer.

Y éste es el discurso que Zarathustra pronunció al despertar; su voz llegaba a sus discípulos como desde una remota lejanía:

«¡Escuchad el sueño que he tenido, amigos míos, y ayudadme a descifrar su sentido!

Para mí es todavía un enigma este ensueño: su sentido está oculto en él, aprisionado, y todavía no ha desplegado sus alas.

Soñé que había renunciado a toda vida. En vigilante nocturno y en guarda de sepulcros me había convertido, allá en la solitaria montaña del castillo de la muerte.

Allá guardaba yo sus ataúdes: llenas estaban las sombrías bóvedas de tales trofeos de su victoria. Desde ataúdes de cristal me contemplaba la vida vencida.

Respirábase allí el olor de eternidades reducidas a polvo; cubierta de polvo, mi alma yacía por el suelo, sofocada. ¡Quién habría podido airear allí su alma!

Una claridad de medianoche me rodeaba siempre, y junto a ella se acurrucaba la soledad; y, como tercer compañero, el peor de mis amigos, un silencio de muerte entrecortado por estertores.

Llevaba yo mis llaves, las más herrumbrosas de todas las llaves, y con ellas sabía abrir las puertas más chirriantes.

Por las interminables galerías corrían los ruidos chirriantes como graznidos irritados de cornejas, cuando las puertas se abrían. Mas aquel pájaro lanzaba siniestros chillidos: no le gustaba que le interrumpieran su sueño.

Pero más terrorífico era, y más me oprimía el corazón, cuando volvía a reinar el silencio y todo enmudecía, y yo estaba sentado, allí solo, en medio de aquel pérfido silencio.

Así iba transcurrido con lentitud el tiempo, si es que tiempo había todavía, ya que, en realidad, yo lo ignoraba. Pero por fin sucedió algo que me despertó.

Semejantes a otros tantos truenos, resonaron tres fuertes golpes en la puerta; por tres veces los ecos de las bóvedas los devolvieron, en aullidos: entonces me acerqué a la puerta.

"¡Alpa! (68) —grité—. ¿Quién trae su ceniza a la montaña?"

Y metí la llave, y traté de abrir la puerta empujando y forcejando. ¡Pero la puerta no cedió ni un dedo!

De repente, un huracán abrió con violencia las hojas: en medio de agudos gritos y silbidos, me arrojó un negro ataúd.

Y silbando, rugiendo, chirriando, estalló el ataúd; y vomitó miles de carcajadas diferentes.

Y desde mil grotescas figuras de niños, de búhos y de ángeles, de locos y de mariposas grandes como niños, algo se reía de mí, me silbaba y me hacía muecas burlonas.

Un horrible espanto se apoderó de mí: me arrojé al suelo y grité de horror como jamás lo había hecho.

Pero mi propio grito me despertó, y volví en mí.»

Así relató Zarathustra su sueño, y luego calló: pues no conocía aún su sentido. Mas su discípulo más querido se alzó con presteza, tomó su mano, y le dijo:

«¡Tu vida misma nos da la interpretación de tu sueño; Zarathustra! ¿Acaso no eres tú mismo ese viento de chirriantes silbidos que abre con violencia las puertas de los castillos de la muerte?

¿No eres tú mismo el ataúd rebosante de maldades multicolores y de grotescas figuras angelicales de la vida?

En verdad, como mil diferentes carcajadas de niño llega Zarathustra a todas las cámaras mortuorias, y se ríe de todos esos vigilantes nocturnos y de todos esos guardianes de sepulcros que agitan sus llaves con siniestros tintineos.

Tú les espantarás y les derribarás con tus carcajadas: su desmayo y su despertar mostrarán tu poder sobre ellos.

---

(68) Palabra de sentido desconocido, pero muy similar a otra, no menos desconocida (**aleppe**), utilizada por Dante en su **Infierno.**

Y aunque vengan el largo crepúsculo y la mortal fatiga, nunca desaparecerás de nuestro cielo tú, el defensor de la vida.

Nuevas estrellas nos has hecho ver, y nuevas maravillas nocturnas: en verdad, has extendido sobre nosotros la risa misma, como una tienda multicolor.

Ahora brotarán siempre de los féretros risas de júbilo, risas infantiles, y un fuerte viento huracanado barrerá todos los desfallecimientos. Tú mismo eres prenda de ello, testimonio y adivino.

En verdad, soñaste con ellos mismos, con tus enemigos: éste fue tu sueño más difícil.

Mas así como despertaste y volviste en ti, así deberán ellos despertar de sí mismos — ¡y volver a ti!»

Así dijo el discípulo; y todos los demás rodearon entonces a Zarathustra; le tomaron de las manos, e intentaban hacerle dejar el lecho y la tristeza, y volver con ellos. Pero Zarathustra, sentado en lecho, rígido, les miraba de un modo extraño: como quien regresa a casa desde un remoto país, les fue mirando uno por uno, examinando sus caras y sin dar muestras de conocerles. Cuando le alzaron de la cama y le pusieron en pie, cambió la expresión de sus ojos; comprendió cuanto había sucedido, y acariciándose la barba dijo con voz firme:

«¡Vamos! Todo llegará en su momento. Ahora, discípulos míos, procurad que tengamos una buena cena, y en seguida. ¡Así pienso hacer penitencia por mis malos sueños!

Y quien interpretó mi sueño, que coma y beba a mi lado. ¡En verdad, quiero mostrarle aún un mar donde pueda ahogarse!»

Así habló Zarathustra. Después, miró de lleno largo rato al discípulo que había interpretado su sueño, y movió pensativo la cabeza.

DE LA REDENCIÓN

Un día, al pasar Zarathustra por el gran puente, le rodearon los lisiados y los mendigos. Y un jorobado le habló así:

«¡Mira, Zarathustra! También el pueblo aprende de ti y comienza a creer en tu doctrina: mas para que su confianza sea completa falta aún otra cosa: ¡que nos convenzas primero a nosotros, los lisiados! Aquí tienes dónde elegir, y una buena ocasión que puedes agarrar por más de un pelo. Puedes lograr que los ciegos vean, que los paralíticos corran, y que sean algo aliviados los aquejados de jorobas excesivas. Tal sería, en mi opinión, la forma de conseguir que los tullidos creyeran en Zarathustra.»

Mas Zarathustra respondió así al que había hablado:

«Si al jorobado se le quita la joroba, se le quita a la vez su espíritu: así enseña el pueblo. Y si se le devolviera la vista a un ciego, vería muchas cosas malas que se ven en el mundo, y acabaría por maldecir a quien le curó. Y quien haga correr a un paralítico le hará el mayor de los daños, pues, apenas pueda correr, se desbocarán en él los vicios y le arrastrarán consigo. Eso es lo que enseña el pueblo a propósito de los lisiados. ¿Por qué no iba Zarathustra a aprender también del pueblo, si el pueblo aprende de Zarathustra?

Mas desde que habito entre los hombres, lo que menos cuenta para mí es que a éste le falte un ojo, a aquél una oreja, al de más allá una pierna, y que haya otros sin lengua, o sin nariz, o sin cabeza.

Yo veo y he visto cosas peores, tan repugnantes algunas que no querría hablar de todas, y de algunas ni callar quisiera: hombres a quienes falta todo, excepto algo que tienen con exceso: hombres que no son sino un enorme ojo, o un enorme hocico, o una enorme panza, o alguna otra cosa enorme: lisiados a la inversa, les llamo yo.

Y cuando volví de mi soledad y atravesé por primera vez este puente, no quería dar crédito a mis ojos, miraba una y otra vez, hasta que acabé por decirme: ¡esto es una oreja! ¡una sola oreja tamaña como un hombre! Pero miré con mayor atención, y advertí que debajo de la oreja se movía algo tan diminuto, mísero y débil, que provocaba compasión. Aquella monstruosa oreja reposaba sobre una varilla exageradamente delgada ¡y tal varilla era un hombre! Mirándole con cristales de aumento, hasta se habría podido distinguir una carita envidiosa, y hasta un almita hinchada, que se mecía en la varilla. Pero el pueblo me aseguró que aquella enorme oreja era no ya sólo un hombre, sino un gran hombre, un genio. Mas yo nunca he creído al pueblo cuando habla de grandes hombres, y sigo creyendo que aquél era un lisiado a la inversa, que tenía muy poco de todo y demasiado de una sola cosa.»

Así que Zarathustra hubo hablado de esta suerte al jorobado y a cuantos aquél representaba, como portavoz y abogado, se volvió con profundo enojo hacia sus discípulos, y les dijo:

«¡En verdad, amigos míos, camino entre los hombres como entre fragmentos y miembros de hombres!

Lo más horrible para mí en encontrar al hombre despedazado, con los fragmentos esparcidos, como sobre campos de batalla y de matanza.

Y cuando me refugio en el pasado encuentro siempre lo mismo: retazos, y miembros, y espantosos azares —¡pero no hombres!

Las realidades más insoportables para mí, amigos míos, son el presente y el pasado en la tierra: yo no sabría vivir si no fuera además un vidente de lo que tiene que venir.

Un vidente, un queriente, un creador, un futuro también, un puente hacia el futuro —y quizá, ay, un tullido junto al puente: todo eso es Zarathustra.

Y vosotros también os preguntáis con frecuencia: ¿quién es para nosotros Zarathustra?, ¿qué nombre le pondremos? Al igual que yo, os habéis dado preguntas por respuestas:

¿Es alguien que promete, o alguien que cumple? ¿Un conquistador, o un heredero? ¿Un otoño, o la reja de un arado? ¿Un médico, o un convaleciente?

¿Es un poeta, o un hombre veraz? ¿Un libertador, o un domador? ¿Un bueno, o un malvado?

Yo camino entre los hombres como entre fragmentos del futuro: de aquel futuro que penetro con la mirada.

Todos mis pensamientos y deseos se encaminan a pensar y a reunir en unidad lo que es fragmento, y enigma, y espantoso azar.

¡Cómo podría yo soportar mi misma humanidad, si el hombre no fuera también poeta, desentrañador de enigmas y redentor del azar!

Redimir a los que fueron, y transformar todo "fue" en un "así lo quise yo" —eso exclusivamente sería redención para mí.

¡Voluntad!: así se llama el liberador y el mensajero de alegría. Yo os lo digo, amigos míos; pero aprended igualmente que la voluntad misma yace aún prisionera.

El querer hace libres: mas, ¿cómo se llamará a lo que encadena al mismo liberador?

"Fue": así se llama el rechinar de dientes y la más solitaria tribulación de la voluntad. Impotente frente a lo ya hecho, la voluntad es un mal espectador para todo lo pretérito.

La voluntad no puede querer hacia atrás: que no pueda tampoco quebrantar el tiempo y la sed de tiempo — ésa es su más solitaria aflicción.

El querer hace libres: ¿qué imagina el querer mismo para liberarse de su aflicción y burlarse de su calabozo?

¡Ay, cualquier prisionero se vuelve necio! Neciamente se redime también a sí misma la voluntad cautiva.

Que el tiempo no camine hacia atrás en su secreta rabia: la piedra a la que no puede remover, se llama "lo que fue, fue".

Y por eso remueve los pedruscos con rabia y despecho, y se venga en aquello que no siente como ella rabia y despecho.

Así, la voluntad, la liberadora, se ha vuelto causante de dolor: véngase en todo cuanto es capaz de sufrir, ¡ya que ella no puede querer hacia atrás!

Eso y nada más que eso es la venganza misma: la aversión de la voluntad contra el tiempo y su "fue".

En verdad, dentro de nuestra voluntad late una gran demencia. ¡Y el que esa demencia aprendiese a tener espíritu se ha convertido en la maldición de todo lo humano!

El *espíritu de venganza*: sobre eso ha sido hasta ahora, amigos míos, sobre lo que mejor han reflexionado los hombres; y allí donde hubo dolor, allí debía haber siempre castigo.

"Castigo" se llama a sí misma la venganza: bajo palabra embustera se finge hipócrita una buena conciencia.

Y así como en el que quiere hay sufrimiento por no poder querer hacia atrás, así el querer mismo, y toda vida, debería — ¡ser castigo!

Así se han acumulado nubes y más nubes sobre el espíritu. Hasta que al fin la demencia proclamó: ¡todo perece, y, por ello mismo, todo merece perecer!

Y la demencia proclamó: ¡la justicia misma consiste en aquella ley del tiempo según la cual éste ha de devorar a sus propios hijos!

El orden moral de las cosas descansa en la ley y en el castigo. ¡Ay de mí! ¿Dónde está la redención del curso de las cosas y del castigo llamado "existir"?: eso proclamó la demencia.

¿Podrá haber redención si existe una ley eterna? ¡Ay, no cabe remover la piedra "fue": también todos los castigos han de ser eternos! Así lo proclamó la demencia.

¡Ninguna acción puede ser aniquilada! ¿Cómo podría ser anulada por el castigo? He ahí lo que hay de eterno en el castigo de la existencia: que ésta tenga que volver eternamente a ser acción y pena.

"A menos que la voluntad termine por redimirse a sí misma, y el querer se mude en no-querer..." (69). Pero vosotros, hermanos míos, conocéis ya esa fábula de la demencia.

Yo os distancié de todas esas canciones de fábula cuando os dije: "La voluntad es creadora."

Todo "fue" es un fragmento, un enigma, un horrible azar, hasta que la voluntad creadora agregue: "¡Pero así lo quise yo!, ¡y yo lo querré así."

¿Es que lo ha dicho ya? ¿Cuándo lo hará? ¿Se ha desuncido ya del yugo de su propia demencia?

¿Se ha convertido ya para sí misma la voluntad en un liberador y un portador de alegría? ¿Ha echado al olvido el espíritu de venganza y el rechinar de dientes?

¿Y quién le ha enseñado la reconciliación con el tiempo, y algo superior a toda reconciliación?

Algo superior a toda reconciliación ha de querer la voluntad, cuando es voluntad de poder. Pero ¿cómo lo conseguirá? ¿Quién le ha enseñado incluso a querer hacia atrás?»

Al llegar Zarathustra a ese momento de su discurso, se calló repentinamente, como sobrecogido por un terror extremo. Con ojos horrorizados miró a sus discípulos; sus ojos atravesaban como flechas sus pensamientos, y hasta los trasfondos de sus pensamientos. Mas al poco rato volvió a reír, y agregó en tono calmado:

«Es difícil vivir entre los hombres. ¡Es tan difícil callarse! Sobre todo, para un hablador.»

Así habló Zarathustra. Y el jorobado, tras haber escuchado la conversación con el rostro tapado, al oír reír a Zarathustra alzó la mirada con curiosidad; y con voz igualmente pausada preguntó:

«¿Por qué nos habla Zarathustra de modo distinto a como les habla a sus discípulos?»

---

(69) ¿Otra vez Schopenhauer?

Y Zarathustra respondió: «¡Qué tiene eso de extraño! ¡A los jorobados es lícito hablarles con joroba!»

«¡Bien está —replicó el jorobado—. Y con discípulos también es lícito charlar en discípulo (70). ¿Por qué Zarathustra habla, pues, de modo distinto cuando habla a sus discípulos y cuando se habla a sí mismo?»

DE LA PRUDENCIA EN EL HOMBRE

¡No la altura, la pendiente es lo horrible!

La pendiente, desde donde la mirada se lanza *hacia abajo* y la mano se alarga *hacia arriba*. Allí se adueña del corazón el vértigo de una doble voluntad.

Amigos míos, ¿adivináis también la doble voluntad de mi corazón?

Esto, esto es *mi* pendiente y mi peligro. ¡Mi mirada se lanza hacia la altura, mientras mi mano quiere afirmarse y sostenerse en la profundidad!

Mi voluntad se aferra al hombre: con cadenas me ato al hombre, pues me siento arrastrado hacia arriba, hacia el Superhombre; hacia allá tiende mi otra voluntad.

Y *para eso* vivo ciego entre los hombres, como si no los conociera; para que mi mano no pierda del todo su fe en algo firme.

¡No os conozco, hombres! Con frecuencia me rodean esta tiniebla y este consuelo.

Sentado estoy ante mi pórtico, al paso de todos los pícaros, y pregunto: ¿quién me quiere engañar?

Tal es mi primera cordura respecto de los hombres: dejarme engañar, para no necesitar precaverme contra engañadores.

Ay, si yo me mantuviera en guardia frente al hombre, ¿cómo habría de ser el hombre un lastre para mi globo? Demasiado velozmente me vería arrastrado a lo alto y a lo lejos.

---

(70) El retruécano alemán es difícil de traducir. La intención del jorobado es dar a entender que Zarathustra siempre calla algo.

Mi horóscopo me dice que viva sin cautela. Y quien no quiera morir de sed entre los hombres tiene que aprender a beber en todas las copas; y quien quiera conservar su pureza entre los hombres tiene que saber lavarse incluso con aguas sucias.

Para consolarme me he dicho a menudo: ¡No te acobardes, viejo corazón! Si te ha ocurrido alguna desgracia, ¡recréate en ella, como en tu — felicidad!

Y ésta es mi segunda cordura respecto de los hombres: antes perdono a los *vanidosos* que a los orgullosos.

¿Acaso la vanidad herida no es la madre de todas las tragedias? Mas cuando es herido el orgullo, nace algo mejor aún que el orgullo.

Para que la vida resulte buena de contemplar, debe ser un espectáculo bien representado: y para ese fin hacen falta buenos cómicos.

Buenos cómicos me han parecido todos los vanidosos: representan sus papeles y quieren que la gente guste de verlos: todo su espíritu está en esa voluntad.

Se ponen en escena, se inventan a sí mismos. Me agrada el contemplar la vida a su vera: así se me cura la melancolía.

Por ello les trato con indulgencia: son médicos de mi melancolía, y me atan al hombre como a un espectáculo.

Y, además, ¿quién medirá en el vanidoso toda la profundidad de su modestia? Yo soy bueno y compasivo con él, por su modestia.

Quiere aprender de vosotros a creer en sí mismo; se alimenta de vuestras miradas, devora los elogios de vuestras manos.

Cree incluso vuestras mentiras, si mentís bien acerca de él, pues en lo más profundo de su corazón se pregunta entre sollozos: ¿quién soy?

Y si la verdadera virtud es la que se ignora a sí misma, el vanidoso ignora su modestia.

Y ésta es mi tercera cordura respecto de los hombres: no dejar que vuestro temor me quite el gusto de contemplar a los *malvados*.

Y soy feliz cuando contemplo las maravillas que

engendra el sol ardiente: palmeras, y tigres, y serpientes de cascabel.

También entre los hombres hay hermosas crías de sol ardiente; y muchas maravillas entre los malvados.

En verdad, lo mismo que vuestros más sabios no me parecen sabios, también la maldad de los hombres me parece por debajo de su reputación.

A menudo me he preguntado, moviendo la cabeza: ¿por qué continuáis cascabeleando, serpientes de cascabel?

En verdad, también al mal le falta todavía un futuro. Y su sur más cálido no ha sido aún descubierto por el hombre.

¡A muchas cosas llaman ahora las peores maldades, pese a no tener más que doce pies de ancho o tres meses de duración!: día llegará en que aparezcan en el mundo dragones mayores. Para que al Superhombre no le falte su dragón, un superdragón que sea émulo digno frente a él. ¡Para ello faltan muchos soles ardientes, que caldeen la húmeda selva virgen!

¡Mas antes se precisará que vuestros gatos monteses se cambien en tigres y vuestros sapos venenosos en cocodrilos!: el buen cazador ha de tener una buena caza.

Y en verdad, en vosotros, buenos y justos, hay muchas cosas que provocan la risa: ¡sobre todo vuestro miedo a lo que hasta ahora se ha llamado «demonio»!

¡Tan extraños sois en vuestra alma a todo lo grande, que hasta el Superhombre os resultará *temible* en su bondad!

Y vosotros, sabios sabihondos, huiríais del calor del sol de la sabiduría, quemadura en la que con gozo baña el superhombre su desnudez.

¡Vosotros, los hombres superiores puestos ante mi vista! Ved mi duda respecto a vosotros, y mi secreta risa: ¡apuesto a que a mi Superhombre le llamaríais «demonio»!

¡Ay, qué tedio me han infundido esos hombres, los más elevados, los mejores! Al hallarme a su «altura» sentía deseos de subir más arriba, lejos, hacia el Superhombre.

Un escalofrío recorrió mi cuerpo entero cuando los vi, desnudos, a los mejores de ellos; sentí entonces que las alas me crecían, para remontarme hacia horizontes remotos.

Hacia futuros más remotos me remontaba, hacia regiones más meridionales que jamás pudo soñar artista alguno: ¡hacia allí donde los dioses se avergüezan de cualquier vestido!

Mas a *vosotros*, prójimos y semejantes, quiero veros disfrazados y engalanados, vanidosos, ufanos, como los «buenos y justos».

También quiero yo sentarme entre vosotros disfrazado, para *desconoceros*, a vosotros y a mí: ésta es mi última cordura respecto de los hombres.

Así habló Zarathustra.

LA HORA MÁS SILENCIOSA

¿Qué me sucede, amigos míos? Estoy confuso y hostigado, dócil a pesar mío, dispuesto a marchar, ¡ay, a alejarme de vosotros!

Sí, Zarathustra tiene que volver de nuevo a su soledad. Mas esta vez el oso volverá sin alegría a su caverna.

¿Qué me ha pasado?, ¿quién me mandó partir?

¡Mi señora! ¡Mi iracunda señora! Así lo quiere y así me lo ordena. ¿Os he dicho ya su nombre?

Ayer, al caer la tarde, me habló *mi hora más silenciosa*: tal es el nombre de mi terrible señora.

Y ved lo que pasó, pues he de contároslo todo, a fin de que vuestro corazón no se endurezca contra el repentino fugitivo.

¿Conocéis acaso el terror del que se adormece? Tiembla de pies a cabeza, porque siente que le falta el suelo, y comienza a soñar.

Os digo esto a modo de parábola. Ayer, a la hora de mayor silencio, sentí que me faltaba el suelo, y comenzaron los sueños.

Avanzaba el minutero y el reloj de mi vida tomaba aliento. Jamás escuché tanto el silencio en derredor mío: mi corazón se estremecía de espanto.

Y oí la voz opaca del silencio que me decía: «¿Lo sabes, Zarathustra?»

Y yo le contesté como un testarudo: «¡Sí, lo sé bien, pero no quiero decirlo!»

Y el silencio sin voz volvió a decirme: «*¿No quieres*, Zarathustra? ¿Dices acaso la verdad? ¡No te parapetes tras de tu obstinación!»

Yo lloré y temblé como un niño, y dije: «¡Ay de mí, bien lo quisiera! Pero ¿cómo poder? ¡Dispénsamelo! ¡Es algo superior a mis fuerzas!»

De nuevo volvió a hablarme el silencio: «¿Qué importas tú, Zarathustra? ¡Di tu palabra y hazte pedazos!»

Y respondí: «¿Qué es eso de *mi* palabra? ¿Quién soy yo? Yo espero a otro más digno. ¡Ni siquiera soy digno de hacerme pedazos contra él!»

Y otra vez volvió a hablarme el silencio. «¿Qué importas tú? Para mí no eres aún bastante humilde. ¡La verdadera humildad tiene la piel más dura!»

Y respondé: «¡Qué no habrá soportado ya la piel de mi humildad! Yo habito a los pies de mi altura. ¿Cuál es la altura de mis cimas? Todavía nadie me lo ha dicho. Mas yo conozco bien mis valles.»

Y otra vez el silencio sin voz volvió a hablarme: «¡Oh Zarathustra, quien tiene que transportar montañas transporta también valles y hondondas!»

Y yo contesté: «Mi palabra no ha transpotado aún ningun montaña, y mis discursos no han llegado a los hombres. He ido hacia los hombres, pero aún no he llegado hasta ellos.»

Y otra vez volvió a hablarme el silencio sin voz: «¡Qué sabes tú de *eso*! El rocío viene a cubrir la hierba cuando la noche es más silenciosa.»

Y yo respondí: «Cuando hallé mi propio camino y lo seguí, se burlaron de mí. Entonces me temblaron las piernas.

Y me dijeron: "Olvidaste el camino, y ahora has olvidado también el caminar."»

Y otra vez volvió a hablarme el silencio sin voz: «¿Qué importan las burlas? Tú eres un hombre que ha olvidado el obedecer. ¡Ahora debes mandar! ¿Acaso no sabes quién es el más indispensable?: ¡el que ordena grandes cosas!

Sí, hacer grandes cosas es muy difícil, pero todavía es más difícil ordenar que se hagan grandes cosas. ¡Lo más imperdonable en ti es que tienes el poder y no quieres dominar!»

Y yo respondí: «¡Para mandar me hace falta voz de león!»

Y entonces oí como un susurro que me decía al oído: «¡Las palabras más silenciosas son las que atraen las tempestades, los pensamientos que caminan con pies de paloma son los que gobiernan el mundo! ¡Oh, Zarathustra, es preciso que avances como una sombra, como la sombra de lo que ha de venir! ¡Así mandarás, y mandando precederás a otros!»

Y yo contesté: «¡Me da vergüenza!»

De nuevo volví a oír, sin voz alguna: «Es necesario que vuelvas a ser niño, y deseches la vergüenza. El orgullo de la juventud está todavía en ti; tardaste en hacerte joven, mas quien quiere hacerse niño tiene que superar incluso su juventud.»

Largo rato estuve reflexionando y temblando, y al fin volví a decir: «¡No quiero!»

Resonó entonces una gran risa en derredor mío. ¡Ay, cómo me desgarraba las entrañas aquella risa, y cómo me laceraba el corazón!

Y por última vez algo me habló: «¡Oh Zarathustra, tus frutos están maduros, pero tú no estás maduro para tus frutos! Por ello tienes que volver a tu soledad. ¡Aún tienes que ponerte tierno!»

Y de nuevo oí la risa, que se iba alejando. Después quedó todo en calma, envuelto en un doble silencio. Pero yo yacía en el suelo, bañado en sudor.

Ahora lo habéis oído todo, amigos míos, y por qué tengo que retornar a mi soledad. Nada os he callado.

Mas también habéis escuchado de mis labios *quién* es el más silencioso de todos los hombres, ¡y quiere serlo!

¡Ay, amigos míos! Algo tendría aún que deciros, algo tendría aún que daros. ¿Por qué no os lo doy? ¿Soy tal vez un avaro?

Y cuando Zarathustra hubo dicho estas palabras, se sintió abrumado de dolor, al ver tan próxima la hora de abandonar a sus amigos: rompió a llorar sonoramente sin que nadie pudiera consolarle. En esto cerró la noche, y Zarathustra partió solo, abandonando a sus amigos.

TERCERA PARTE

«Vosotros miráis hacia lo alto cuando
queréis elevaros. Yo miro hacia abajo,
porque estoy en las alturas.
«¿Quién de vosotros puede reír y mantenerse al mismo tiempo en las alturas?
«Quien escala las más elevadas montañas se ríe de todas las tragedias, de la escena o de la vida real.»

Zarathustra, I, «Del leer y escribir»

EL VIAJERO

Era alrededor de la medianoche cuando Zarathustra
emprendió su camino sobre la cresta de la isla, para
llegar de madrugada a la otra orilla, pues allí quería em-
barcar. Había allí una excelente rada donde solían atracar
también embarcaciones extranjeras, las cuales admitían a
bordo a algunos que querían dejar las islas afortunadas y
hacerse a la mar. Durante su ascensión por la montaña,
Zarathustra rememoraba los muchos viajes solitarios que
desde joven había hecho, y las múltiples montañas, cres-
tas y cumbres, que había escalado.

«Soy un viajero, un escalador de montañas —dijo a su
corazón—. No me gustan las llanuras, y no puedo estar-
me quieto mucho tiempo.

Y cualquiera que sea mi destino y los aconteceres que
me esperan, siempre habrá en ellos un viajar, un escalar

173

montañas; pues, en resumidas cuentas, no vivimos sino de nosotros mismos.

Pasó ya el tiempo en que podía ir al encuentro de hechos casuales. ¿Y qué *podría* sucederme todavía que no fuera ya algo mío?

Lo único que hace es retornar, volver a casa —mi propio sí-mismo, y cuanto de él estuvo largo tiempo en tierra extraña, disperso entre cosas y acontecimientos casuales.

Y todavía sé una cosa más: que ahora estoy frente a mi última cima y ante todo cuanto me ha sido evitado durante largo tiempo. ¡Ay, tengo que emprender mi más dificultosa ascensión! ¡Ay, he iniciado mi más solitario viaje!

Mas quien es de mi estirpe no puede escapar a semejante hora, la hora que le dice: sólo ahora es cuando sigues tu camino de grandeza. ¡Las cimas y los abismos constituyen ahora *una misma cosa!*

Sigues tu camino de grandeza: lo que antes era tu último riesgo es ahora tu último refugio.

Sigues tu camino de grandeza: ahora es necesario que tu mejor ánimo consista en que detrás de ti no queda ningún camino.

Sigues tu camino de grandeza: en este caminar nadie debe seguirte a escondidas. Tus mismos pies borran el camino que dejas a tu espalda, y sobre él queda escrito: imposibilidad.

Y si en adelante hallaras escaleras, aprende a trepar sobre tu propia cabeza. De lo contrario, ¿cómo podrías segui ascendiendo?

¡Por encima de tu propia cabeza y más allá de tu propio corazón! Ahora lo más blando que haya en ti tiene aún que convertirse en lo más duro.

Quien se cuida con exceso acaba por contraer una enfermedad de cuidado superfluo. ¡Bienaventurado sea lo que endurece! Yo no alabo el país en el que abundan la leche y la miel.

Para ver muchas cosas, precisa *apartar la mirada* de uno mismo: esa dureza necesita todo escalador de montañas.

Mas quien tiene ojos indiscretos como hombre del conocimiento, ¡cómo iba a ver algo más que el primer término de las cosas!

Pero tú, Zarathustra, has querido ver el fondo y el transfondo de todas las cosas: por ello tienes que subir por encima de ti mismo, arriba, cada vez más alto, hasta que puedas ver a *tus pies* las estrellas.

¡Sí, bajar la vista hacia mí mismo, e incluso hacia las estrellas! ¡Ésa sí sería mi cumbre, eso es lo que me queda como *última* cumbre!»

Así iba diciéndose Zarathustra mientras ascendía a la montaña. Iba consolando su corazón con duras máximas, pues su corazón estaba más traspasado que nunca.

Y, cuando llegó a la cumbre, vio cómo se extendía ante sus ojos el mar por la otra vertiente; entonces se detuvo y quedó callado largo rato. En aquella cumbre la noche era fría clara y estrellada.

«Conozco mi suerte —se dijo al fin con tristeza—. Dispuesto estoy. Ahora comienza mi última soledad.

¡Oh, qué mar tan negro y tan triste a mis pies! ¡Oh, qué triste perplejidad nocturna! ¡Ay, destino mío y mar mío! ¡Hacia vosotros tengo ahora que *descender*!

Situado estoy ante mi más alta montaña y ante mi más dilatado viaje: por ello tengo que descender, más de lo que nunca descendí.

¡Descender al dolor más de lo que nunca descendí, hasta sus más negras olas! Así lo quiere mi destino. Cúmplase: dispuesto estoy.

¿De dónde viene las montañas más altas?, pregunté yo en otro tiempo: y averigüé que vienen del mar.

El testimonio está escrito en sus rocas y en los paredones de sus cumbres. Desde lo más hondo tiene que llegar a su altura lo más alto.»

Así habló Zarathustra, en la fría cúspide de la montaña. Mas cuando descendió hacia el mar y se halló solo entre los arrecifes, se sintió fatigado de la caminata, y más poseído aún que antes por ardientes afanes.

«Todo continúa dormido —se dijo—. Hasta el mar duerme. Ebrios de sueño parecen mirarme sus ojos, asombrados. Mas su respiración es cálida, yo la siento. Y siento también que sueña y que se agita, mientras sueña, sobre duras almohadas.

¡Óyelo, óyelo! ¡Qué gemidos le arrancan los malos recuerdos! ¿O gime tal vez por malos presagios?

Ay, triste estoy yo contigo, monstruo sombrío, y enojado conmigo mismo por tu causa.

¡Por qué no será mi mano lo bastante fuerte! En verdad, con gusto te libraría de tus mazlos sueños.»

Y mientras hablaba de esta forma, Zarathustra se reía de sí mismo, con amargura y con melancolía.

«¡Cómo, Zarathustra! —dijo—. ¿Quieres acaso consolar al mar cantando?

¡Ay, Zarathustra, loco rico de amor! ¡Bienaventurado en tu confiar! Así fuiste siempre: siempre te acercaste confiado a todo lo horrible.

Has querido incluso acariciar a todos los monstruos. Un soplo de aliento cálido, un poco de suave vellosidad en las garras —y ya estabas dispuesto a amar y a atraer.

El *amor* es el riesgo del solitario: el amor a todo cuanto vive. Realmente es ridícula mi necedad y mi modestia en el amor.»

Así habló Zarathustra, y rió por segunda vez. Entonces pensó en los amigos a quienes había abandonado. Y como si les hubiera ofendido en sus pensamientos, se enojó consigo mismo por ellos.

Y pronto la risa se mudó en llanto. De ira y de anhelo, Zarathustra lloró amargamente.

DE LA VISIÓN Y DEL ENIGMA

I

Cuando corrió entre los marineros la noticia de que Zarathustra se encontraba a bordo —por cuanto, al propio tiempo que él, había subido al barco un habitante de las islas afortunadas— se originó una gran cruiosidad y expectación. Pero Zarathustra permaneció callado durante dos días, frío y sordo en su tristeza, sin responder ni a las miradas ni a las preguntas. Solamente en la noche del segundo día se abrieron de nuevo sus oídos, aunque aún guardaba silencio: pero muchas cosas extrañas y peligrosas se oían en el barco, que venía de lejos y quería ir más lejos aun. Zarathustra era amigo de cuantos emprenden largos viajes, y no le gustaba vivir sin riesgo. De ahí que por fin, a fuerza de escuchar, se le desató la lengua y se quebró el hielo de su corazón. Entonces comenzó a hablar así:

A vosotros, buscadores e indagadores intrépidos, y a quinquiera que una vez se haya lanzado al mar tempestuoso con velas astutas. A vosotros, los ebrios de enigmas y enamorados de la luz del crepúsculo, cuyas almas son atraídas por el sonido de las flatuas hacia todo profundo remolino, pues no queréis buscar a tientas, con mano miedosa, ningún hilo conductor; y que cuando podéis *adivinar* odiáis el *deducir*. A vosotros solos he de contar el enigma que *he visto*: la visión del más solitario.

· Hace poco que andaba yo sombrío, a través de la cadavérica palidez del crepúsculo; duro y hosco, y con los labios apretados. Pues *más de un* sol se había hundido en un ocaso para mí.

Una senda que ascendía obstinada entre pedregales, una senda siniestra, solitaria, que no admitía hierba ni maleza; una senda montaraz rechinaba bajo la obstinación de mis pisadas.

Avanzando en silencio, sobre el crujido burlón de los guijarros, aplastando las piedras que les hacían resbalar, mis pies seguían abriéndose paso hacia arriba.

Hacia arriba, aun cuando sobre mí iba sentado ese espíritu, medio enano y medio topo, paralítico y paralizante; y vertía plomo en mi oído, pensamientos-gotas de plomo en mi cerebro.

«Oh Zarathustra —me susurraba socarronamente, sílaba a sílaba—, tú, la piedra miliar de la sabiduría, tú mismo te lanzaste hacia arriba —mas toda piedra lanzada al aire— ¡tiene que caer!

¡Oh Zarathustra, piedra miliar de la sabiduría, piedra de honda, destructor de estrellas! ¡A ti mismo te has proyectado tan alto! Mas toda piedra arrojada al aire tiene que caer.

Condenado a ti mismo a ser lapidado, oh Zarathustra, arrojaste muy alto la piedra, más ¡sobre ti caerá de nuevo!»

Callóse entonces el enano, y así quedó largo tiempo. Pero el silencio me abrumaba. Y cuando se está así entre dos, se está, en verdad, más solitario que cuando se está *solo*.

Yo subía y subía, soñaba, pensaba, pero todo pesaba sobre mí. Era como un enfermo rendido por el tormento de su padecer, y a quien una horrible pesadilla vuelve a despertar cuando acaba de dormirse.

Pero en mí existe algo que llamo valor, y que hasta ahora ha sofocado en mí cualquier desaliento. Ese valor me ordenó detenerme y decir: «¡Enano, o tú o yo!»

Porque el valor es el mejor matador —el valor que ataca: pues en todo ataque retumba un tambor batiente.

Pero el hombre es el más valeroso de los animales: por ello los ha vencido a todos. A tambor batiente ha vencido incluso todos los dolores: pero el dolor por el hombre es el más profundo de todos los dolores.

El valor mata incluso al vértigo, en el borde del abismo. ¡Y en qué lugar no estaría el hombre al borde de un abismo! ¿Acaso el mismo mirar no es un —mirar abismos?

El valor es el mejor matador: hasta a la compasión mata. Y la compasión es el más profundo de los abismos. Cuanto más hasta el fondo mire el hombre la vida, tanto más hasta el fondo verá el sufrimiento.

Pero el valor es el mejo matador, el valor que *ataca*. Mata la muerte misma, pues dice: ¿Esto era la vida? ¡Bien! ¡Volvamos a comenzar!

En estas palabras hay, empero, mucho tambor batiente. Quien tenga oídos, que oiga.

II

«¡Deténte, enano —dije—, o tú, o yo! ¡Pero yo soy el más fuerte! ¡Tú no conoces mi pensamiento abismal! *¡Ése —no podrías soportarlo!*»

Entonces ocurrió algo que alivió mi corazón, pues el enano, el muy curioso, saltó desde mis espaldas al suelo y se sentó en cuclillas ante mí, sobre una piedra. En aquel lugar en que nos detuvimos había un portón.

«¡Mira ese portón, enano! —le dije—. Tiene dos caras: dos caminos concurren aquí, que nadie ha recorrido aún hasta su extremo.

Esa larga calle hacia atrás se prolonga una eternidad; y esa larga calle hacia delante, otra eternidad.

Los dos senderos se contraponen: sus cabezas chocan y convergen en este portón. En él está escrito su nombre: "Instante".

Mas si alguien recorriese uno de ellos, alejándose más y más, ¿crees tú, enano, que se contradirán eternamente?»

«Todo cuanto se extiende en línea recta miente

—murmuró con desprecio el enano—. Toda verdad es curva, y el tiempo es un círculo.»

«¡Oh, espíritu de la pesadez! —repliqué, iracundo—, ¡no tomes las cosas tan a la ligera! ¡O te dejaré en cuclillas ahí donde estás, cojitranco! ¡No olvides que yo te he subido a estas alturas!»

Y luego proseguí: «¡Mira este instante! A partir del portón llamado Instante corre *hacia atrás* una calle sin fin: detrás de nosotros yace una eternidad.

¿Acaso no tendrá que haber recorrido alguna vez esta calle todo cuanto *puede* correr? ¿Acaso no tendrá que haber ocurrido ya alguna vez cada una de las cosas que *pueden* ocurrir? (71).

Y si todo ha ocurrido ya, ¿qué piensas tú, enano, sobre el instante presente? ¿No tendrá también este portón que haber existido ya? ¿Y no están todas las cosas anudadas con fuerza, de modo que este instante arrastra tras de sí todas las cosas venideras? ¿*Por tanto*, incluso a sí mismo?

Pues cada una de las cosas que *pueden* correr también por esa larga calle hacia delante, ¿acaso no *tienen que* volver a recorrer de nuevo su largo camino?

Y esa perezosa araña que se arrastra a la luz de la luna, y esa misma luz de la luna, y yo y tú, que cuchi-

---

(71) Empieza aquí la formulación más clara y completa que Nietzsche hace en el **Zarathustra** de su curiosa doctrina del eterno retorno, que exhumó de su conocimiento de la antigua Grecia para darle una forma renovada, característica de su espíritu. Se trata, en principio, de una lucubración sobre la metafísica del tiempo y la dialéctica del infinito; pero Nietzsche anuda su conclusión de la naturaleza cíclica del tiempo, infinito y cerrado, transcurrente y estable, con su **afirmación** de la vida y de cada uno de sus instantes. Afirmación a la vez dolorosa y gozosa, que sufre la frustración de la voluntad de vida, pero en vez de buscar la «salvación» en el «aquietamiento» y «abnegación» de la voluntad, al modo propuesto por Schopenhauer, «salva» el dolor mismo con su **quererlo así**, y «**para siempre**». Recuérdese, en efecto, lo dicho líneas atrás por «el valor que ataca»: «¿Esto era la vida? ¡Bien! ¡Volvamos a comenzar!» En la última parte («El canto del noctámbulo» I, ver nota 103) la re-afirmación de la vida, el «¡Sí! ¡Otra vez!», señala lo que Nietzsche llama la «transformación y curación» de los «hombres superiores»; y quien de modo más dramático la propone es precisamente «el más feo de los hombres». La misma idea, por otra parte, es repetida como tesis, y encarecidamente glosada, en las páginas finales del **Zarathustra** («El canto del noctámbulo», X).

cheamos en este portón sobre cosas eternas, ¿no tenemos todos nosotros que haber existido ya otra vez?

¿Y venir de nuevo, y recorrer aquella otra calle, hacia delante, que se extiende ante nosotros, aquella calle larga y horrenda? ¿No tendremos que retornar eternamente?»

Así dije con voz cada vez más baja; pues me amedrentaban mis propios pensamientos, y su trasfondo. Entonces, de golpe, oí aullar a un perro allí cerca.

¿Había oído ya alguna vez aullar así a un perro? Mi imaginación me transportó de nuevo a fechas remotas. ¡Sí, a la época de mi infancia, de mi más lejana niñez! Entonces fue cuando oí aullar así a un perro. Y además se apareció ante mí, con los pelos crispados, alargando el cuello, mirando al cielo y tiritando de terror, en la hora más callada de la noche, en esa hora en que hasta los perros creen en fantasmas. Y me dio lástima. Justo en aquel momento la luna llena, en medio de un silencio sepulcral, apareció como un disco de fuego sobre las planas techumbres, como sobre propiedad ajena. Aquello exasperó al perro, pues los perros creen en ladrones y en fantasmas. Cuando nuevamente le oí aullar volví a sentir lástima por él.

Mas ¿qué había pasado con el enano, con el portón, con la araña, y con todo el cuchicheo? ¿Habría sido todo un sueño? ¿Estaría ahora ya despierto? De repente me hallé entre peñascos agrestes, solo, abandonado, en el más desierto claro de luna.

¡Pero allí yacía por tierra un hombre! ¡Allí, ante mí! El perro andaba saltando, con el pelo erizado, gimiendo. Ahora él me veía llegar —y entonces aulló de nuevo, *gritó*. ¿Había oído yo nunca gritar así aun perro pidiendo socorro?

En verdad, jamás había visto nada parecido a lo que entonces vi allí. Un pastorcillo se retorcía en el suelo, anhelante y convulso, con la cara descompuesta: de su boca pendía una gran culebra negra.

¿Había visto yo jamás tal expresión de náusea y de pavor en *un solo* rostro humano? Quizá aquel pobre pastorcillo dormía cuando la culebra penetró en su garganta y se aferró a ella, mordiendo.

Con la mano tiré del reptil, tiré y tiré —¡en vano! ¡No pude arrancarlo! Entonces se me escapó un grito: «¡Muerde, muerde!»

«¡Arráncale la cabeza, muérdele!», me gritaban mi horror, mi odio, mi asco y mi compasión. Todo cuanto en mí había, bueno y malo, gritaba en mí, con *un único grito*.

¡Vosotros los valientes que me escucháis! ¡Vosotros buscadores, indagadores, y cuantos de vosotros se han lanzado con velas astutas a mares inexplorados!, ¡vosotros que amáis los enigmas! ¡Resolved este que yo contemplé entonces, interpretadme la visión del hombres más solitario!

Pues fue una visión y una previsión. *¿Qué* símbolo vi yo entonces? Y *¿quién* es el que algún día tiene que venir?

¿Quién es el pastor en cuya garganta se introdujo el reptil? ¿Quién es el hombre cuya garganta ha de ser así atacada por las cosas más negras y más pesadas?

Pero el pastorcillo mordió, según le aconsejó mi grito, y mordió con todas sus fuerzas. Escupió lejos de sí la cabeza de la serpiente, y se puso en pie de un salto.

Ya no un pastor, ya no un hombre —¡un transfigurado, un iluminado, *reía!* ¡Jamás rió tanto sobre la tierra hombre alguno!

¡Oh, hermanos, yo oí una risa qu no era risa de hombre!

Y ahora me devora una sed, un insaciable anhelo.

Mi anhelo de esa risa me devora. ¡Oh, cómo soporto el vivir aún! ¡Y cómo soportaría el morir ahora!

Así habló Zarathustra.

DE LA BIENAVENTURANZA NO QUERIDA

Con tales enigmas y amarguras en el corazón, cruzó Zarathustra el mar. Mas cuando se hallaba a cuatro jornadas de las islas afortunadas y de sus amigos ya había superado su dolor: victorioso y con paso seguro se afirmaba de nuevo sobre su destino. Y entonces habló así a su conciencia jubilosa:

«Otra vez estoy solo y quiero estarlo: sólo con el cielo puro y el mar infinito; y otra vez reina la tarde a mi alrededor.

En una tarde encontré por vez primera a mis amigos. En una tarde les encontré por segunda vez —a la hora en que toda luz se vuelve más silenciosa.

Pues lo que en camino hay aún de dicha entre el cielo y la tierra, lo busca como asilo un alma luminosa. *A causa de la felicidad* toda luz se ha hecho ahora más silenciosa.

¡Oh, tarde de mi vida! En otro tiempo también *mi* felicidad descendió al valle a buscar asilo: allí encontró esas almas abiertas y hospitalarias.

¡Oh, tarde de mi vida! ¡Qué no di yo por alcanzar *una sola cosa*: este vivo semillero de mis pensamientos, esa alba de mi más alta esperanza!

Compañeros buscó en otro tiempo el creador, e hijos de *su* esperanza: mas no pudo hallarlos, a menos que él mismo los crease.

Así estoy en medio de mi obra, yendo hacia mis hijos y retornando de entre ellos: por amor a sus hijos tiene Zarathustra que consumarse a sí mismo.

Pues radicalmente sólo amamos al propio hijo y a la propia obra: y donde hay un gran amor a sí mismo, allí hay señal de preñez: esto es lo que he hallado.

Verdean aún mis hijos en su primera primavera, unos

183

juntos a otros, sacudidos por un mismo viento: árboles de mi jardín y de mi mejor tierra.

Y en verdad, donde tales árboles se apiñan, allí *existen* islas afortunadas.

Pero un día quiero trasplantarlos y ponerlos separados unos de otros, para que cada uno aprenda soledad, y tenacidad, y prudencia.

Nudoso y retorcido, pero endurecido y flexible deberá estar entonces para mí junto al mar, faro viviente de vida invencible.

Allí donde las tempestades se precipitan sobre el mar, y la trompa de las montañas se baña en las olas, allí montará guardia alguna vez, día y noche, cada uno de mis árboles, para su examen y conocimiento.

Pues ha de ser reconocido y examinado, para que se sepa si desciende de mí y si es de mi especie —si es señor de una robusta voluntad, callado aun cuando hable, y de tal modo dispuesto a dar que al dar *tome*.

Para que algún día llegue a ser mi compañero, y concree y concelebre las fiestas junto conmigo —alguien que inscriba mi voluntad en mis tablas, para que se realicen cabalmente todas las cosas.

Y por amor a él y a su igual debo yo mismo realizarme; por ello me privo ahora de cualquier ventura y me inmolo a toda infelicidad: es *mi* último examen y *mi* último conocimiento.

En verdad, era ya llegado el tiempo de emprender la marcha; y la sombra del viajero, y el instante más dilatado, y la hora más silenciosa, todos me decían: ¡La hora ha llegado!

Y el viento, soplando por el ojo de la cerradura, me decía: ¡Ven! Y la puerta se abría con disimulo, y decía: ¡Ve!

Mas yo yacía encadenado por el amor de mis hijos: el amor me imponía aquel lazo, el ansia de amar, el deseo de ser el botín de mis hijos y de perderme por ellos.

Ansiar —eso significa ya para mí haberme perdido. *¡Yo os tengo, hijos míos!*: en esa posesión todo debe ser certidumbre, y nada anhelo.

Pero el sol de mi amor me abrasaba encobándome. Zarathustra se asaba en su propio jugo. Entonces, sombras y dudas se alejaron volando por encima de mí.

Yo anhelaba los fríos del invierno. ¡Oh, que el frío y el invierno vuelvan a hacerme tiritar y castañetear los dientes!, suspiraba. Y entonces brotaron de mí tinieblas glaciales.

Mi pasado surgió de su tumba: más de un dolor enterrado vivo, y que sólo dormía en su sudario, despertó.

Todo me hacía señas, como gritándome: ¡la hora ha llegado! Mas yo no lo oía. Hasta que al fin mi abismo empezó a agitarse, y mi pensamiento me mordió.

¡Ay, pensamiento abismal, que eres *mi* pensamiento! ¿Dónde hallaré fortaleza para oírte cavar, y no temblar de espanto?

El corazón se me sube a la garganta cuando te oigo cavar. ¡Tu silencio, oh, tú, abismalmente silencioso, me quiere estrangular!

Jamás osé llamarte *arriba*, ¡bastante hacía llevándote conmigo! Aún no era yo bastante fuerte para la audacia suprema del león.

Tu peso me ha agobiado ya terriblemente. Mas llegará un día en el que encuentre la fuerza y la voz del león para llamarte arriba. Y cuando haya alcanzado esa victoria, entonces querré otra aún mayor: ¡victoria será el sello de mi consumación!

Entretanto navego por mares inciertos, acariciado por el azar adulador: dirijo mis miradas adelante y atrás —aún no veo un final.

Todavía no ha llegado para mí la hora de la última lucha. ¿O acaso me llega en este momento? En verdad, el mar y la vida que me circundan me miran con belleza pérfida.

¡Oh, atardecer de mi vida! ¡Oh dicha, que llega antes de la noche! ¡Oh, puerto en alta mar! ¡Oh, paz en la incertidumbre! ¡Cómo desconfío de todos vosotros!

En verdad, desconfío de vuestra pérfida belleza: me parezco al amante que no se fía de las sonrisas demasiado dulces.

Como rechaza a su amada el celoso, tierno hasta en su dureza, así rechazo yo lejos de mí esta hora venturosa.

¡Aléjate, hora bienaventurada! Me traes una bienaventuranza no querida. Aquí aguardo de buen grado mi dolor más profundo: ¡llegaste en hora inoportuna!

¡Aléjate, hora bienaventurada! ¡Mejor es que te hospedes allí, entre mis hijos! ¡Corre y bendícele con *mi* felicidad antes del atardecer!

El sol se pone, la noche se acerca. ¡Vete —felicidad mía!»

Así habló Zarathustra, y durante toda la noche estuvo aguardando a su infelicidad: mas aguardó en vano. La noche permaneció clara y silenciosa, y la felicidad misma se le acercaba con lentitud. Hacia la aurora, Zarathustra rió a su corazón, y dijo burlonamente: «La felicidad corre tras de mí. Eso es así porque yo no corro tras de las mujeres. Y la felicidad es mujer.»

ANTES DE LA SALIDA DEL SOL (72)

¡Oh, cielo que sobre mí te extiendes, cielo diáfano y hondo, abismo luminoso! Cuando te contemplo me estremezco de ansias divinas.

Arrojarme a tu altura, ¡ésa es *mi* profundidad! Cobijarme en tu pureza, ¡ésa es *mi* inocencia!

Velado aparece el dios por su belleza: así me ocultas tú a tus estrellas. No hablas: así me revelas tu sabiduría.

Mudo has surgido hoy sobre el mar rugiente: tu amor y tu pudor son revelación para mi rugiente alma.

---

(72) Freud cuenta de un paciente paranoico que declaraba sentir ante el siguiente pasaje hímnico de Nietzsche la nostalgia por el padre que perdió en su niñez... lo mismo que el propio Nietzsche.

Bello has venido a mí, embozado en tu belleza; mudo me has hablado, manifestando tu sabiduría.

¡Oh, cómo adiviné los pudores de tu alma! *Antes* que el sol llegaste a mí tú, el más solitario de todos.

Siempre fuimos amigos: comunes nos son el dolor, el terror y la hondura. Hasta un mismo sol nos es común.

No nos hablamos, ya que sabemos demasiadas cosas —callamos juntos, sonreímos juntos a nuestro saber.

¿No eres tú acaso la luz de mi hogar? ¿No alienta en ti el alma gemela de mi conocimiento?

Todos los aprendimos juntos: a superarnos y a sonreír sin nubes, a sonreír sin nubes, con ojos limpios, desde remotas lejanías, hacia abajo, mientras debajo de nosotros la coacción, y la finalidad, y la culpa, se deshacen en llovizna vaporosa.

Y cuando yo caminaba solo, ¿de quién tenía hambre mi alma, por las noches, en los senderos extraviados? Y cuando yo escalaba montañas, ¿a quién buscaba siempre en las cimas, sino a ti?

Y todos mis caminos y todas mis ascensiones, ¿qué eran, sino necesidad, recurso de un desvalido? ¡Lo único que anhela mi voluntad entera es *volar*, volar dentro de *ti*!

¿A quién odiaba yo más que a las nubes pasajeras, y a todo cuanto empaña tu brillo? Hasta a mi propio odio lo odiaba yo, porque te empañaba.

Esas nubes que pasan me inspiran aversión, esos gatos de presa que se aproximan con cautela para sustraernos, a ti y a mí, lo que en común poseemos: la inmensa e ilimitada afirmación.

Sentimos aversión hacia esas nubes que pasan, mediadoras y entremetidas, intermediarias regateadoras, que no saben ni bendecir ni maldecir de un modo pleno.

¡Prefiero estar metido en mi tonel bajo un cielo cubierto, o hundirme en un abismo sin cielo, a verte a ti empañado por nubes pasajeras, ¡oh, cielo de luz!

Con frecuencia sentí deseo de sujetarlas, con los fulgurantes hilos de oro del rayo, y golpear los timbales como el trueno sobre su panza de caldera.

Ser un encolerizado timbalero porque me roban tu «sí», «así sea», ¡oh cielo por encima de mi, tú, puro, luminoso, abismo de luz! —¡porque te roban *mi* «¡sí! ¡así sea!»

Prefiero el estrépito, el trueno y los estragos del mal tiempo a esa calma gatuna, sospechosa y solapada. Entre los hombres a quienes más aborrezco están todos los que andan sin ruido, mediadores y regateadores, como dubitantes e indecisas nubes pasajeras.

Y «quien no sepa bendecir, debe aprender a maldecir»: de un cielo luminoso me cayó esa luminosa enseñanza. Aun en las noches más encapotadas brilla esa estrella en mi cielo.

¡Mas yo soy uno que bendice y que dice «sí», si delante de mí estás tú, puro, luminoso, abismo de luz! A todos los abismos llevo entonces como una bendición mi decir «sí».

Me he convertido en uno que bendice y afirma. Para eso luché largo tiempo, para tener un día libres las manos para bendecir.

Y mi bendición es ésta: estar por encima de cada cosa, como su propio cielo, como su techo abovedado, como su campana azul y su eterna paz. ¡Bienaventurado quien así bendice!

Pues todas las cosas fueron bautizadas en el manantial de la eternidad, más allá del bien y del mal; el bien y el mal mismos no son sino sombras huidizas, húmedas aflicciones, nubes pasajeras.

En verdad, lejos de blasfemar, bendigo cuando enseño que por encima de todas las cosas está el cielo Azar, el cielo Inocencia, el cielo Acaso y el cielo Arrogancia.

«Acaso»: ésta es la más linajuda nobleza del mundo, restituida a todas las cosas por mí, que las libero de la servidumbre a los fines.

Esta libertad y esta serenidad celeste he puesto yo, como una campana azul, sobre todas las cosas, con esta enseñanza: por encima de ellas ninguna «voluntad eterna» quiere afirmar su voluntad.

Yo puse esa arrogancia y esa locura en el lugar de aquella voluntad, al enseñar: hay una sola cosa imposible en todas las cosas: racionalidad (73).

Un *poco* de razón, un grano de sabiduría, disperso de estrella en estrella, es levadura de todas las cosas: ¡por mor de la locura hay sabiduría mezclada en todas las cosas!

Un poco de sabiduría sí es posible; mas en todas las cosas he hallado esta feliz certidumbre: prefieren *bailar* sobre los pies del azar.

¡Oh, cielo extendido por encima de mí, tú, puro, elevado! Ésta es para mí tu pureza: no existe ninguna araña eterna, ni ninguna telaraña eterna de la razón, y tú eres el salón de baile de los azares divinos, y una mesa de dioses para los dados y los jugadores divinos.

¿Qué es eso, te sonrojas? ¿He dicho algo que no pueda decirse? ¿He blasfemado al querer bendecirte? ¿O es acaso tu rubor por el pudor compartido? ¿Me ordenas tal vez que me retire en silencio, porque va a despuntar el *día*?

El mundo es profundo, mucho más profundo de lo que nunca pensara el día. No a todo le es lícito tener palabras antes del día. Pero el día viene: ¡por eso nos separamos!

¡Oh, cielo extendido por encima de mí, cielo púdico y encendido! ¡Oh, tú, felicidad mía, que precede a la salida del sol!

El día viene: ¡por eso nos separamos!

Así habló Zarathustra.

---

(73) Es éste uno de los temas más recurrentes en Nietzsche desde su juvenil **El origen de la tragedia**. El descubrimiento del «fondo irracional» de la realidad, escándalo del racionalismo idealista, siempre le fascinó y resultó, a la postre, de mayor peso que sus tendencias ilustradas y su adhesión al «conocer» frío y claro. (Ver nuestra nota 5 y referencia en la misma.)

DE LA VIRTUD EMPEQUEÑECEDORA

I

Cuando Zarathustra retornó a tierra firme no se fue derecho a su montaña y a su caverna, sino que hizo muchas excursiones, recogiendo informes de acá y de allá, de modo que, bromeando, decía de sí mismo: «He aquí un río que en sus meandros refluye hasta su nacimiento.» Pues quería saber qué se había hecho *del hombre* durante su ausencia: si había crecido, o, por el contrario, se había hecho más pequeño. Y cierto día divisó una serie de casas nuevas que le llenaron de sorpresa.

«¿Qué significan esas casas? —exclamó—. En verdad, ningún alma grande las ha puesto ahí como símbolo de sí misma.

¿Acaso las sacó de su cajón de juguetes algún niño tonto? ¡Ojalá otro niño las vuelva a meter en su caja!

Y esos aposentos y esos desvanes, ¿pueden ahí entrar y salir *hombres*? Parécenme casas de muñecas, o de gente golosa que se deja engolosinar.»

Y Zarathustra se detuvo a reflexionar. Al fin exclamó con tristeza:

«¡Todo se ha empequeñecido! Solamente veo puertas bajas. Los de mi estirpe todavía pueden quizá pasar, pero tienen que agacharse.

¡Oh, cuándo regresaré a mi patria, donde ya no *tengo que* agacharme —donde no tengo que agacharme *ante los pequeños*!»

Y Zarathustra miró al horizonte y exhaló un hondo suspiro. Aquel mismo día pronunció su discurso sobre la virtud empequeñecedora.

II

«Atravesé las calles del pueblo con los ojos bien abiertos. Esas gentes no me perdonan que no envidie sus pequeñas virtudes.

Quieren morderme porque les digo: "Las gentes pequeñas *necesitan* virtudes pequeñas"; ¡y porque me resulta duro que sean necesarias virtudes pequeñas!

Me encuentro aquí como gallo en corral ajeno: las gallinas me persiguen a picotazos, pero no guardo rencor por ello a esas gallinas.

Soy indulgente con ellas, como con cualquier pequeña molestia: mostrarse espinoso con los pequeños me parece un comportamiento digno de erizos.

Todos hablan de mí cuando por las noches se reúnen en torno al hogar; todos hablan de mí, pero nadie piensa en mí.

Tal es el nuevo silencio que he aprendido: el ruido que en torno mío promueven tiende un manto sobre mis pensamientos.

Murmuran entre dientes: "¿Qué querrá de nosotros esa nube negra? ¡Con tal que no nos traiga la peste!"

Hace poco una mujer tiró con violencia de su hijo, que quería acercárseme: "¡Sacad de aquí a los niños! —gritó—. ¡Esos ojos queman las almas de los niños!"

Cuando yo hablo ellos estornudan: creen prevenirse así contra los fuertes vientos. ¡No adivinan nada del rugir de mi dicha!

"No tenemos tiempo para Zarathustra", pretextan. Pero ¿qué importa un tiempo que "no tiene tiempo" para Zarathustra?

Aun cuando me glorifican, ¿cómo podría yo dormir sobre *sus* elogios? Sus aplausos son para mí un cilicio que, aun después de arrojarlo, me mortifica.

También esto aprendí entre ellos: quien alaba se imagina que devuelve; mas en el fondo quiere que se le dé más.

Preguntad a mis pies si les gusta esa manera de encomiar y de atraer.

En verdad, a ese son y compás no quieren ni danzar ni estarse quietos.

Hacia la pequeña virtud quisieron atraerme, y encomiármela; hacia el compás de la felicidad pequeña quisieron arrastrar mis pies.

Paso por en medio de este pueblo y mantengo los ojos abiertos; están empequeñecidos, y siguen empequeñeciéndose: *y esto se debe a su doctrina sobre la felicidad y la virtud*.

Pues también son modestos en su virtud, por cuanto quieren comodidades; y solamente una virtud pequeña es compaginable con las comodidades.

Sin duda aprenden también a caminar a su manera y a marchar hacia delante, en lo que yo llamo *renquear*: de ahí que se conviertan en obstáculos para cuantos tienen prisa.

Hay incluso quienes caminan hacia delante mirando hacia atrás, y estirando el pescuezo: ¡a ésos me gusta atropellarlos!

Piel y ojos no deben ni mentirse ni desmentirse mutuamente. No obstante, ¡abunda tanto la mentira entre las gentes pequeñas!

Algunos de ellos quieren, mas la mayor parte se dejan querer. Algunos de ellos son sinceros, pero los más son malos cómicos.

Hay entre ellos cómicos sin saberlo y cómicos sin quererlo: enorme es la rareza de los sinceros, en especial de los comediantes sinceros.

Los hombres escasean; por eso se masculinizan las mujeres. Pues sólo quien sea lo bastante hombre podrá *redimir* en la mujer a la *mujer*.

Y ésta es la peor de las hipocresías que hallé entre ellos: incluso quienes mandan, fingen las virtudes de los que obedecen.

"Yo sirvo, tú sirves, nosotros servimos", así salmodian esos hipócritas gobernantes. ¡Ay, cuando el primer señor no es *sino* el primer servidor!

Ay, también en sus hipocresías se extravió volando mi

mirada curiosa: y adiviné toda su felicidad de moscas al advertir sus zumbidos en torno a las vidrieras soleadas.

Donde veo bondad veo debilidad; donde veo justicia o misericordia, veo debilidad.

Redondos, justos y bondadosos son los unos para con los otros: como son redondos, justos y bondadosos los granos de arcilla frente a los granos de arcilla.

Contentarse con una pequeña felicidad, ¡a eso llaman "resignación"! Y a la par miran de soslayo a una pequeña felicidad nueva.

Lo que en el fondo buscan es simplemente una cosa: que nadie les dañe. Por ello son amables con todos, y a todos benefician. Mas eso es *cobardía*, aun cuando se le llama "virtud".

Y cuando quieren hablar con dureza, *yo* solamente oigo su ronquera —la menor ráfaga de aire, en efecto, les enronquece.

Son taimados y sus virtudes disponen de ágiles dedos: pero les faltan los puños, sus dedos no saben esconderse detrás de sus puños.

Virtud es, para ellos, cuanto amansa y cuanto domestica: así han hecho del lobo un perro, y del hombre mismo el mejor animal doméstico del hombre.

"Nosotros ponemos nuestro asiento en el *medio* —dicen, entre sonrisitas—, a igual distancia de los gladiadores moribundos y de los cerdos ahítos." Pero eso es: —¡Mediocridad!, aun cuando se le llame "moderación".

III

Paso por en medio de este pueblo y dejo caer algunas palabras, que ellos no saben recoger ni retener.

Les extraña que yo no haya venido a anatematizar placeres y vicios: y, en verdad, tampoco he venido a prevenirles contra los cacos.

Igualmente les extraña que no haya venido yo a limar o aguzar aún más su sutileza, ¡como si no tuvieran ya suficiente número de listos, cuyas voces rechinan como pizarrines en mis oídos!

Y cuando les grito: "¡Arrojad de vosotros esos pusilánimes diablillos que lleváis dentro, siempre dispuestos a gimotear, a cruzar las manos y adorar!", ellos claman: "¡Zarathustra es un ateo!"

Y quienes más gritan así son sus predicadores de resignación. Mas precisamente a ésos me complace gritarles al oído: "¡Sí, yo *soy* Zarathustra, el ateo!"

¡Vaya con los predicadores de resignación! Dondequiera que hay pequeñeces, y enfermedades, y tiña, allí aparecen arrastrándose como piojos: y sólo el asco que me dan me impide aplastarles.

Pues bien, voy a dedicar a *sus* oídos este sermón:

Yo soy, en efecto, Zarathustra el ateo; el que dice: ¿quién es más ateo que yo, que me permita disfrutar de sus enseñanzas?

Yo soy Zarathustra, el ateo: ¿dónde encontraré a mis iguales, a aquellos que se dan a sí mismos su propia voluntad, y rechazan toda resignación?

Yo soy Zarathustra, el ateo, y cuezo en *mi* puchero cuanto es azar: y solamente cuando el azar está ya cocido, lo pruebo, para convertirlo en *mi* sustento.

En verdad, más de un azar ha llegado hasta mí con arrogancia, pero *mi voluntad* se mostró aún más arrogante —y entonces suplicó de rodillas, implorando para encontrar en mí amistoso cobijo, y diciendo insinuante: "¡Mira, Zarathustra, cómo sólo el amigo viene así al amigo!"

No obstante, ¿para qué hablar, si nadie tiene *mis* oídos? Por eso quiero gritar a todos los vientos: ¡os vais empequeñeciendo más y más, gentes pequeñas! ¡Os hacéis polvo, comodones!, ¡vais a la ruina!

Y todo por vuestras muchas pequeñas virtudes, por vuestras muchas pequeñas omisiones, por vuestras muchas pequeñas resignaciones.

Demasiada indulgencia, demasiada condescendencia, tal es vuestro patrimonio, en ese suelo blando y fofo crecéis: mas para que un árbol se haga *grande* precisa también rocas duras, por entre las cuales echar raíces.

También vuestras omisiones contribuyen a tejer la tela del futuro humano; también vuestra nada es una telaraña, y una araña que se nutre con la sangre del futuro.

¡Y cuando tomáis algo sois como ladrones, pequeños virtuosos! Mas incluso entre los pillos dice el honor: "Se debe hurtar tan sólo cuando resulta imposible robar."

"Se da": tal es otra de las doctrinas de la resignación. Mas yo os aseguro, ¡oh, apoltronados!: ¡se *toma* y se tomará cada vez más de vosotros!

¡Ay, ojalá arrojaseis, bien lejos de vosotros, esos *medios* quereres, y supieseis ser decididos, tanto para la pereza como para la acción!

¡Ojalá entendieseis mi palabra! "¡Haced siempre cuanto queráis, pero sed primero de los que *pueden* querer!"

Amad al prójimo como a vosotros mismos: pero sed siempre, desde luego, de los que *se aman a sí mismos* —¡con el gran amor y el gran desdén! Así es como os habla Zarathustra el ateo.

Mas ¿para qué hablar donde nadie tiene *mis* oídos? No ha llegado aún la hora propicia para mí.

Soy entre tales gentes mi propio precursor, soy mi personal canto del gallo entre oscuras callejuelas.

Mas la hora de *ellos* se aproxima. ¡Y llega también la mía! De hora en hora se empequeñecen, se apocan, se empobrecen, se esterilizan. ¡Pobre hierba y pobre tierra!

Y pronto estarán ante mí, como hierba seca y como rastrojo: ¡fatigados de sí mismos, y sedientos, más que de agua, de fuego!

¡Oh, hora bendita del rayo! ¡Oh, secreto del mediodía! ¡Un día les convertiré en torrentes de fuego, en profetas con lenguas de fuego! Ellos deben un día anunciar con lenguas de fuego: "¡Llega, se acerca el gran mediodía!"»

Así habló Zarathustra.

EN EL MONTE DE LOS OLIVOS

El invierno, mal huésped, se ha aposentado en mi casa. Tengo las manos moradas por los estrujones de su amistad.

Yo honro a este huésped maligno, pero me complace dejarle solo y zafarme de él: ¡y si se corre *bien*, termina uno por zafarse!

Con pies calientes y calientes pensamientos corro hacia donde el viento calla, hacia el rincón soleado de mi monte de los olivos.

Allí hago burla de tan severo huésped, y le agradezco que mate las moscas de mi morada y silencie muchos pequeños ruidos.

Pues él no soporta el oír cómo zumba un solo mosquito, y hasta la calle deja tan solitaria que la luz de la luna tiene miedo de penetrar en ella de noche.

Es un huésped riguroso y duro, pero yo le honro; y no rezo al panzudo dios del fuego, como hacen los afeminados.

Prefiero dar diente con diente a adorar ídolos. Así lo quiere mi talante. Y, en particular, aborrezco a los ídolos humeantes y enmohecidos del fuego.

Cuando amo a alguien, le amo mejor en invierno que en verano; y, desde que el invierno se ha aposentado en mi casa, me burlo más cordialmente de mis enemigos.

Cordialmente, en verdad, aun cuando me arrastro a mi lecho: mi felicidad arrebujada sigue allí riendo y galleando, incluso mis sueños engañadores ríen.

¿Arrastrarme yo? ¡Jamás en mi vida me arrastraré ante los poderosos! Y si alguna vez mentí lo hice por amor. Por ello soy dichoso en mi cama de invierno.

Un lecho humilde me calienta más que otro lujoso, porque estoy celoso de mi pobreza: y durante el invierno es cuando mi pobreza me es más fiel.

Comienzo cada día cometiendo una mala acción, y me río del invierno con un baño frío: eso encoleriza a mi severo amigo del hogar.

También me gusta hurgar con una velita de cera, para que me otorgue al fin que el cielo salga del crepúsculo ceniciento.

Pues cuando peor soy es de madrugada, a hora primera: a esa hora en que las sogas hacen gemir las garruchas de los pozos, y los caballos relinchan en las calles grises.

Entonces aguardo impaciente a que el cielo se ilumine, el cielo invernal, de barbas de nieve, el anciano de blancos cabellos, ¡el cielo invernal, silencioso, que a menudo guarda en secreto incluso su sol!

¿Acaso aprendí de él mi largo y luminoso callar? ¿O lo ha aprendido él de mí? ¿O tal vez lo inventó, por sí solo, cada uno de nosotros?

Todas las cosas buenas tienen mil orígenes: todas las cosas buenas, locuelas y retozonas, saltan de alegría a la existencia: ¡cómo iban a hacerlo una *única* vez!

Cosa buena y alocada, llena de travesura, es también el largo silencio; y el mirar, lo mismo que el cielo invernal, desde un rostro luminoso de ojos redondos; y, lo mismo que él, guardar en secreto el propio sol y la propia indómita voluntad solar. En verdad, ese arte y esa malignidad del invierno los he aprendido muy bien.

Mi maldad y mi arte favoritos están en que mi silencio haya aprendido a no delatarme por el silencio mismo.

Haciendo ruido con palabras y con dados, me entretengo en embaucar a mis solemnes guardianes: a todos esos severos espías tengo que ocultarles mi voluntad y mis fines.

Para que nadie pueda husmear en mi interior ni en mi voluntad última, he inventado el largo silencio iluminado.

A mucho inteligente he conocido que ocultaba la faz bajo un velo y enturbiaba el agua para que no se viese a través de aquél ni debajo de ésta.

Mas precisamente los astutos y desconfiados acudían. ¡Y pescaban los peces más escondidos!

Pero los luminosos, los bravos, los diáfanos, ésos son para mí los más inteligentes de quienes callan: su hondura es tan grande, que ni el agua más límpida la muestra.

¡Oh, tú, silencioso cielo invernal, de barbas de nieve, tú, blanca cabeza de redondos ojos, que te alzas por encima de mí! ¡Oh, tú, símbolo celeste de mi alma y de su malicia!

¿Habré de esconderme como quien traga oro —para que no me abran el alma?

¿Tendré que llevar zancos, para que no reparen en mis largas piernas esos envidiosos tristones que me rodean?

Esas almas ahumadas y apolilladas, consumidas, agriadas y oxidadas, ¿cómo su envidia *podría* soportar mi felicidad?

Por eso les muestro sólo el hielo y el invierno de mis cumbres. ¡Y *no* que mi montaña se ciñe también todos los cinturones del sol!

Solamente oyen silbar mis tempestades de invierno, mas no saben que también navego por mares cálidos: como el anheloso, grave y ardiente viento del mediodía.

Compadécense de mis reveses y de mis azares, mas *mi* palabra dice: ¡Dejad venir a mí el azar, pues es inocente como un niño!

¿Cómo *podrían* soportar mi ventura, si no la rodeara de reveses y miserias invernales, de tocas de osos blancos y velos de nieve?, ¿si yo no me apiadase de su *compasión*, de la compasión de tan tristones envidiosos, si yo mismo no suspirara y no tiritara de frío ante ellos, y no me *dejara* abrigar por su compasión?

Ésta es la sabia locura y la sabia bienquerencia de mi alma, el *no ocultar* su invierno, ni sus gélidos huracanes, ni sus sabañones siquiera.

La soledad de uno es la huida propia del enfermo; la soledad de otro es la huida *ante* el enfermo.

¡Que me *oigan* tiritar y gemir ante el frío del invierno, todos esos pobres y bizcos bellacos que me rodean! ¡Con esas tiriteras y esos gemidos escapo hasta de sus confortables hogares!

¡Que giman conmigo y me compadezcan por mis sabañones! «¡En el hielo del conocimiento nos helará también
a nosotros!», así se lamentan.

Entretanto, con los pies calientes, recorro yo mi monte
de los olivos de un extremo a otro: en su rincón soleado
canto y me burlo de toda compasión.

Así habló Zarathustra.

DEL PASAR DE LARGO

Así, atravesando con lentitud muchas ciudades y pueblos, volvía Zarathustra dando rodeos a sus montañas y a
su caverna.

Y de aquí que llegó también inopinadamente ante la
puerta de la gran ciudad: mas allí salió a su encuentro un
loco cubierto de espumarajos que, con los brazos extendidos, le cerró el paso. Era el mismo loco a quien el pueblo
llamaba «el mono de Zarathustra», pues imitaba el tono y
los giros de sus discursos, y además gustaba de explotar
igualmente los tesoros de su saber. Tal loco habló de esta
suerte:

«¡Oh, Zarathustra, aquí está la gran ciudad, en la que
nada se te ha perdido, y en la que, en cambio, puedes per-
derlo todo!

¿A qué vienes a ensuciarte los pies en este lodazal?
¡Apiádate de tu piel! Más vale que escupas a las puertas de
la gran ciudad, ¡y des media vuelta!

¡Esto es un infierno para los pensamientos solitarios!
Aquí los grandes pensamientos se cuecen vivos y se redu-
cen a papilla. Aquí se corrompen todos los grandes sentimientos. ¡Aquí no llega a oírse sino el chasquido de los
sentimientos flacos y mezquinos!

¿No percibes ya el olor de los mataderos y de los bode-
gones del espíritu? ¿No exhala esta ciudad el vaho del espíritu inmolado en el matadero?

¿No ves acaso las almas colgantes, como pingajos des-
madejados y sucios? ¡Y de tales pingajos hasta componen
los periódicos!

¿No oyes cómo se trueca aquí el espíritu en un juego de palabras? ¡Un repugnante juego de palabras vomita el espíritu! ¡Y con esa agua sucia, de lavadero, componen periódicos!

Se provocan unos a otros, sin saber bien a qué. Se acaloran unos con otros, sin saber para qué. Cencerrean con sus hojalatas y tintinean con su oro.

Son fríos y buscan calor en las bebidas fuertes: se acaloran y buscan frescor en espíritus congelados. Todos ellos padecen la peste de la opinión pública.

Todos los placeres y todos los vicios hallan aquí su asiento: pero también hay aquí virtuosos, mucha virtud asalariada, mucha virtud obsequiosa, con dedos de pendolista y traseros encallecidos a fuerza de aguardar. Mucha virtud consagrada con pequeñas cruces para el pecho, y con hijos disecados rellenos de paja y faltos de culo.

Aquí hay también mucha devoción, mucho crédulo servilismo, mucho pasteleo adulador ante el Dios de los Ejércitos.

Pues *de arriba*, en efecto, gotean las condecoraciones y los salivazos magnánimos; hacia arriba se levantan deseosos los pechos desprovistos de condecoraciones.

La luna posee su corte, y la corte sus imbéciles; mas a cuanto procede de tal corte vienen a rendir culto el pueblo pordiosero, y toda obsequiosa virtud de pordioseros.

"Yo sirvo, tú sirves, nosotros servimos": así reza al príncipe toda virtud obsequiosa. ¡Para que la merecida cruz se prenda al fin al escuálido pecho!

Mas así como la luna gira en torno a todo lo terreno, así también gira el príncipe en torno a lo máximamente terreno, a saber: el oro de los tenderos.

El Dios de los Ejércitos no es el dios de las barras de oro: el príncipe propone, —¡pero el tendero dispone!

¡Yo te conjuro, oh Zarathustra, por todo lo que es en ti luz, y fuerza, y bondad! ¡Escupe a esta ciudad de tenderos, y date la vuelta!

Aquí toda sangre circula perezosa, floja, espumeante: ¡escupe a la gran ciudad, el gran vertedero donde fermenta junto todo detritus!

Escupe a la gran ciudad de las almas deprimidas y los pechos escuálidos, de los ojos febriles y de los dedos viscosos, a la ciudad de los importunos, de los insolentes, de los escritorzuelos, de los vocingleros, de los ambiciosos desenfrenados, en donde abunda todo lo podrido, desacreditado, lascivo, sombrío, carcomido, ulcerado y supurante. ¡Escupe a la gran ciudad, y date la vuelta!»

Pero al llegar a ese instante, Zarathustra interrumpió al loco cubierto de espumarajos, y le tapó la boca.

«¡Calla de una vez! —le gritó—. Hace ya tiempo que me están provocando náuseas tus palabras y tus modales.

¿Por qué has habitado tanto tiempo a orillas de la ciénaga, hasta convertirte tú mismo en rana y en sapo?

¿No corre también por tus venas una perezosa y espumeante sangre de ciénaga? ¿No es la que te ha enseñado a croar y blasfemar así?

¿Por qué no has huido al bosque, o has labrado la tierra? ¿Acaso no está el mar repleto de verdes islas?

Desdeño tu desdén: y, ya que me previenes, ¿por qué no te prevenista a ti mismo?

Solamente del amor, y no de la ciénaga, deben salir volando mi desdén y mi ave amonestadora.

Te llaman mi mono, loco cubierto de espumarajos, mas yo prefiero llamarte mi cerdo gruñón. —Con tus gruñidos echas a perder mi elogio de la locura.

¿No te hizo acaso gruñir el que nadie te *adulara* lo bastante? Por eso te aposentaste aquí, junto a esa inmundicia, para tener pretextos para gruñir, ¡y para vengarte! Pues has de saber, loco vanidoso, que todos tus espuramajos son sólo venganza. ¡Te he descubierto!

Pero tu lengua de loco *me* perjudica, incluso en aquello en lo que tienes razón. Y si la palabra de Zarathustra *tuviera* razón cien veces, ¡jamás con mi palabra tendrías *tú* — razón!»

Así hablo Zarathusta. Y contempló la gran ciudad. Suspiró, y guardó un largo silencio. Al fin, dijo:

«También a mí me produce náusea esa gran ciudad, y no sólo el loco. Ni en una ni en otro hay nada por mejorar ni por empeorar.

¡Ay de esta gran ciudad! Yo quisiera ver ya la columna de fuego que la reducirá a cenizas.

Pues tales columnas de fuego deben preceder al gran mediodía. Mas éste tiene señalado su momento y su propio destino.

Al despedirme de ti, loco, te doy este consejo: donde ya no se puede seguir amando, se debe —¡pasar de largo!»

Así habló Zarathustra. Y pasó de largo junto al loco y su ciudad.

DE LOS APÓSTATAS

I

¡Ay de mí! Todo cuanto hace poco estaba lozano y multicolor en estas praderas, ¿está ya agrio y gris? ¡Cuánta miel de esperanza he extraído de aquí para llevarla a mis colmenas!

Todos esos corazones jóvenes están ya envejecidos: no es que sean viejos, sólo están cansados, vulgares indolentes. Dicen: «Es que hemos vuelto a sentirnos piadosos.»

Aún no hace mucho que les veía salir, a primera hora, para correr con pies valientes: mas los pies de su conocer se fatigaron, ¡y ahora calumnian hasta su valentía matinal!

En verdad, más de uno, como un bailarín, hacía en otro tiempo zapatetas: la risa que hay en mi sabiduría le hacía señas. Luego se pusieron a reflexionar, y ahora les veo encorvados, arrastrándose en pos de la cruz (74).

Como jóvenes poetas, o mariposas, revolotearon en otro tiempo en torno a la luz. Algo más viejos, algo más fríos, son ahora hombres oscuros que refunfuñan acurrucados al amor de la lumbre.

¿Acaso desfalleció su corazón porque la soledad, como una ballena, me tragó? ¿Acecharían *en vano* sus oídos, anhelosos de oír, mis clarines y mis gritos de heraldo?

¡Ay! Pocos conservan en su corazón un largo valor y una larga arrogancia. Y en esos pocos, tampoco el espíritu deja de ser paciente. Pero los demás son *cobardes*.

Los demás: son siempre los más, los de todos los días, los sobrantes, los superfluos, ¡un conjunto de cobardes!

A quien es de mi estirpe le saldrán también al encuentro vivencias como las mías: sus primeros compañeros habrán de ser cadáveres y payasos.

Mas sus segundos compañeros se llamarán sus *creyentes:* un enjambre animado, mucho amor, mucha locura, mucha veneración imberbe.

Quien sea de mi estirpe, entre los hombres, no debe ligar su corazón a tales creyentes. Y el que conoce la huidiza y cobarde condición humana no debe creer en esas primaveras ni en esos prados recubiertos de flores multicolores.

Si *pudiesen* de otra manera, también *querrían* de otra manera. Las gentes de medias tintas corrompen todo el conjunto. Que las hojas se marchiten, ¡qué tiene de lamentable!

¡Déjalas caer y déjalas marcharse, Zarathustra, y no te lamentes! Es preferible que las barras con tu viento raudo.

¡Que soples a esas hojas, Zarathustra, para que todo lo *marchito* se aleje de ti, y cuanto antes!

_____

(74) Es probable que haya aquí otra alusión a Wagner. Ver n. 51.

II

«Hemos vuelto a ser piadosos», confiesan esos apóstatas; si bien algunos son demasiado cobardes para confesarlo.

A ésos les miro a los ojos, a ésos les digo a la cara, y a su sonrojo: ¡Sois de los que vuelven a *rezar!*

Pero rezar es una vergüenza. No para todos, mas sí para ti, para mí, y para cuantos tienen su conciencia también en la cabeza. ¡Para *ti* es vergonzoso rezar!

Bien lo sabes: ese demonio cobarde que llevas dentro, a quien complace juntar las manos y cruzar los brazos, y sentirse más cómodo —ese demonio cobarde te dice: «¡*Existe* un Dios!»

Pero eso te sitúa entre los oscurantistas, a quienes la luz jamás deja reposo. ¡Ahora tienes que hundir la cabeza, cada vez más, en la noche y en la bruma!

Y en verdad, has elegido bien la hora, ya que en éstas las aves nocturnas han reemprendido su vuelo. Ha llegado la hora de los seres enemigos de la luz, ha llegado la solemne hora del reposo, la hora de fiesta en la que no «se hace fiesta».

Lo oigo y lo huelo: ha llegado la hora de su cacería y de su procesión; pero no de las cacerías salvajes, sino de una caza mansa, tullida, husmeante, propia de quienes andan sin ruido y rezan sin ruido. Una caza de santurrones con mucha alma: ¡Todas las ratoneras de los corazones están de nuevo preparadas! Y cuando levanto la cortina, al instante se precipita fuera una mariposa nocturna.

¿Estaba allí, acurrucada con otra? Pues por doquier percibo el olor de pequeñas comunidades agazapadas; y donde hay conventículos, allí hay nuevos rezadores y tufillo de rezadores.

Durante noches enteras se sientan unos junto a otros, y dicen: «¡Volvamos a ser como niños, e invoquemos al

Señor!» —Con la cabeza y el estómago estragados por los devotos confiteros.

O contemplan durante largas noches alguna astuta y acechante araña con cruz, que predica también astucia a otras arañas, y enseña: «Es bueno tejer la tela al pie de las cruces.»

O se sientan durante el día a pescar con caña a orillas de la ciénaga, y con eso se creen *profundos*. ¡Mas a quien pesca donde ni siquiera hay peces, yo no le llamo siquiera superficial!

O aprenden, con fervorosa alegría, a tañer el arpa en casa de un coplero que querría insinuarse, con el arpa, en el corazón de las jovencitas, pues ya está fatigado de las viejas y de sus encomios.

O aprenden escalofríos de horror en la escuela de un docto chiflado, que aguarda en oscuras habitaciones a que se le aparezcan los espíritus, ¡mientras el espíritu escapa enteramente de allí!

O escuchan atentos a un gruñidor músico viejo y vagabundo que aprendió de la tristeza de los vientos el tono quejumbroso de sus sonidos. Ahora silba al compás del viento, y predica con tristes tonos la tristeza.

Y algunos hasta se han convertido en serenos, y solamente tocan el pito, y rondan por la noche, desvelando cosas viejas tiempo ha adormecidas.

Ayer noche, junto a las tapias del jardín, oí yo cinco palabras a propósito de cosas viejas: procedían de esos atribulados y secos viejos serenos.

«Para ser padre, no vela lo bastante por sus hijos: los padres-hombres lo hacen mejor.»

«¡Está demasiado viejo! Ya no se preocupa mucho ni poco por sus hijos», replicó el otro sereno.

«Pero, ¿*tiene* realmente hijos? Nadie puede probarlo, si no lo prueba él mismo. Hace mucho que yo querría que lo demostrara alguna vez de verdad.»

«¿Demostrar? ¿Acaso ha demostrado *ése* cosa alguna? El demostrar le es difícil; su empeño es que se le *crea*.»

«¡Sí, sí! La fe salva; la fe le salva a él; la fe en él. ¡Así son los viejos! ¡Así nos va también a nosotros!»

De ese modo conversaban los dos viejos serenos, los

dos temerosos de la luz. Y en seguida, atribulados, soplaron en sus silbatos: he ahí lo que pasó anoche, junto a las tapias del jardín.

Pero el corazón se me retorcía de risa. Quería estallar, mas no sabía hacia dónde: y se me hundió en el diafragma.

En verdad, ésta será mi muerte, ahogarme de risa al ver asnos borrachos y al oír a los serenos dudar de Dios.

¿No pasó *ya hace mucho* el tiempo de tales dudas? ¿A quién le es lícito todavía despertar de su sueño a esas cosas viejas, dormidas, temerosas de la luz?

Hace ya tiempo, en efecto, que se acabaron los viejos dioses. Y en verdad, ¡óptimo y alegre final de dioses fue el que tuvieron!

No murieron en un ocaso (75). ¡Ésa es una mentira que se cuenta! Por el contrario, encontraron su propia muerte —¡de risa!

Así ocurrió cuando cierto dios pronunció la palabra máximamente atea: «¡No existe *sino un* Dios, y no adorarás a ningún otro junto a mí!»

Un viejo dios iracundo y envidioso se propasó así.

Y todos los dioses rieron entonces, se agitaron en sus asientos, y gritaron: «¿No consiste la divinidad precisamente en que haya dioses, pero no un Dios?»

Quien tenga oídos, que oiga.

Así habló Zarathustra en la ciudad a la que amaba, y que se denominaba «la Vaca de Muchos Colores». Desde allí solamente le quedaban dos días de camino para volver a su caverna y a sus animales: y su alma se regocijaba al aproximarse su retorno.

---

(75) Nueva alusión a Wagner y su **Ocaso de los dioses.**

EL RETORNO A CASA

¡Oh, soledad, patria mía, soledad! He habitado demasiado tiempo como salvaje, en salvajes tierras extrañas, para que no retorne a ti con lágrimas.

Amenázame tan sólo con el dedo, como amenazan las madres, sonríeme como sonríen las madres, y dime sólo esto: «¿Quién fue el que en otro tiempo, como un viento de tormenta, se alejó de mí? ¿Quién exclamó al despedirse: "Demasiado tiempo hice compañía a la soledad, tanto que se me olvidó el callar?"» Esto —¿lo has aprendido ahora?

¡Oh Zarathustra, todo lo sé! Especialmente sé que tú, *uno solo*, has estado más abandonado entre las multitudes, mucho más de lo que lo estuviste a mi lado.

Una cosa es abandono y otra es soledad. ¡*Esto* lo has aprendido ahora! Y también que entre los hombres serás siempre extraño y salvaje: extraño y salvaje aun cuando te amen. ¡Pues lo que quieren ante todo es que se les trate *con indulgencia*!

Mas aquí estás en tu casa, en tu patria, en tu hogar; aquí puedes decirlo todo y presentar abiertamente tus razones. Aquí nada siente vergüenza por sentimientos íntimos o endurecidos.

Aquí todas las cosas se acercan a tus palabras entre caricias y te halagan, pues quieren cabalgar sobre tu espalda. Sobre todos los símbolos cabalgas tú aquí, hacia todas las verdades.

Aquí puedes hablar, en verdad, a todas las cosas con franqueza, sinceramente. A encomio les suena que se les hable —¡rectamente!

Mas muy otra cosa es estar abandonado. ¿Lo recuerdas, Zarathustra? Cuando tu pájaro te habló desde su rama, hallándote tú en el bosque, indeciso, sin saber adónde ir, junto a un cadáver, tú dijiste: «¡Que mis animales me guíen! Más riesgos hallé entre los hombres que entre los animales.» ¡Aquello era abandono!

¿Lo recuerdas, Zarathustra? Cuando estabas sentado en tu isla, como un manantial de vino entre cántaros vacíos, dando y repartiendo, y escanciando a los sedientos, ocurrió al fin que fuiste el único sediento entre borrachos, y por las noches te lamentabas:

¿No es más dichoso tomar que dar? ¿No es más dichoso robar que tomar? ¡*Aquello* era abandono!

¿Lo recuerdas todavía, Zarathustra? Cuando llegó tu hora más silenciosa y te arrastró lejos de ti mismo, cuando ella dijo con malvado susurro: «¡Di tu palabra, y hazte pedazos!»; cuando ella te hizo penoso todo tu aguardar y todo tu callar, y abatió tu humilde valor: ¡*aquello* era abandono!

¡Oh, soledad, patria mía, soledad! ¡Cuán dulce y tiernamente me habla tu voz!

Nada nos interrogamos el uno al otro, nada nos recriminamos; abiertos el uno para el otro, cruzamos puertas abiertas.

Porque en ti todo es abierto y claro, y las horas se deslizan aquí con pies más ligeros; pues en la oscuridad el tiempo se hace más pesado que en la luz.

Aquí se me hacen patentes todas las palabras, todas las palabras del ser: todo ser quiere aquí hacerse palabra, todo devenir quiere aquí aprender a hablar de mí.

Pero allá abajo todo hablar es vano. Allá la mejor sabiduría consiste en olvidar y pasar de largo. ¡*Esto* — lo he aprendido ahora!

Quien intente comprender todo entre los hombres, deberá atacarlo todo: mas para ello tengo yo las manos demasiado limpias.

Ya no me gusta respirar su aliento. ¡Ay, que yo haya vivido ya tanto tiempo en medio de su estrépito y de su mal aliento!

¡Oh, bendito silencio que me circunda! ¡Oh, puros aromas que me envuelven! ¡Oh, cómo este silencio aspira un aire puro a pleno pulmón! ¡Oh, cómo sabe escuchar este bendito silencio!

Pero allá abajo todo habla y nada es escuchado. Aunque alguien alardee de su sabiduría entre toques de campana, ¡los tenderos ahogan su sonido con tintineo de monedas!

Entre ellos, todo es hablar; nadie sabe ya entender. Todo cae al agua: nada entra en pozos profundos.

Entre ellos, todo es hablar: nada es llevado a término, nada se consuma. Todo es cacareo, mas ¿quién quiere permanecer callado en el nido y encobar sus huevos?

Entre ellos todo habla, todo queda triturado a fuerza de palabras, y cuanto ayer resultaba bastante duro para el tiempo y para sus dientes, cuelga hoy desgarrado y roído de los hocicos de los hombres de hoy.

Entre ellos todo habla. Todo es indiscretamente revelado. Y cuanto en otro tiempo era llamado misterio y arcano de almas profundas, hoy se halla a merced de los pregoneros de la calle y de otros charlatanes.

¡Oh, ser del hombre, extraño ser! Mueves estrépito entre oscuros callejones, pero ya te dejé rezagado: ¡Mi mayor peligro está ya a mis espaldas!

La indulgencia, la compasión, fueron siempre mi mayor riesgo: todo ser humano quiere que se sea indulgente con él, y que se le sufra.

Reteniendo las verdades, garabateando con mano necia, con corazón necio, soltando mentirijillas compasivas, así he vivido siempre entre los hombres.

Entre ellos me sentaba enmascarado, dispuesto a *desconocerme* para soportarles, y diciéndome: «¡Loco tú, que no conoces a los hombres!»

Se desaprende a conocer a los hombres cuando se vive entre ellos. Hay mucho de fachada entre los hombres. ¡Qué tienen que hacer, entre ellos, los ojos que ven lejos, que buscan lejanías!

Y cuando ellos me ignoraban, yo, necio, les trataba con más indulgencia que a mí mismo: me habitué a ser duro conmigo mismo, vengué en mí mismo, no pocas veces, aquella indulgencia.

Acribillado por moscas venenosas y corroído como la piedra por las insistentes gotas de la maldad, hallábame yo entre ellos, mientras me decía: ¡Todo lo pequeño es inocente de su pequeñez!

En particular, quienes se llaman «los buenos» me han parecido siempre las moscas más venenosas: pican con toda inocencia, mienten con toda inocencia. ¡Cómo *podrían* ser justos conmigo!

A quien vive entre los buenos, la compasión le enseña a mentir. La compasión sofoca a todas las almas libres. La estupidez de los buenos es, en efecto, insondable.

Allí aprendí a celarme a mí mismo y a celar mis tesoros: pues a todos los veía pobres de espíritu. Ésa fue la mentira de mi compasión, ¡el saber acerca de todo, el ver y oler en cada uno cuanto *bastaba* a mi espíritu y cuanto era *demasiado* para él!

A sus envarados sabios les llamaba sabios, y no envarados: así aprendí a tragarme palabras. A sus sepultureros les llamaba investigadores, y así aprendí a sustituir unas palabras por otras.

Los sepultureros enferman a fuerza de cavar. Bajo los viejos escombros duermen exhalaciones mefíticas. No debe removerse el lodo. Se debe vivir entre montañas.

Ahora mis bienaventuradas narices respiran de nuevo el aire libre de la montaña: ¡al fin se han librado del olor de todo ser humano!

Cosquilleada por la espuma del viento como por vinos espumosos, mi alma *estornuda* y brinda jubilosa: ¡salud!

Así habló Zarathustra.

DE LOS TRES MALES

I

En el sueño, en el último sueño de la mañana, hallábame hoy sobre un promontorio. Más allá del mundo, tenía en la mano una balanza, y *pesaba* el mundo.

¿Por qué me despertaría tan pronto la aurora? La muy celosa me despertó con su ardor. Siempre siente celos de los ardores de mi sueño matinal.

Mi sueño halló el mundo mensurable para quien dispone de tiempo, ponderable para un buen pesador, sobrevolable para alas vigorosas, comprensible para los divinos aficionados a enigmas, adivinable para divinos cascanueces.

Mi sueño, un navegante intrépido, mitad bajel, mitad ráfaga de viento, silencioso como las mariposas, impaciente cual el halcón, ¡cómo habría hoy hallado sin embargo sosiego y paciencia para pesar el mundo!

¿Habríale acaso alentado a ello mi sabiduría, mi riente y despierta sabiduría del día, que se burla de todos los «mundos infinitos»? Pues no en vano declara: «¡Donde hay fuerza, allí manda también el *número*, pues tiene más fuerza!»

¡Con cuánta seguridad contemplaba mi sueño este mundo finito, sin curiosidad ni indiscreción; sin temor, sin súplicas!

Como si una gran manzana se ofreciese a mi mano, una manzana de oro, de aterciopelada, fresca y suave piel, ¡así se me ofreció el mundo!

Como si me estuviera haciendo señas un árbol de luengas ramas, un árbol de firme voluntad, curvado como para ofrecer respaldo y apoyo al fatigado viajero: ¡así se erguía el mundo sobre mi promontorio!

Como si manos hermosas y gráciles me tendiesen un cofrecillo, un cofrecillo abierto para hechizar a ojos pudorosos y reverentes: ¡así se me tendía hoy el mundo!

No bastante enigmágico para espantar el amor de los hombres, no bastante claro para adormecer su sabiduría: ¡algo humanamente bueno era hoy para mí ese mundo tan calumniado!

¡Ay, qué agradecido estoy a mi sueño de madrugada, que me permitió pesar hoy, al amanecer, el mundo! Como algo humanamente bueno vino a mí ese sueño, consolador del corazón.

Y para obrar durante el día como él, para emular lo mejor suyo, quiero ahora poner en la balanza las tres cosas más malvadas que existen, y sopesarlas de modo humanamente bueno.

Quien aprendió aquí a bendecir, aprendió igualmente

a maldecir; ¿cuáles son en el mundo las tres cosas más maldecidas? Ésas son las que quiero poner en la balanza.

Voluptuosidad, ambición de dominio, egoísmo: esas tres cosas han sido hasta ahora las más maldecidas y calumniadas; a las tres quiero sopesarlas de modo humanamente bueno.

¡Adelante! Aquí se halla mi promontorio y allí el mar. *Éste* avanza hacia mí con la superficie rizada como la piel de oveja, adulador como viejo y leal perro monstruoso de cien cabezas, al que yo amo.

¡Aquí quiero sostener mi balanza sobre el mar arrollado, y a ti te elijo por testigo, oh, árbol solitario de copa frondosa e intenso aroma, árbol amado!

¿Cuál es el puente por el que pasa él ahora hacia el futuro? ¿Cuál es la coacción que obliga a lo alto para que descienda hacia lo bajo? ¿Qué es lo que manda también a lo más alto—que siga ascendiendo?

Ahora hállase la balanza en el fiel; en uno de sus platillos eché tres preguntas difíciles; tres respuestas difíciles lleva el otro platillo.

II

Voluptuosidad: para los despreciadores del cuerpo, para quienes ciñen cilicios, es su aguijón y su estaca. Como «mundo» la maldicen todos los de «más allá del mundo». Pues ella se burla y se mofa de todos los maestros de la confusión y del error.

Voluptuosidad: para la canalla es el fuego lento en que se abrasa; para la madera carcomida, para los andrajos apestosos, es horno encendido y llameante.

Voluptuosidad: para los corazones libres, algo inocente y libre, la felicidad del jardín terrenal, la rebosante gratitud de todo futuro al ahora.

Voluptuosisdad: solamente para los marchitos es un dulce veneno. Para los de voluntad de león es, en cambio, el mejor estimulante, el rey de los vinos conservado con veneración.

Voluptuosidad: la gran dicha que es símbolo de toda felicidad y toda esperanza suprema. Pues a muchas cosas les está prometido el matrimonio y algo más que el matrimonio.

A muchas cosas entre sí más extrañas que el hombre y la mujer. Y ¿quién ha comprendido plenamente *hasta qué punto* son extraños, uno para otro, el hombre y la mujer?

Voluptuosidad: pero ya basta, quiero poner un cercado en torno a mis pensamientos, y también en torno a mis palabras, para que no invadan mis jardines los cerdos ni los exaltados.

Ambición de dominio: el látigo de fuego para los más duros entre los duros de corazón; el espantoso martirio reservado al más cruel, la llama sombría de la hoguera en que arden seres vivos.

Ambición de dominio: la traba maligna impuesta a los pueblos más vanos, la que es burla de toda virtud incierta, la que cabalga sobre todos los corceles y sobre todos los orgullos.

Ambición de dominio: esa rasgadura de terremoto que rompe y disgrega todo lo carcomido, la que avanza como retumbante alud vindicador y hace pedazos todos los sepulcros blanqueados, la fulminante interrogación que emerge junto a las respuestas prematuras.

Ambición de dominio: ante su mirada se dobla, se postra y se humilla el hombre, y cae más bajo que las serpientes y los cerdos —hasta que al fin estalla en su boca el gran desprecio.

Ambición de dominio: la terrible maestra del gran desprecio, la que vocea frente a las grandes ciudades e imperios: «¡Fuera tú!», hasta que de ellos mismos sale este grito: «¡Fuera yo!»

Ambición de dominio: que, no obstante, asciende también hacia los puros y solitarios para atraerlos, y hasta las alturas que se bastan a sí mismas, ardiente como el amor que pinta en el cielo de la tierra seductoras bienaventuranzas de púrpura.

Ambición de dominio: mas ¿quién osaría llamar *ambición* a que lo alto se rebaje a desear el poder? En verdad, nada hay malsano ni ambicioso en semejantes anhelos y descensos.

¡Que la altura solitaria no se condene a soledad eterna, ni a eterna autosatisfacción, que la montaña descienda al valle y el viento de las alturas a la hondonada!

¡Ay, quién encontrara el nombre adecuado de una virtud para bautizar semejante anhelo! «Virtud dadivosa»: ese nombre dio un día Zarathustra a lo innombrable.

Y entonces ocurrió también, y, enverdad, por vez primera, que su palabra llamó bienaventurado al egoísmo, el egoísmo bueno y sano que brota del alma poderosa, del alma poderosa en cuerpo elevado, el cuerpo bello, victorioso y confortante, a cuyo derredor todo se vuelve espejo.

El cuerpo flexible y persuasivo, el bailarín, cuyo símbolo y compendio es el alma gozosa de sí misma: *Virtud* se llama a sí misma la alegría de esos cuerpos y esas almas.

Con las palabras bueno y malo se resguarda esa alegría como si se rodeara de bosques sagrados. Con los nombres de su dicha destierra de sí todo lo despreciable.

Lejos de sí destierra toda cobardía. Proclama: ¡lo malo *es* lo cobarde! Y desprecia al siempre preocupado, al gimiente, al quejumbroso, al que rebaña hasta los menores provechos.

Desprecia también toda sabiduría llorosa. Pues hay también una sabiduría que vive y florece en las tinieblas, una sabiduría de las sombras de la noche, que está siempre repitiendo entre suspiros: ¡todo es vano!

Desdeña la confianza tímida, y a todo quien prefiere los juramentos a las miradas o a las manos tendidas hacia él; y desdeña también la sabiduría demasiado desconfiada, pues ésta es patrimonio de almas cobardes.

Y sobre todo desdeña a quien se arrastra entre servilismo perrunos para complacer a otro, y se tumba panza arriba, al humilde: y existe también una sabiduría humilde, perruna, piadosa, complaciente.

Aversión y náusea le inspira quien renuncia a defenderse, quien se traga salivazos venenosos y miradas aviesas, el harto paciente, el que todo lo sufre y con todo se complace: la estirpe lacayuna.

Sobre quien es servil frente a los dioses y los puntapiés divinos, frente a los hombres y sus estupideces, ¡sobre toda esa especie de siervos escupe él, el feliz egoísmo!

Malo. Así llama a cuanto dobla las rodillas y es servil y ruin, a la mirada entornada y sumisa, a los corazones oprimidos, a aquellos falsos, indulgentes, que besan con sus anchos labios cobardes.

Pseudosabiduría. Así llama a los alardes de ingenio de los lacayos, los viejos y los agotados, ¡y en especial, a toda la perversa, desatinada, pedante necedad ingeniosa de los sacerdotes!

Mas ¡cómo ha jugado siempre malas partidas el egoísmo el juego de la pseudosabiduría de los sacerdotes, los hastiados de la vida, aquellos cuya alma es lacayuna y afeminada!

Y cabalmente debía ser virtud y llamarse virtud esto: ¡que se jugasen malas partidas al egoísmo! Todos esos cobardes, arañas cruceras, hastiados del mundo, deseaban scr, con bucnas razoncs, «no cgoístas».

Mas se acerca para todos ellos el día, la espada del juicio, el *gran mediodía*. ¡Entonces muchas cosas serán transformadas y desveladas!

Y quien llama sano y santo al yo, y bienaventurado al egoísmo, ése es el profeta que proclama lo que sabe: *¡Mirad, ya viene, ya se acerca el gran mediodía!*

Así habló Zarathustra.

DEL ESPÍRITU DE LA PESANTEZ

I

Mi boca —es del pueblo. Yo hablo demasiado francamente, demasiado groseramente para los conejos remilgados. Mas mis palabras resultan aún más extrañas a los calamares y los chupatintas (76).

Mano de necio es mi mano. ¡Ay de todas las mesas y paredes, y de todo cuanto se presta a ornamentaciones de necio, o garabatos de necio!

Pezuña de caballo es mi pie; con él pataleo y troto por montes y collados, de acá para allá, y con el placer de la carrera se me introduce el diablo en el cuerpo.

Mi estómago, ¿es, tal vez, estómago de águila?: pues lo que más me gusta es la carne de cordero. Sin duda alguna, se trata de un estómago de pájaro.

Nutrido sobriamente con cosas inocentes, dispuesto a volar, impaciente por remontar el vuelo, así soy yo. ¡Cómo no habría de tener algo de pájaro!

Por encima de todo, que yo sea enemigo del espíritu de la pesantez, eso es propio de pájaros. ¡Ay, en verdad, enemigo a muerte, enemigo nato, archienemigo! ¿Adónde no voló ya, y se extravió volando, mi enemistad?

Sobre ello podría yo entonar un cántico, y *quiero* entonarlo: aun cuando me halle solo en un hogar desierto, y deba cantar a mis propios oídos.

Cantores hay también que no tienen manos elocuentes, ni suave garganta, ni ojos expresivos, ni corazón despierto, excepto cuando su casa está llena. ¡Yo no soy *de ésos*!

---

(76) En alemán, calamar se dice «pez de tinta» **(Tintenfisch).**

II

Quien algún día enseñe a los hombres a volar habrá rebasado todas las lindes: para él, las lindes mismas quedarán disueltas en el aire, y él bautizará de nuevo a la tierra, llamándola la ligera.

El avestruz corre más de prisa que el más veloz corcel, mas también hunde pesadamente su cabeza en la pesada tierra: así le ocurre al hombre que aún no puede volar.

Tierra y vida son para él pesadas: eso es lo que *quiere* el espíritu de la pesantez. Mas quien quiera hacerse ligero y transformarse en pájaro, deberá amarse a sí mismo: así enseño *yo*.

No, en verdad, con el amor de los enfermos o de los febriles, pues entre ésos hasta el amor propio huele mal.

Hay que aprender a amarse a uno mismo con amor sano y saludable: soportar estar consigo mismo y no vagabundear de un lado a otro: así enseño yo.

Ese vagabundeo se autobautiza «amor al prójimo»: con esa expresión han venido diciéndose las mayores mentiras y cometiéndose las mayores hipocresías: y lo han hecho, en particular, quienes más pesados caían a todo el mundo.

En verdad, *aprender* a amarse a sí mismo no es un mandamiento para hoy ni para mañana. Por el contrario, es la más sutil, la más sagaz, la última y la más paciente de todas las artes.

A quien algo tiene, en efecto, cuanto tiene suele estarle bien oculto; y, entre todos los tesoros, el propio es el que más tardíamente se desentierra: ésa es la obra del espíritu de la pesantez.

Casi en la misma cuna se nos provee de palabras pesadas y de valores pesados: «bien» y «mal», así se rotula tal patrimonio. Y sólo en razón de él se nos perdona que vivamos.

Y dejamos que los niños se acerquen a nosotros para

impedirles a tiempo que se amen a sí mismos: ésa es la obra del espíritu de la pesantez.

Y nosotros —nosotros arrastramos lealmente la carga que se nos impone, sobre duros hombros y a través de ásperos montes. Cuando sudamos, nos dicen: «¡Sí, la vida es una pesada carga!»

¡El hombre es, empero, la única carga pesada para sí mismo! Y eso, porque lleva encima de sus hombros demasiadas cargas ajenas. Semejante al camello, se arrodilla para que le carguen bien.

Tal sucede sobre todo al hombre vigoroso y paciente, en el que habita la veneración: ¡demasiadas pesadas palabras ajenas, demasiados pesados valores ajenos carga sobre sí! ¡De ahí que la vida le parezca un desierto!

Y en verdad, también algunas cosas *propias* resultan pesadas de llevar. Y muchas de las cosas que habitan en el interior del hombre se asemejan a la ostra: ¡son repugnantes y viscosas, y difíciles de agarrar!

De suerte que una concha noble, con nobles adornos, se ve obligada a interceder en su favor. Y otro arte precisa también aprender: ¡el de *tener* una concha, una bella apariencia y una sabia ceguera!

En el hombre hemos errado una y otra vez acerca de algunas cosas, porque hay conchas desdeñables y tristes, ¡y demasiado conchas! Hay mucha bondad y mucha fuerza oculta que no hallan quien los sepa saborear!

Las mujeres lo saben bien, las más delicadas: algo más gruesas, algo más delgadas.— ¡Oh, cuánto destino depende de tan poca materia!

Difícil de descubrir es el hombre, y lo más difícil de todo es descubrirse a sí mismo: a menudo el espíritu miente a propósito del alma. Ésa es la obra del espíritu de la pesantez.

Mas se ha descubierto a sí mismo quien llega a decirse: ¡éste es *mi* bien y éste es *mi* mal! Merced a esas palabras he hecho callar al topo y al enano, que dicen: «Bueno para *todos*, malo para *todos*.»

En verdad, tampoco me complacen quienes tienen todo por bueno y quienes llaman a nuestro mundo el mejor de los mundos: a ésos les llamo los omnisatisfechos.

Omnisatisfacción que de todo gusta: ¡no es ése el mejor de los gustos! Yo honro las preguntas y paladares selectivos que han aprendido a decir «yo», «sí», y «no».

Mas tragárselo todo y digerirlo todo, ¡eso es realmente propio de cerdos! Decir siempre «Sí» sólo lo aprendieron los asnos y los de su especie (77).

El rojo ardiente y el amarillo intenso, eso es lo que *mi* gusto quiere: sangre procedente de todos los colores quiere mi gusto. Mas quien blanquea su casa evidencia tener también un alma blanqueada.

Unos se enamoran de momias, otros de fantasmas. Todos son, por igual, enemigos de la carne y de la sangre: ¡cómo me repugnan! ¡Pues yo amo la sangre!

No quiero seguir allí donde todos escupen: éste es *mi* gusto. Preferiría vivir entre ladrones y falsarios. Nadie tiene oro en la boca.

Pero todavía me repugnan más los serviles lamedores de escupitajos. Y al más repugnante bicho humano que hallé, le llamé «parásito»: no quiere amar, pero sí vivir del amor.

Desventurados llamo a quienes no pueden optar sino entre dos cosas: convertirse en fieras malvadas, o en malvados domadores de fieras. No quisiera alzar yo mi tienda al lado de esos tales.

Desventurados llamo a quienes se ven obligados a aguardar siempre: me repugnan esos aduaneros, y tenderos, y reyes, y demás guardianes de países o de tiendas.

En verdad, también yo aprendí a aguardar, y mucho; pero sólo a aguardarme *a mí mismo*. Y aprendí a estar en pie y a caminar, a correr y a saltar, a trepar y a bailar por encima de todas las cosas.

Pues mi doctrina es ésta: quien quiera aprender a volar algún día, *tiene* que aprender antes a tenerse en pie, a caminar, a correr, a saltar, a trepar y a bailar. ¡Volar no es algo que se aprenda al vuelo!

_____

(77) En alemán, sí (**Ja**) se pronuncia igual que la onomatopeya que expresa el rebuzno, «**I-A**».

Más de una ventana ha aprendido yo a escalar con escalas de cuerda: con ágiles piernas he trepado hasta los más alto mástiles. ¡Qué delicia, hallarse sentado sobre los elevados mástiles del conocimiento! ¡Llamear sobre los elevados mástiles, como llamitas, siendo ciertamente una pequeña llama, pero un gran consuelo para los navegantes y para los náufragos extraviados!

Por muchas sendas diferentes llegué yo a mi verdad, y de muchas maneras. No he subido por una *única* escala hasta las alturas desde donde mis ojos recorren el mundo.

Siempre me ha costado esfuerzo preguntar por caminos: ¡nunca me agradó! ¡Prefería interrogar y poner a prueba los caminos mismos!

Un ensayo y una interrogación, tal fue siempre mi caminar: ¡y en verdad, también precisa *aprender* a contestar las preguntas! Éste es — mi gusto; no bueno, ni malo, sino *mi* gusto, del que no me avergüenzo, ni lo oculto.

«Éste es *mi* camino. ¿Dónde está el vuestro?» Así respondía yo a quienes me preguntaban por «el» camino. Pues *el* camino, en efecto — ¡no existe!

Así habló Zarathustra.

DE LAS VIEJAS Y NUEVAS TABLAS (78)

I

Aquí sentado aguardo, rodeado de viejas tablas rotas; y también de nuevas tablas a medio escribir. ¿Cuándo llegará mi hora?

La hora de mi descenso, de mi ocaso. Quiero ir una vez más al lado de los hombres.

Esto aguardo ahora. Pues antes deben llegarme los

---

(78) En su autobiográfico **Ecce homo**, Nietzsche reproduce la emoción de su «fatigosa escalada» al «nido de águilas» en la Riviera de la que nació este pasaje.

signos de que mi hora ha sonado: el león riente, con la bandada de palomas.

Entretanto, me hablo como hombre que dispone de tiempo. Nadie me relata cosas nuevas; por eso me relato a mí mismo.

II

Cuando aparecí entre los hombres, les hallé sentados sobre una vieja presunción: todos creían saber, desde hacía mucho tiempo, qué es lo bueno y qué es lo malo para el hombre.

Todo hablar en torno a la virtud les parecía cosa anticuada y enojosa. Y quien quería dormir bien, hablaba todavía de «bien» y de «mal» antes de irse a la cama.

Yo sacudí la torpeza de esos sueños cuando enseñé: «¡*Nadie sabe todavía* qué es bueno y qué es malo! ¡Nadie, excepto el creador!»

Mas éste es el que crea la meta del hombre, el que fija a la tierra su sentido y su futuro. Sólo éste *crea* el *hecho* de que una cosa sea buena y una mala.

Y les mandé derribar sus viejos púlpitos, todos los asientos de aquella presunción. Les mandé reírse de sus maestros de virtud, de sus santos, de sus poetas, de sus redentores.

Les mandé que se rieran de sus austeros sabios, y de quienquiera que alguna vez posase, como un negro espantapájaros, como un bando admonitor, sobre el árbol de la vida.

Me senté a la vera de su avenida de sepulcros, y junto a los buitres y la carroña — y me reí de todo su pasado, y del estéril esplendor de ese pasado en ruinas.

En verdad, como un predicador de penitencias o un loco, fulminé anatemas contra sus pequeñeces y grandezas. ¡Es tan mezquino incluso lo mejor de ellos! ¡Es tan mezquino incluso lo peor de ellos! De todo me reía.

Mi sabio anhelo reía y gritaba así en mí, mi anhelo nacido en las montañas, que es mi sabiduría salvaje, mi gran anhelo de alas ruidosas.

Con frecuencia, en medio de la risa, ese anhelo me transportaba lejos, por encima de las montañas, hacia la altura: volaba yo entonces estremecido de espanto, como una flecha, en un éxtasis embriagado de sol.

Hacia remotos futuros, no vistos aún por sueño alguno, hacia mediodías más ardientes de lo que jamás soñó un artista, hacia allí donde los dioses, al bailar, se avergüenzan de cualquier vestidura.

En parábolas hablo, como poeta, y cojeo y balbuceo. ¡Me avergüenzo, en verdad, de tener que seguir siendo un poeta!

Hacia allí donde todo devenir se me antojaba un baile de dioses, una travesura de dioses, y el mundo una cosa desceñida y traviesa, en busca de cobijo dentro de sí misma. Como un eterno huir de sí mismos y buscarse a sí mismos de muchos dioses, como un bendito contradecirse, oírse de nuevo, encontrarse de nuevos muchos dioses.

Hacia allí donde todo tiempo se me antojaba como una bienaventurada burla de los instantes, donde la necesidad era la libertad misma, gozosamente juguetona con el aguijó de la libertad; donde volví a encontrar a mi antiguo demonio y archienemigo, el espíritu de la pesantez, y cuanto él creara: la coacción, la ley, la necesidad, la consecuencia, la finalidad, la voluntad, el bien y el mal.

Pues ¿no *será preciso* que haya cosas *sobre* las cuales, y más allá de las cuales, se pueda bailar? ¿No tiene que haber, para que existan los ligeros, los más ligeros de todos —topos y pesados enanos?

III

Allí también recogí del camino la palabra «super-hombre», y que el hombre es algo que debe ser superado, que el hombre es un puente y no una meta: que se llama a sí mismo bienaventurado por su mediodía y su atardecer, como un camino hacia nuevas auroras. La palabra de Zarathustra sobre el gran mediodía, y todo cuanto yo he suspendido por encima de los hombres, como segundas auroras de púrpura.

En verdad, les hice ver también nuevas estrellas y nuevas noches: y sobre las nubes y el día y la noche extendí mi risa, como un velo multicolor.

Les he mostrado todos *mis* pensamientos y deseos: pensar y reunir en *unidad* todo cuanto en el hombre es fragmento, enigma y pavoroso azar.

Como poeta, adivinador de enigmas, y redentor del azar, les enseñé a ser creadores del futuro y a redimir creadoramente todo cuanto *fue*.

A redimir lo pasado en el hombre, y a transformar creadoramente todo *fue*, hasta que la voluntad diga: ¡así lo quise yo, así lo querré!

A eso llamé redención para ellos. A eso solamente les enseñé a llamar a redención.

Ahora espero *mi* redención—el ir por última vez a su lado.

Pues quiero volver aún *una vez* a los hombres: ¡entre ellos quiero hundirme en mi ocaso, y ofrecer al morir la más rica de mis dádivas!

Esto he aprendido del sol, cuando él, el inmensamente rico, se hunde en su ocaso. Entonces derrama en el mar el oro de su tesoro inagotable, y hasta el más miserable pescador rema así con remos *de oro*. Eso fue lo que vi, en otro tiempo; y no me cansé de mirar mientras miraba.

Como el sol, Zarathustra quere hundirse en su ocaso; mas ahora está sentado aquí, esperando, mientras le rodean viejas tablas rotas, y también tablas nuevas — a medio escribir.

IV

Mira, aquí hay una nueva tabla: pero ¿dónde están mis hermanos para llevarla conmigo al valle, y grabarla en corazones de carne?

Esto exige el gran amor a los más lejanos: «*¡No seas indulgente con tu prójimo!*» El hombre es algo que tiene que ser superado.

Puede llegarse a la superación por muchos caminos y muchos modos distintos. ¡Míralo tú! Pero solamente el bufón dirá: «El hombre es algo sobre lo que también se puede *saltar*.»

Supérate a ti mismo, incluso en tu prójimo. ¡Y no toleres que te concedan un derecho que puedes tú robar!

Lo que tú haces, nadie puede hacértelo a ti. Mira: no hay retribución.

Quien no *pueda* mandarse a sí mismo debe obedecer. Y hay quien sabe mandarse a sí mismo, ¡mas aún falta mucho para que también se obedezca!

V

Tal es el estilo de las almas nobles: no quieren tener nada gratis, y, menos que nada, la vida.

El plebeyo quiere vivir gratuitamente. Por el contrario, nosotros, a quienes la vida se nos dio a sí misma, pensamos siempre *qué* es lo mejor que podremos dar *a cambio*.

En verdad, es un lenguaje noble el que dice: lo que la vida nos ha prometido a *nosotros*, eso queremos *nosotros* cumplírselo a la vida.

No se debe querer gozar allí donde no damos a gozar. Y —¡no se debe *querer* gozar!

Pues el goce y la inocencia son las dos cosas más púdicas: ninguna de las dos tolera ser buscada. Hay que *tenerlas; y buscar* más bien culpa y dolores.

VI

Hermanos míos, el precursor es siempre sacrificado. Y nosotros somos precursores.

Todos nosotros derramamos nuestra sangre en aras secretas, todos nos quemamos y nos asamos en honor de los viejos ídolos.

Lo mejor de nosotros es todavía joven, y excita a los viejos paladares. Nuestra carnes es tierna y nuestra piel es piel de cordero: ¡cómo no hemos de tentar a los viejos sacerdotes de los ídolos!

Dentro de nosotros habita todavía él, el viejo que asa, para preparar un festín de lo mejor de nosotros. ¿Cómo no iban, hermanos míos, a ser sacrificadas las primicias?

Mas así lo quiere nuestra estirpe, y yo amo a los que no quieren preservarse a sí mismos. Con todo mi amor amo a quienes se hunden en su ocaso: porque pasan el otro lado.

VII

Ser veraces — ¡qué pocos *pueden*serlo! Y el que es capaz, ¡no quiere! Y quienes menos lo quieren son los buenos.

¡Ay, esos buenos! *¡Los hombres buenos nunca dicen la verdad!* Ser buenos de ese modo es una enfermedad del espíritu.

Esos buenos son dóciles, resignados, repiten en su corazón lo que otros dijeron, obedecen cordialmente. ¡Pero el que obedece *no se oye a sí mismo!*

Todo cuanto los buenos llaman malo debe aunarse, para que nazca así una única verdad, hermanos míos; ¿sois lo bastante malos para *esa* verdad?

La temeraria audacia, la larga desconfianza, el cruel no, el hastío, el cortar por lo sano, ¡cuán difícil es que se dé todo eso reunido! No obstante, es de tal semilla de la que nace la verdad.

¡Junto a la conciencia malvada ha crecido hasta ahora todo *saber*! ¡Romped las viejas tablas vosotros, los hombres del concocimiento, rompédmelas!

VIII

Cuando hay tablones tendidos sobre el agua, cuando hay puentecillos y parapetos que saltan sobre el río, entonces no se cree a nadie que diga: «Todo fluye» (79).

Hasta los imbéciles pregonan lo contrario. «¿Cómo? —dicen—. ¿Que todo fluye? ¡Pero si hay puentes y barandillas *sobre* la corriente!»

Sobre la corriente todo es sólido: los valores de las cosas, los puentes, los conceptos, todo el «bien» y el «mal» —¡todo es *sólido*!

Mas cuando sobreviene el invierno, el domador de ríos, hasta los más maliciosos aprenden a desconfiar. Y, en verdad, no son únicamente los imbéciles quienes dicen: ¿No será que todo permanece *inmóvil*? (80).

----

(79) Es la frase atribuida a Heráclito por Platón, y considerada por éste, y por toda la tradición de él dependiente, como centro de la doctrina del «devenir» del viejo presocrático, aunque hoy se insista más en la **permanencia** de ese devenir y en su **ley dialéctica** de oposición de contrarios. Nietzsche, que, como un nietzscheano posterior, exégeta entusiasta de Heráclito (O. Spengler), tiene también frecuentes y centrales intuiciones en línea con **ese otro** Heráclito, más moderno, insiste también aquí en el primer aspecto de la doctrina, la «fluidez» de todo lo real, y la falta de visión de quienes no la distinguen por su amor a lo «sólido».

(80) Alusión a Parménides y su afirmación de la absoluta inmovilidad de «lo ente». Parménides, contrafigura clásica de Heráclito e indudable amante de «lo sólido», como representante de la rancia capa de colonos conservadores de la Magna Grecia, fue el filósofo que más ilimitadamente ensalzó la «solidez», con su negación del movimiento, recordada aquí por Nietzsche, y su doctrina del ser **único**, «bien lleno» y «sin fisuras», y la verdad única, «bien redonda». Aunque también el pensamiento de Parménides, como el de Heráclito, tiene otra cara, Nietzsche encuentra aquí, naturalmente, más cómoda la pura contraposición devenir-inmovilidad.

«¡En el fondo todo está inmóvil», he aquí una verdadera enseñanza de invierno, algo bueno para un tiempo estéril, un consuelo para el letargo invernal, o para quienes se sientan tras las hogueras.

«En el fondo todo está inmóvil.» Mientras tanto, el viento del deshielo predica *lo contrario.*

¡El viento del deshielo! Un toro no uncido al arado, ¡un toro furioso y destructor que rompe el hielo con astas coléricas! Y el hielo ¡*rompe los puentecillos!*

¡Oh, hermanos míos! ¿No *fluye* todo ahora? Los parapetos y los puentecillos, ¿no han caído al agua? ¿Quién se *sostendrá* ya sobre el bien y sobre el mal?

¡Ay de nosotros! ¡Afortunados de nosotros! ¡El viento del deshielo sopla!: predicadme esto, amigos míos, por todas las calles.

IX

Existe una vieja ilusión que se llama bien y mal. La rueda de esa ilusión ha girado, hasta hoy, alrededor de adivinos y astrólogos.

En otro tiempo *se creía* en adivinos y astrólogos: por eso *se creía* que todo era fatalidad: «¡Tú debes, puesto que no puedes evitarlo!»

Pero luego se desconfió de astrólogos y adivinos, y entonces *se creyó* que todo era libertad: «¡Tú puedes, puesto que quieres!»

¡Oh, hermanos! Acerca de lo que son las estrellas y el futuro sólo ha habido hasta ahora ilusiones, ¡pero no saber! Y *por ello* sobre el bien y el mal no ha habido sino ilusiones, ¡pero no saber!

X

«¡No robarás, no matarás!» A esas palabras se llamó santas en otro tiempo: ante ellas doblaban las gentes las rodillas, y las cabezas; y se descalzaban.

Sin embargo, yo pregunto: ¿dónde hubo jamás en el mundo peores ladrones y peores asesinos que esas santas palabras?

¿No hay acaso en toda vida un robo y un asesinato? Y al santificar aquellas palabras, ¿no se asesinó a la *verdad* misma?

¿No fue una predicación de muerte la que llamó santo a lo que atacaba a la vida, y la desautorizaba? ¡Oh, hermanos míos, romped, rompedme las viejas tablas!

XI

Ésta es mi compasión por todo lo pasado: ver que ha sido abandonado. ¡Abandonado a la gracia, al espíritu, a la locura de cada generación que llega, y valora todo lo que fue como un puente hacia ella misma!

Un gran déspota podría venir, un diablo listo que violentase a su antojo todo lo pasado, por su benevolencia y por su malevolencia: hasta que lo pasado llegara a ser para él un puente, un presagio y un heraldo, un canto de gallo.

Pero éste es el otro peligro, y la otra compasión: la memoria de quien forma parte de la plebe no se remonta más que hasta los abuelos, y con esos abuelos acaba el tiempo.

De ahí que todo lo pasado quede en el abandono: pues podría ocurrir alguna vez que la plebe se convirtiera en amo y señor, y anegase todo tiempo en aguas someras.

Por eso, hermanos míos, se precisa una *nueva nobleza*, antagonista de toda plebe y de todo despotismo, una nobleza que inscriba nuevamente la palabra «noble» sobre tablas nuevas.

¡Pues precísanse muchos nobles y muchas clases de nobles *para que* exista la nobleza! Según ya en otra ocasión dije en parábola: «La divinidad consiste en que haya dioses, pero no Dios» (81).

XII

¡Hermanos míos, yo os consagro a una nueva nobleza y os la revelo! Debéis ser para mí creadores y educadores, y sembradores del futuro.

En verdad, no una nobleza que podáis comprar, como la compran los tenderos, con oro de tenderos: pues poco valor tiene todo lo que tiene un precio.

¡Que a partir de ahora sea vuestro honor no el lugar de donde venís, sino el lugar a donde vais! Vuestra voluntad y vuestros pies que quieren ir más allá de vosotros mismos, ¡que esté en eso vuestro honor!

No, en verdad, en que hayáis servido a un príncipe —¡qué importan ya los príncipes!— o en que os hayáis hecho baluarte de lo existente ¡para darle aún más solidez!

No en que vuestra estirpe se haya hecho cortesana, y hayáis aprendido a vestir con muchos colores, como el flamenco, que pasa en pie largas horas dentro de estanques poco profundos.

Pues *poder* estar en pie es un gran mérito entre cortesanos. Y todos ellos creen que será parte de la bienaventu-

---

(81) A propósito de la diatriba nietzscheana sobre el estado («Del nuevo ídolo») vimos (nota 26) una dificultad apenas superable por los exegetas nazis. Aquí queda igualmente clara otra que también hemos advertido ya antes (por ejemplo, nota 28). En el **Zarathustra**, el superhombre de Nietzsche no es tampoco un **führer**, sino un ideal (mejor o peor visto, eso ahora no importa) de **humanidad**, un destino soñado para **los** hombres; selectos, sí, y elevados, sobre «la plebe» (ver notas 19 y 20), pero hermanados; iguales, pero **varios**, nunca uniformes; y libres, no sometidos; y la sumisión que **menos** estarían dispuestos a admitir sería la sumisión al Jefe-Uno, el «monoteísmo del poder». El siguiente apartado desarrolla, con toda la coherencia y continuidad de que Nietzsche es capaz, su caracterización de esa «nobleza» soñada para «el gran mediodía».

ranza, tras la muerte, que se les *permita* estar sentados.

Ni tampoco en que un espíritu, al que llaman santo, condujese a vuestros antepasados a tierras prometidas, que *yo* no alabo: pues nada hay que alabar en la tierra que produjo el más funesto de todos los árboles: ¡la cruz!

Y, en verdad, a donde quiera que ese espíritu llamado santo condujo a sus caballeros, todas las expediciones iban precedidas de cabras y gansos, y de cruzados mentecatos.

¡No hacia atrás, hermanos míos, debe mirar vuestra nobleza, sino *adelante!* Debéis ser como proscritos de todos los países de los padres y de los antepasados (82).

El país de vuestros hijos (83) es el que debéis amar: ¡sea ese amor vuestra nobleza! El país no descubierto, el mar más remoto: a vuestras velas mando una y otra vez en su búsqueda.

En vuestros hijos debéis *reparar* el ser hijos de vuestros padres: ¡así debéis redimir todo lo pasado!

¡Yo coloco sobre vuestras cabezas esta nueva tabla!

XIII

«¿Para qué vivir? ¡Todo es vano! Vivir es trillar paja, vivir es quemarse a sí mismo, sin calentarse.»

Tales viejas cantinelas pasan aún por «sabiduría»: son rancias, y apestan a habitaciones cerradas: *por eso* se las honra más. También el moho otorga nobleza.

Así se podía hablar a los niños: ellos *rehúyen* el fuego, porque el fuego les ha quemado. Hay mucho infatilismo en los viejos libros sapienciales.

Mas quien siempre trilla paja, ¿qué derecho tiene a

---

(82) Ver nota 56.
(83) **Kinderland**, tierra de los hijos, en contraposición a **Vaterland**, «patria», pero, literalmente, «tierra del padre».

burlarse del trillar? (84). A esos necios habría que taponar-les el hocico.

Se sientan a la mesa, y nada traen consigo, ni siquiera un buen apetito: y luego vociferan blasfemando: «¡Todo es vanidad!»

Pero comer bien y beber bien, hermanos míos, no es nada *vano*. ¡Romped, rompedme las tablas de los eternos descontentos!

XIV

«Para el puro, todo es puro», dice la sabiduría popular. Mas yo os digo: «Para los puercos, todo es puerco.»

De ahí que los fanáticos y los beatos de cabeza hu-millada, los que llevan también caído el corazón, predi-quen de este modo: ¡el mundo mismo es un monstruo merdoso!

Pues todos ellos tienen marranería en el espíritu, y so-bre todo los que no se permiten tregua ni descanso mien-tras no hayan mirado el mundo *por detrás*: los «de más allá del mundo».

A ésos les grito en plena cara, aunque tenga que faltar a las conveniencias: «El mundo se parece al hombre en que tiene un trasero; — *¡eso es verdad!*»

Hay mucha mierda en el mundo: ¡*eso es cierto*! Mas no por ello es el mundo un monstruo merdoso.

La sabiduría quiere que haya en el mundo muchas co-sas malolientes: ¡la misma náusea hace crecer alas y fuer-zas que presienten los manantiales!

Incluso en los mejores hay algo que produce náusea; ¡aun el mejor sigue siendo algo que ha de ser superado!

¡Oh, hermanos míos, hay mucha sabiduría en el hecho de que en el mundo abunde la mierda!

---

(84) Trillar paja es claramente, con independencia de las palabras con que se exprese, la imagen de un trabajo **vano**, y así la ha emplea-do Nietzsche en su paráfrasis del «todo vanidad» del Eclesiastés, el «libro sapiencial» por excelencia. Pero en alemán, «trillar paja» (**Stroh dreschen**) quiere decir también «hablar tonterías», «hablar por hablar».

XV

A los piadosos de más allá del mundo les he oído hablar para sí de esta manera, y, en verdad, sin malicia ni falsía — aun cuando nada haya en el mundo más falso y más maligno:

«¡Dejad al mundo que sea el mundo, y no mováis un *solo* dedo contra eso!»

«Dejad que quien quiera estrangule y apuñale, y saje, y degüelle a **quien** quiera, y no mováis un *solo* dedo contra eso! ¡Eso enseña a renunciar al mundo!»

«Y tu propia razón... ¡a ésa debes tú mismo agarrarla del cuello y estrangularla, pues es una razón mundana! Y así aprenderás tú mismo a renunciar al mundo.»

¡Romped, rompedme, hermanos míos, esas viejas tablas de los piadosos! ¡Destruid con vuestra palabra las palabras de los calumniadores del mundo!

XVI

«Quien mucho aprende, desaprende todos los deseos violentos», eso se susurran hoy las gentes unas a otras por todas las callejuelas oscuras.

«La sabiduría fatiga, nada vale la pena, no debe haber deseos»: yo he hallado esta nueva tabla (85) colgada hasta en la plaza del mercado.

¡Rompedme, hermanos míos, rompedme también esta *nueva tabla*! La han colgado los hastiados del mundo, los predicadores de la muerte, y también los carceleros, ¡pues es también una predicación en pro de la esclavitud!

Han aprendido mal, y no las mejores cosas. Todo demasiado inmaduro y demasiado aprisa; y han comido mal, y se les ha estropeado el estómago.

---

(85) Alusión a la filosofía de Schopenhauer, que renovó esa «antigua sabiduría».

Un *estómago* indigestado es, en efecto, su espíritu: él es quien les *aconseja* la muerte, pues, a decir verdad, hermanos míos, el espíritu *es* un estómago.

Fuente de alegría es la vida. Mas para aquel en quien habla un estómago indigestado, padre de la tribulación, todas las fuentes estánm emponzoñadas.

Conocer: eso es un *placer* para quien tiene voluntad de león. Mas el fatigado sufre el yugo de una voluntad extraña, y todas las olas juegan con él.

Así sucede siempre a los débiles: se extravían en su camino. Y, al final, su fatiga todavía pregunta: «¿Para qué hemos caminado? ¡Todo es igual!»

A esas gentes les complace oír la predicación: «Nada merece la pena! ¡No hay que querer! Mas ésa es una predicación en pro de la esclavitud.

¡Oh, hermanos míos, Zarathustra llega como un viento fresco e impestuoso para todos los fatigados del mundo! ¡Hará estornudar aún a muchas narices!

Mi aliento de libertad sopla también a través de los muros, y penetra hasta las cárceles y los espíritus encarcelados.

El querer hace libres, ya que querer es crear: así enseño yo. Y ¡solamente para crear debéis aprender!

Y también de mí debéis *aprender* a aprender, a aprender bien. ¡Quien tenga oídos para oír, oiga!

XVII

La barca está presta: quizá bogando hacia la otra orilla nos lleve hacia la gran nada. ¿Quién querrá embarcarse en ese «quizá»?

¡Ninguno de vosotros quiere embarcarse en la barca de la muerte! ¿Cómo, entonces, os las dais de *cansados del mundo*?

¡Cansados del mundo! ¡Y ni habéis llegado a desprenderos de la tierra! Siempre os hallé ávidos de tierra, enamorados de vuestra misma fatiga de la tierra.

No en balde os cuelga el labio: ¡sobre él gravita todavía un deseíllo de tierra! Y en vuestros ojos, ¿no flota una nubecilla de placeres terrenos no olvidados?

Menudean en la tierra los buenos inventos; unos útiles, otros agradables; por ellos resulta amable la tierra.

Y muchas cosas están tan bien inventadas que, como los pechos de las mujeres, son útiles y agradables a la vez.

Pero vosotros, los cansados del mundo, vosotros, los que sentís pereza de la tierra, a vosotros se os debía avivar con vergas. ¡A vergajazos había que aligeraros de nuevo las piernas!

Si no sois enfermos ni bribones decrépitos, fatigadores de la tierra, sois zorros holgazanes, o gatos golosos y agazapados. ¡Si es que no queréis *correr* de nuevo alegremente — coged el portante!

No hay que empeñarse en curar a los incurables. Así lo enseña Zarathustra, ¡por eso debéis coger el portante!

Pero se precisa más *valor* para poner punto final que para hacer un verso nuevo: esto lo saben bien todos los médicos y todos los poetas.

XVIII

¡Oh, hermanos míos! Existen tablas creadas por el cansancio y tablas creadas por la pereza. Aun cuando hablan del mismo modo, quieren ser oídas de modo distinto.

¡Mirad a ese que languidece! ¡Sólo un palmo le separa de su meta! No obstante, a causa de la fatiga, se ha tumbado tercamente en la arena. ¡Es un valiente!

Fatigado bosteza del camino y de la tierra, y de su meta, y de sí mismo: no quiere dar un paso más. ¡Es un valiente!

Ahora el sol clava sus dardos en él, le abrasa; y los perros lamen su sudor: mas allí está, tumbado tercamente, y prefiere languidecer, ¡desmayarse a un palmo de su meta! En verdad, habría que llevarle arrastrándole por los pelos hasta su mismo cielo. ¡Es un héroe!

Mejor será dejarlo tirado ahí donde se tumbó, hasta que le llegue el sueño, el consolador, con una lluvia refrescante.

¡Dejadle acostado hasta que se despierte por sí mismo, hasta que renuncie a su fatiga y a lo que en él enseñaba fatiga! Pero ahuyentad de él a los perros, a los hipócritas perezosos, y a todo ese enjambre de sabandijas de los «cultos» que se regala con el sudor de los héroes.

XIX

Yo trazo en torno mío círculos y fronteras sagradas: cada vez son menos quienes ascienden conmigo montañas cada vez más elevadas. Yo elevo una cadena de montañas cada vez más santas.

Mas dondequiera que subáis conmigo, hermanos míos, ¡cuidad de que no suba con vosotros un *parásito!*

Un parásito: un gusano rastrero y sinuoso que quiere engordar con todos vuestros rincones enfermos y heridos.

Su arte estriba en *esto*, en adivinar cuál es el lugar fatigado en las almas que ascienden. En vuestra aflicción y en vuestro descontento, en vuestro delicado pudor, construye él su nido nauseabundo.

En donde el fuerte es débil y el noble es demasiado indulgente, allí construye él su nido nauseabundo: el parásito mora allí donde el grande tiene rinconcillos heridos.

¿Cuál es la especie de seres más elevada y cuál es la más rastrera? El parásito es la especie más rastrera, pero el de la más noble estirpe es quien más parásitos nutre.

Pues el alma que posee la escala más larga y que puede descender hasta lo más bajo, ¿cómo no llevaría consigo sus parásitos?

El alma más vasta, que puede correr, extraviarse y errar más lejos dentro de sí misma: la más necesaria, la que por placer se precipita en el azar. —

El alma que se sumergen en el devenir, el alma que posee y *requiere* sumergirse en el querer y en el desear, el alma que huye de sí misma y se alcanza a sí misma en el más vasto círculo, el alma más sabia, a quien la locura invita más dulcemente.—

El alma que más se ama a sí misma, en la que todas las cosas tienen su ascenso y su descenso, su flujo y su reflujo. ¡Oh, cómo el alma más elevada no había de tener los peores parásitos!

XX

Hermanos míos, ¿me mostraré cruel si os digo: a lo que está cayendo debe dársele, además, un empujón?

Todas las cosas de hoy están *cayendo*, decaen: quién querría sostenerlas! Pero yo, por mi parte, ¡*quiero* darles además, un empujoncito!

¿Conocéis la voluptuosidad que hace rodar las piedras en profundidades cortadas a pico? ¡Mirad a esos hombres de hoy, cómo ruedan hacia mis profundidades!

Yo soy un preludio de mejores actores, hermanos míos, y un ejemplo. ¡Obrad según mi ejemplo!

A quien no le enseñéis a volar, enseñadle ¡a *caer más de prisa!*

XXI

Yo amo a los valientes. Mas no basta con ser una buena espada: ¡precisa, además, saber a quién se hiere!

Y muchas veces hay más valor en contenerse y pasar de largo, *con el fin* de reservarse para un enemigo más digno.

Sólo debéis tener enemigos dignos de odio, pero no enemigos dignos de desprecio. Tenéis que estar orgullosos de vuestro enemigo. Esto ya os lo enseñé una vez.

¡Amigos míos, precisa que os reservéis para un enemigo más digno! Por eso debéis pasar de largo junto a muchas cosas, sobre todo junto a mucha chusma, que os apedrearía los oídos con ruidos de pueblo y de pueblos.

¡Guardad vuestros ojos de su pro y de su contra! Hay allí mucha justicia y mucha injusticia: quien se detiene a mirar, pierde la paciencia.

Ser espectador y golpear en la masa son aquí *una misma* cosa. ¡Marchaos, pues, a los bosques, y que reposen vuestras espadas!

¡Seguid *vuestros* caminos! ¡Dejad que el pueblo y los pueblos sigan los suyos! ¡Caminos oscuros, en verdad, en los que no brilla ya ni *una sola* esperanza!

Reine el tendero allí donde todo cuanto brilla es tan sólo oro de tenderos. ¡No es ya tiempo de reyes! ¡Lo que hoy se llama a sí mismo pueblo, no merece un rey!

Ved cómo esos pueblos actúan ya como los tenderos: ¡recogen todas las barreduras, en busca de las más mínimas ventajas!

Se espían y se acechan unos a otros, y a eso llaman «buena vecindad». ¡Oh, dichosos tiempos remotos en los que algún pueblo se decía: «Yo quiero ser señor de otros pueblos»!

Pues, hermanos míos, lo mejor debe dominar, y lo mejor *quiere* también dominar. Y donde se enseña otra cosa, allí *falta* lo mejor.

XXII

Si a *ésos* se les diera el pan gratis, ay, ¿tras de qué andarían gritando? Su sustento es su entretenimiento. ¡Y la vida debe serles dura!

Son animales de presa; en su *trabajar* hay también robo, en su *merecer* hay también trampa. ¡Por eso la vida debe serles dura!

Deben volverse mejores animales de presa, más sutiles y más inteligentes, más *semejantes al hombre*. El hombre es, en efecto, el mejor animal de presa.

A todos los animales ha robado ya sus virtudes el hombre: por eso para el hombre la vida és más dura que para todos los demás.

Únicamente los pájaros se hallan aún por encima de él. Y, cuando el hombre aprenda a volar, ay, ¿hasta qué altura volará su rapacidad?

XXIII

Así quiero yo al hombre y la mujer: el uno apto para la guerra, la otra apta para parir; pero ambos aptos para bailar con la cabeza y con las piernas.

¡Y que el día que no hayamos danzado al menos una vez se considere perdido para nosotros! ¡Y que sea falsa para nosotros toda verdad en la que no haya habido al menos una carcajada!

XXIV

Poned cuidado en el modo de anudar vuestro matrimonio, poned cuidado en que no constituya un mal nudo. Si habéis anudado con demasiada rapidez, de ahí se sigue el rompimiento (86).

¡Y vale más romper el matrimonio que torcerlo, que mentirlo! He aquí lo que me dijo una mujer: «Es verdad que he roto el matrimonio; pero el matrimonio me había roto antes a mí.»

Siempre he visto que los mal casados eran los peores vengativos. Hacen pagar a todo el mundo el que ellos no pueden ya andar sueltos y correr por separado.

Por eso quiero que los de buena fe se digan uno a otro: «Nosotros nos amamos. ¡*Veamos* si podemos seguir amándonos! ¿O será una equivocación nuestra promesa?

---

(86) **Ehe-brechen**, literalmente «romper el matrimonio», significa cometer adulterio **(Ehebruch).**

Dadnos un plazo, un matrimonio breve, para que veamos si somos capaces del gran matrimonio. ¡Estar dos juntos siempre es una gran cosa!»

Así aconsejo a los de buena fe. Si aconsejara de otra suerte, ¿qué sería de mi amor al superhombre y a todo cuanto debe venir?

No sólo a propagaros al mismo nivel, sino a propagaros hacia arriba. ¡Que a eso os ayude el jardín del matrimonio!

XXV

El que ha llegado a conocer los viejos orígenes, acabará por buscar los manantiales del futuro, y nuevos orígenes.

Oh, hermanos míos, no pasará mucho tiempo sin que broten *nuevos pueblos*, y sin que nuevos manatiales rujan en nuevas simas.

Pues el terremoto ciega muchos pozos y produce sequía, mas también saca a la luz fuerzas interiores y secretas.

El terreno descubre nuevos manantiales. En el terremoto de los viejos pueblos hacen erupción manantiales nuevos.

Y si alguien grita entonces: «¡He aquí *un pozo* para muchos sedientos, *un* corazón para muchos anhelosos, *una* voluntad para muchos instrumentos!», en derredor suyo se reúne *un pueblo*, es decir, muchos experimentadores.

Quién puede mandar, quién ha de obedecer: eso *es lo aquí experimentado.*

¡Ay, con cuánto investigar, y con cuánto adivinar, y fallar, y aprender, y ensayar de nuevo!

La sociedad de los hombres es un experimento, así lo enseño yo, una larga búsqueda: ¡y busca al que manda!

¡Un experimento, hermanos míos, y *no* un «contrato»! ¡Romped, rompedme esas palabras de corazones pusilánimes y de amigos de componendas!

XXVI

¿Dónde reside, hermanos míos, el máximo peligro para todo futuro de los hombres? ¿No es acaso en los buenos y justos?, ¿en aquellos que hablan y sienten en su corazón: «Nosotros sabemos ya lo que es bueno y justo, y lo poseemos, ¡ay de quien continúe buscando!»?

Por mucho mal que puedan hacer los malos, ¡el daño más nocivo es el daño de los buenos!

Y por mucho daño que puedan hacer los calumniados del mundo, ¡el daño de los buenos es el más nocivo de todos los daños!

Hermanos míos, hubo una vez que alguien miró al corazón de los buenos y justos y dijo: «Son fariseos.» ¡Mas nadie le entendió!

A los buenos y justos no les era dado entenderle: su espíritu está siempre prisionero de su buena conciencia. ¡La estupidez de los buenos es insondablemente sabia!

Mas la verdad es ésta: es *forzoso* que los buenos sean fariseos: ¡no pueden optar! ¡Es *forzoso* que los buenos crucifiquen a quien se inventa su propia virtud! Tal *es* la verdad.

Mas el segundo en descubrir su país, el país, el corazón y la tierra de los buenos y justos, ése pregunta: ¿a quién es al que más odian?

Al *creador* es a quien más odian: al que rompe las tablas de los viejos valores, al destructor, a ese que llaman delincuente.

Porque los buenos no *pueden* crear: son siempre el principio del fin. Crucifican a quien inscribe nuevos valores en tablas nuevas, sacrifican el futuro *a sí mismos*, ¡crucifican todo el futuro de los hombres!

Los buenos—han sido siempre el principio del fin.

XXVII

¿Habéis comprendido también, hermanos míos, esta palabra? ¿Y lo que dije una vez sobre el último hombre?

¿En quiénes reside el mayor peligro para todo el futuro de los hombres? ¿No es en los buenos y justos?

¡Romped, rompedme a los buenos y justos! ¿Habéis comprendido también esta palabra, hermanos míos?

XXVIII

¿Huis acaso de mí? ¿Sentís medio? ¿Tambláis al oír mi palabra?

Cuando os mandé, hermanos, que me rompierais a los buenos, y las tablas de los buenos, ¡entonces embarqué al hombre en su alta mar!

Y ahora llegan a él el gran terror, la gran mirada inquieta, la gran dolencia, la gran náusea, el gran mareo.

Los buenos os han mostrados costas engañosas y falsas seguridades: en mentiras de los buenos habéis nacido y os habéis cobijado. ¡Los buenos han desnaturalizado y falseado todas las cosas, hasta sus raíces!

Mas quien ha descubierto el país «hombre» ha descubierto también el país «futuro de los hombres». Ahora tenéis que ser mis marineros, bravos y pacientes.

¡Marchad derechos y a compás, hermanos míos, aprended a caminar erguidos! El mar está rugiendo: muchos quieren servirse de vosotros para erguirse de nuevo.

El mar está bramando y todo está en el mar: ¡en marcha, pues, viejos lobos de mar!

¡Qué importa el país de los padres! Nuestro timón quiere dirigirse hacia *el país de nuestros hijos.* ¡Hacia allá se lanza, más fogoso que el mar, nuestro gran anhelo!

XXIX

«¿Por qué tan duro? —dijo un día el carbón del fogón al diamante—, ¿no somos acaso parientes cercanos?»

¿Por qué tan blandos?, os pregunto *yo* a vosotros, hermanos míos: ¿acaso no sois mis hermanos?

¿Por qué tan blandos, tan dóciles, tan prestos a ceder? ¿Por qué hay tanta renuncia, tanta abdicación en vuestros brazos? ¿Por qué tan poco destino en vuestra mirada?

Mas si no queréis ser destinos inexorables, ¿cómo podríais vencer conmigo?

Y si vuestra dureza no quiere levantar chispas, y cortar, y sajar, ¿cómo podríais algún día *crear* conmigo?

Pues los creadores son duros. Y bienaventuranza debéis encontrar en que vuestra mano imprima su huella sobre milenios, como sobre blanda cera. Bienaventuranza en escribir sobre la voluntad de milenios como sobre bronce, más duros que el bronce, más nobles que el bronce. Sólo lo totalmente duro es lo más noble.

Esta nueva tabla coloco sobre vosotros, hermanos: ¡haceos duros!

XXX

¡Oh, tú, voluntad mía, viraje de toda necesidad, necesidad mía! ¡Presérvame de todas las victorias pequeñas!

¡Tú, providencia de mi alma, a la que yo llamo destino! ¡Presérvame y resérvame para mi gran destino, tú que estás dentro de mí, tú que estás por encima de mí!

Y tu última grandeza, voluntad mía ¡resérvatela para tu último instante, para que seas implacable en tu victoria! Ay, ¿quién no ha sucumbido a su victoria?

¿Qué ojo, ay de mí, o se ha oscurecido en ese crepúsculo ebrio? Ay, ¿a quién no le vaciló el pie, quién no desaprendió, en la victoria, a estar en pie?

Ojalá esté yo pronto para el gran mediodía; pronto y en sazón, como el bronce ardiente, como nube preñada de rayos, como ubre repleta de leche.

Preparado para mí mismo, para mi más oculta voluntad, como un arco ansioso de su flecha, como una flecha ansiosa de su estrella.

Como una estrella presta y madura en su mediodía, ardiente, enamorada, dichosa por las flechas del sol que la aniquilan.

Como el sol mismo, como una implacable voluntad solar, ¡dispuesto a aniquilar en la victoria!

¡Oh, voluntad, viraje de toda necesidad, *necesidad* mía! ¡Resérvame para *una* gran victoria!

Así habló Zarathustra.

EL CONVALECIENTE

1

Una mañana, poco después de su regreso a la caverna, Zarathustra saltó de su lecho como un loco, y comenzó a gritar con voz formidable, y gesticuló como si en el mismo lecho yaciese todavía alguien que no quisiera levantarse. Y la voz de Zarathustra retumbó de tan terrible modo que sus animales, espantados, acudieron a él, y de todas las grutas o escondrijos próximos a la cueva escaparon todos los animales, volando, aleteando, arrastrándose y saltando, según tuviera patas o alas. Pero Zarathustra dijo estas palabras:

¡Ponte en pie, pensamiento abismal! ¡Sube desde mi profundidad! Yo soy tu gallo y tu crepúsculo matutino, gusano adormilado, ¡levántate! Mi voz debe despertarte con su canto de gallo.

¡Arráncate los tapones de los oídos y escucha! ¡Quiero que hables! ¡Arriba, arriba! Aquí hay truenos bastantes para que hasta las tumbas aprendan a escuchar.

Y borra de tus ojos el sueño, y toda miopía, y toda ceguera. ¡Escúchame también con los ojos! Mi voz es medicina hasta para ciegos de nacimiento.

Y una vez despierto deberás estarlo para siempre. ¡No acostumbro despertar a tatarabuelas, para decirles que vuelvan a dormirse! (87).

¿Te vuelves, te desperezas, roncas? ¡Arriba, arriba! ¡No roncar, hablarme es lo que debes! ¡Quien te llama es Zarathustra, el ateo!

Yo, Zarathustra, el abogado de la vida, el abogado del sufrimiento, el abogado del eterno retorno, a ti te llamo, al más abismal de mis pensamientos.

¡Oh dicha! ¡Vienes — te oigo! ¡Mi abismo *habla*, he hecho girar a mi última profundidad para que mire hacia la luz!

¡Oh dicha! ¡Ven! ¡Dame la mano! ¡Ay! ¡Deja! ¡Ay! ¡Náusea, náusea, náusea! — — ¡Ay de mí!

II

Apenas hubo dicho Zarathustra esas palabras, se desplomó como un cuerpo muerto. Y permaneció así largo rato. Cuando volvió en sí estaba pálido y tembloroso; y siguió tendido, y durante largo tiempo no quiso comer ni beber. Prolongóse aquello siete días, pero sus animales no le abandonaron de día ni de noche, excepto que el águila remontaba de vez en cuanto el vuelo, en busca de sustento. Y lo que recogía y robaba lo depositaba en el lecho de Zarathustra. De esta forma, Zarathustra acabó por hallarse acostado entre bayas amarillas y rojas, uvas y manzanas de rosa, hierbas aromáticas y piñas. Y a sus pies había dos corderos, que el águila habia arrebatado a sus pastores con gran esfuerzo.

Por fin, al cabo de los siete días, Zarathustra se incorporó en su lecho: cogió una manzana, la olió, y le agradó

---

(87) Alusión a la escena de **Sigfrido** en el que el dios Wotan despierta por un momento a la Vieja Madre Erda.

su olor. Entonces sus animales creyeron llegada la hora de dirigirle la palabra.

«Zarathustra —dijeron—, ya hace siete días que estás con los ojos cerrados. ¿No quieres volver a alzarte sobre tus piernas?

Sal de tu cueva. El mundo te aguarda como un jardín. El viento retoza con densos perfumes que quieren llegar hasta tí, y todos los riachuelos quieren también seguirte en tu carrera.

Todas las cosas suspiran por ti, viendo que te has quedado solo durante siete días. ¡Sal de tu caverna! ¡Todas las cosas quieren ser tus médicos!

¿Ha venido acaso a ti algún nuevo conocimiento amargo y pesado? Te acostaste cual una pasta que se hincha: tu alma se ha esponjado y desbordado.»

«¡Oh, animales míos! —le contestó Zarathustra—. ¡Seguid hablando y dejadme escuchar! Vuestro parloteo me reconforta: allí donde se parlotea, el mundo me parece un jardín extendido ante mí.

¡Qué agradable es que existan palabras y sonidos! Palabras y sonidos, ¿no son acaso arcos iris y puentes de ilusión tendidos entre seres eternamente separados?

A cada alma le pertenece un mundo distinto: para cada alma, cualquier otra es un trasmundo.

Entre las cosas más semejantes es ciertamente donde la ilusión miente del modo más bello: pues el abismo más estrecho es el más difícil de saltar.

Para mí —¿cómo podría haber algo fuera de mí: ¡No existe ningún fuera! Mas los sonidos nos hacen olvidar esto. ¡Qué agradable es olvidarlo!

Nombres y sonidos, ¿no han sido regalados a las cosas para que el hombre se recree en ellas? El hablar ¿no es una dulce locura? Al hablar, el hombre baila por encima de todas las cosas.

¡Qué dulce son todo hablar y todas las mentiras de los sonidos! Los sonidos hacen bailar nuestro amor sobre arcos iris multicolores.»

«¡Oh, Zarathustra —replicaron a su vez sus animales—, para quienes piensan como nosotros todas las cosas bailan, vienen y se tienden la mano, ríen y huyen, y vuelven a venir.

Todo va y todo vuelve. La rueda de la existencia gira eternamente. Todo muere, todo vuelve a florecer: eternamente corree el año del ser.

Todo se rompe, todo se recompone. Eternamente se reedifica la misma casa del ser. Todo se despide, todo vuelve a saludarse: eternamente permanece fiel a sí el anillo del ser.

A cada instante comienza el ser: en torno a todo "aquí" gira la bola "allá". El centro está en todas partes. Curva es la senda de la eternidad.»

«Ah, bribones, organillos de manubrio —respondió Zarathustra, sonriendo nuevamente—. ¡Qué bien sabéis lo que tuvo que consumarse en siete días! ¡Y cómo aquel monstruo se deslizó en mi garganta y me estranguló! Pero de una dentellada le arranqué la cabeza y la escupí lejos de mí.

¡Y vosotros habéis compuesto con ello una canción de organillo! Mas ahora estoy aquí tendido, fatigado aún de aquel morder y aquel escupir lejos, enfermo de mi propia redención.

¿Y *habéis sido espectadores de todo eso?* ¡Oh, animales míos! ¿Acaso sois también crueles? ¿Habéis querido contemplar mi gran dolor, como hacen los hombres? Pues el hombre es el más cruel de todos los animales.

Hasta el presente, lo que más le ha hecho sentirse a gusto sobre la tierra han sido las tragedias, las corridas de toros y la crucifixiones: y cuando se inventó el infierno, ése fue su cielo en la tierra.

Cuando el gran hombre grita, el pequeño corre a su lado, con la lengua fuera de envidia; mas a eso llama su "compasión".

El hombre pequeño, sobre todo el poeta, ¡con cuánto ardor acusa a la vida con palabras! Escuchadle, mas no dejéis de oír el placer que hay en toda acusación.

¡Esos acusadores de la vida! La vida les supera con una simple mirada. "¿Me amas? —pregunta descarada—. ¡Aguarda, aguarda un poco, pues todavía no tengo tiempo para ti!"

El hombre es el animal más cruel para consigo mismo. Y en todos cuantos a sí mismos se llaman "pecadores", "cirineos" o "penitentes", ¡no dejéis de oír la voluptuosidad que se mezcla entre sus quejas y sus acusaciones!

Yo mismo, ¿acaso quiero ser con esto el acusador del hombre? ¡Oh, animales míos, el hombre necesita, para sus mejores cosas, de lo peor que hay en él! Esto es lo único que hasta ahora he aprendido.

Que el mayor mal es su mejor *fuerza* y la piedra más dura para el supremo creador: y que es menester que el hombre se haga más bueno y más malvado también.

La cruz del martirio a que yo estaba clavado no era el *saber* que el hombre es malvado, sino el que yo gritase como nadie había gritado todavía: ¡Ay, qué pequeñas son hasta sus peores maldades! ¡Ay, qué pequeñas son incluso sus mejores cosas!

El gran hastío del hombre, *eso* me estrangulaba, eso se me había atravesado en la garganta, y eso predicaba el adivino: ¡todo da igual, nada vale la pena, el saber ahoga!

Un largo crepúsculo se arrastraba cojeando delante de mí, una mortal tristeza fatigada y ebria de muerte, que hablaba bostezando: "¡Eternamente retorna el hombre del que estás hastiado, el hombre pequeño!"

Así bostezaba mi tristeza, arrastrando los pies y sin poder dormirse.

La tierra de los hombres se transformó para mí en una caverna: su seno se hundió. Todo lo vivo se convirtió para mí en podredumbre humana, en huesos, y en pasado ruinoso.

Mis suspiros estaban sentados sobre todas las tumbas humanas, y no podían ponerse en pie: mis suspiros y mis preguntas lanzaban presagios siniestros, y estrangulaban, y roían, y se lamentaban de día y de noche: "¡Ay, el hombre retorna eternamente, el hombre pequeño retorna eternamente!"

Al hombre más grande y al hombre más pequeño los he visto desnudos. Harto parecidos resultan. ¡Demasiado humano, incluso el más grande!

¡Demasiado pequeño el más grande! Ése era mi hastío del hombre; y el eterno retorno del más pequeño, ¡ése era mi hastío de toda existencia!

¡Ay, náusea, náusea, náusea» —Así habló Zarathustra, y sollozó, y tembló, pues se acordaba de su enfermedad. Pero sus animales no le dejaron proseguir.

«No sigas hablando, convaleciente —le respondieron—. ¡Sal! ¡Ve a donde el mundo te espera, como un jardín!

Sal fuera, junto a los rosales, y a las abejas, y las bandadas de palomas, y, sobre todo, junto a los pájaros cantores, para que de ellos aprendas a *cantar*. El cantar es bueno para el convaleciente: el sano prefiere hablar. Y si también el sano quiere canciones, no son las mismas.»

«¡Oh, bribones y organillos de manubrio, callad! —replicó Zarathustra, sonriendo a sus animales—. ¡Qué bien conocéis el consuelo que me inventé en estos siete días!

Tener que cantar de nuevo: *ése* fue el consuelo que me inventé, ésa mi curación. ¿Queréis sacar en seguida de eso una canción de organillo?»

«No sigas hablando, Zarathustra —volvieron a contestarle sus animales—, para el convaleciente debes preparar una nueva lira.

Mira, Zarathustra: para las canciones nuevas se necesitan liras nuevas.

¡Oh Zarathustra, canta y cubre los ruidos con tu voz, cura tu alma con canciones nuevas, para que puedas sobrellevar tu gran destino, que no ha sido aún el destino de ningún hombre!

Pues tus animales conocen perfectamente quién eres, Zarathustra, y quién has de llegar a ser. ¡Tú *eres el maestro del eterno retorno*, tal es *tu* destino!

Que hayas de ser el *primero* en enseñar tal doctrina, ¿cómo un destino así no iba a ser tu mayor peligro y tu peor enfermedad?

Mira, nosotros sabemos lo que tú enseñas: que todas las cosas retornan eternamente, y nosotros mismos con ellas, que nosotros ya hemos existido infinitas veces, y todas las cosas con nosotros.

Tú enseñas que hay un gran año del devenir, un monstruoso gran año: un monstruo de año que, a semejanza de un reloj de arena, tiene que invertirse para volver a transcurrir y vaciarse. De modo que todos estos años son idénticos unos a otros, en lo más grandes y en lo más pequeño, de modo que nosotros somos idénticos a nosotros en cada gran año, en lo más grande y en lo más pequeño.

¡Oh Zarathustra, si quisieras morir ahora, también sabemos cuál sería el lenguaje que emplearías contigo mismo! Mas tus animales te ruegan que no mueras todavía.

Hablarías entonces sin temblar, respirando feliz, pues un gran peso y un gran sofoco se te quitaría de encima, a ti, el más paciente de los mortales.

"Ahora muero y desaparezco —dirías—, y dentro de un instante seré nada. Las almas son tan mortales como los cuerpos.

Pero la cadena de causas de la que hoy soy un eslabón, volverá a producirse y me volverá a crear. Yo mismo formo parte de la serie de causas del eterno retorno.

Yo volveré, con este sol, con esta tierra, con esta águila, con esta serpiente, y *no* a una vida nueva, o mejor, o semejante: volveré eternamente a esta misma vida, idéntica, en lo más grande y en lo más pequeño, para enseñar de nuevo el eterno retorno de todas las cosas, para decir de nuevo la palabra del gran mediodía de la tierra y de los hombres,

para volver a anunciar a los hombres la venida del superhombre (88).

He dicho mi palabra, y por ella quedo hecho pedazos:
así lo reclama mi destino eterno. ¡Sucumbo como anunciador!

Ha llegado la hora en que se bendiga a sí mismo el que
se hunde en su ocaso. Así *concluye* el ocaso de Zarathustra."»

Cuando los animales hubieron pronunciado esas palabras, se callaron y aguardaron a que Zarathustra respon-
diera algo. Pero Zarathustra no oyó que ellos callaban.
Permanecía tendido tranquilamente, con los ojos cerrados,
cual si durmiera, aunque ya no dormía: porque hablaba
con su alma. Mas la serpiente y el águila, al verle tan silencioso, honraron el gran silencio que le rodeaba, y se retiraron con cuidado.

---

(88) Aquí recoge Nietzsche su anterior formulación de la doctrina
del eterno retorno (ver nota 71), y, como saliendo al paso a futuras
críticas por inconsecuencia, la anuda con su doctrina del superhombre.
La venida del superhombre no es, pues, mesiánica, ni significa un verdadero progreso, ni un hito irreversible: no «salva» del «ciclo fatal», o,
como dice en el texto, no **da paso** a una «vida nueva o mejor, o semejante», sino que desemboca de nuevo, y eternamente, «en esta misma, idéntica». Sólo que **también** en la eterna repetición de ésta, Zarathustra repetirá eternamente su anuncio del superhombre, su eterno
sí a la vida, aunque haya de ser a la vez el eterno sí a su eterna
«náusea», y a todo lo que eternamente la provoca. La pasión vitalista
que en eso pone Nietzsche es admirable, como lo es su antilógica esperanza desesperada, o «desesperación esperanzada». Y la mayor inconsecuencia no está, quizá, en el contraste «el hombre es algo que
tiene que ser superado» / «el hombre pequeño retorna eternamente»;
sino más bien en esta afirmación de la inflexible, inmutable, inamovi-
ble, «cadena de causas» y su ciclo **fatal, necesario**, que proclama el
mismo Nietzsche-Zarathustra que niega toda casualidad, y afirma
el azar, la «voluntad creadora», y el gratuito y libérrimo «bailar sobre
todas las cosas». Es como si Nietzsche permaneciera eternamente fas-
cinado y preso por el mecanicismo absoluto con que se le mostraba la
ciencia de su tiempo, y por culpa del cual, él llama a esa ciencia
«enemiga de la vida» y enemiga de la «sabiduría» (o incapaz de ésta)..., ¡para afirmar luego la vida **aceptada como** esclavizada por el
determinismo mecanicista!

DEL GRAN ANHELO

¡Oh, alma mía! Yo te he enseñado a decir «hoy», como «alguna vez» o «en otro tiempo», y a pasar bailando por encima de todo aquí, ahí, y allá.

¡Oh, alma mía! Yo te salvé de todos los rincones, yo aparté de ti el polvo, las arañas y la penumbra.

¡Oh, alma mía! Yo te lavé de todo pudor, de la virtud rinconera; y te persuadí a mostrarte, desnuda, a los ojos de sol.

Con la tempestad llamada «espíritu» soplé sobre tu mar agitado, y expulsé de él, soplando, todas las nubes, y estrangulé al estrangulador que llaman «pecado».

¡Oh, alma mía! Yo te conferí el derecho de decir no, como la tempestad; y sí, como lo dice el cielo infinito. Y ahora caminas silenciosa, como la luz, a través de las tempestades negadoras.

¡Oh, alma mía! Yo te devolví la libertad sobre lo creado y lo increado. ¿Y quién conoce como tú la voluptuosidad del futuro?

¡Oh, alma mía! Yo te enseñé el desprecio que no roe como la carcoma, el grande, el amoroso desprecio, que ama más allí donde desprecia.

¡Oh, alma mía! Yo te enseñé a persuadir, de suerte que persuades a los argumentos mismos: como hace el sol, que persuade al mar a que suba hasta su altura.

¡Oh, alma mía! Yo extirpé de ti toda obediencia, toda genuflexión, todo llamar «señor» a otro; por ello te denominé «viraje de la necesidad» y «destino».

¡Oh, alma mía! Yo te di nuevos nombres y juguetes multicolores, te llamé «destino», y «círculo de los círculos», y «ombligo del tiempo», y «campana azul».

¡Oh, alma mía! Yo di de beber a tu terruño toda sabiduría, todos los vinos nuevos, añejos y fuertes, de la sabiduría.

¡Oh, alma mía! Yo derramé sobre ti todos los rayos del sol y todas las oscuridades de la noche, y todo callar, y todo anhelo; y entonces creciste, para mí, como una viña.

¡Oh, alma mía! Inmensamente rica y grávida te encuentras ahora, como una viña, con ubres hinchadas y densos y dorados racimos, apretada y oprimida por tu felicidad, aguardando por tu gravidez y avergonzada de tu aguardar.

¡Oh, alma mía! Ya no existe un alma más amorosa, más comprensiva, más amplia que tú. ¿Dónde se reuniría el pasado con el futuro con mayor intimidad que dentro de ti?

¡Oh, alma mía! Todo te lo di, y por ti se han vaciado mis manos. Mas he ahí que ahora me dices sonriendo y llena de melancolía: ¿Quién de los dos ha de mostrarse agradecido? El que da, ¿no tiene que agradecer que reciba el que recibe? ¿Acaso el tomar no es — apiadarse?

¡Oh, alma mía! Comprendo tu melancólica sonrisa: ¡Tu abundancia misma extiende ahora sus manos llenas de afanes!

Tu plenitud mira por encima de mares rugientes, y busca y espera. El ansia inagotable de plenitud mira desde el cielo de tus ojos sonrientes.

Y en verdad, ¡oh, alma mía!, ¿quién vería tu sonrisa sin deshacerse en lágrimas? Los mismos ángeles se deshacen en lágrimas al ver la sobrebondad de tu sonrisa.

Tu bondad y tu sobrebondad no quieren lamentarse ni llorar. Sin embargo, ¡oh, alma mía!, tu sonrisa ansía lágrimas, y tu boca trémula sollozos.

¿No es todo llanto una queja, y toda queja una acusación? Así te hablas a ti misma, oh, alma mía, y por eso prefieres sonreír a desahogar tu sufrimiento.

¡A desahogar en torrentes de lágrimas todo el sufrimiento que te causa tu plenitud, todo el apremio de la vida para que vengan vendimiadores y podadores!

Mas si no quieres llorar ni desahogar en lágrimas tu melancolía purpúrea, ¡canta, oh, alma mía! Mira, yo mismo sonrío. Yo te predije esto:

Cantar, con voz rugiente, hasta que todos los mares

callen para escuchar tu anhelo, hasta que sobre mares callados y anhelantes se balancee tu barca, esa barca de oro en cuyo derredor brincan todas las cosas malas y prodigiosas, y muchos animales grandes y pequeños, y cuanto tiene prodigiosos pies ligeros para correr, por senderos de violetas, hacia el áureo prodigio, hacia la barca voluntaria y su dueño, el vendimiador que aguarda con su podadera de diamante (89).

Tú, gran liberador, ¡oh, alma mía!, el sin nombre, a quien sólo los cantos del futuro encontrarán un nombre. Y en verdad, tu aliento tiene ya el aroma de cantos futuros, tú ya ardes y sueñas, ya sacias tu sed en todos los consoladores pozos de profundos ecos, ya tu melancolía reposa en la bienaventuranza de cantos futuros.

¡Oh, alma mía! Todo te lo he dado, hasta lo último que tenía; y mis manos se han vaciado por ti. Mi última dádiva era — *¡mandarte cantar!*

Mandarte cantar: y ahora habla, di: ¿quién de nosotros tiene ahora que mostrarse agradecido? O mejor, alma mía, ¡canta para mí, canta! — ¡Y déjame que sea yo quien dé las gracias!

Así habló Zarathustra.

EL SEGUNDO CANTO DE LA DANZA

I

¡Acabo de mirar en tus ojos, oh vida! Oro he visto relucir en tus ojos nocturos, y ante esa voluptuosidad han cesado los latidos de mi corazón.

Una barca de oro he visto brillar sobre aguas de la noche, una cabeceante barca de oro que se hundía, reaparecía, y volvía a hacer señas.

---

(89) A Dionisos se le representaba a veces con la podadera en la mano. El alma de Zarathustra puede ser Ariadna, la amada del dios, figurada en la viña que le aguarda ansiosa. En los manuscritos de Nietzsche aparece previsto, en efecto, este otro título: «Ariadna», además de «El convaleciente», que prevaleció en definitiva.

A mis pies sedientos de danza lanzaste una mirada, una mirada balanceante, que reía, interrogaba, derretía.

Solamente dos veces agitaste tus crótalos con tus manos ligeras, y ya mis pies estaban ebrios de danza.

Se empinaron mis talones, los dedos de mis pies escuchaban para comprenderte: el que baila, ¿no lleva sus oídos en los dedos de los pies?

Salté a tu encuentro y huiste ante mi salto: hacia mí llamearon, como serpientes, las lenguas huidizas y voladoras de tus cabellos.

Y de un brinco me alejé de ti y de tus serpientes: entonces tú te detuviste, con los ojos henchidos de deseos.

Con miradas tortuosas me enseñas caminos tortuosos, y en éstos mi pie va aprendiendo — ¡astucias!

Te temo cuando estás cerca, te amo cuando estás lejos, tu huida me atrae y tu persucución me detiene: yo sufro, mas ¿qué no habré sufrido, gustoso, por ti?

Por ti, cuya frialdad enardece, cuyo odio seduce, cuya huida aprisiona, cuya burla conmueve.

¿Quién no te odiaría, oh, gran atadora y envolvedora, seductora, buscadora, descubridora? ¿Quién no te amaría, pecadora, inocente, impaciente, rauda como el viento, de ojos infantiles?

¿Hacia dónde me arrastras ahora, criatura portentosa, niño travieso, indómito prodigio? ¡Y otra vez ahora huyes de mí, dulce presa y niño ingrato!

Te sigo en tu danza, te sigo sin apenas distinguir a donde me llevas. ¿Dónde estás? ¡Dame la mano, un dedo siquiera!

Aquí hay cavernas y espesuras: nos vamos a extraviar. ¡Alto!, ¡deténte! ¿No ves cómo revolotean los búhos y los murciélagos?

¡Tú, búho, tú, murciélago! ¿Te burlas de mi? ¿Dónde estamos? ¡Aprendiste de los perros a aullar y ladrar!

Me gruñes cariñosamente con tus dientecillos blancos: tus ojos perversos me asaetean desde los bucles de tus melenas rizosas.

Ésta es una danza para montes y valles: yo soy el cazador. ¿Quieres tú ser mi perro, o mi gamuza?

¡Ahora acude a mi lado, más de prisa, endiablada saltarina! ¡Ahora arriba, ahora hacia el otro lado! — ¡Ay, yo mismo, al saltar, caí!

¡Oh, mírame en el suelo, tú, altanera! ¡Mira cómo imploro tu perdón! ¡Quisiera recorrer contigo caminos placenteros!

¡Senderos del amor, a través de silenciosas y multicolores espesuras, o a lo largo del lago, donde danzan y nadan pececillos dorados!

¿Estás ya fatigada? ¡Allá arriba hay ovejas y arreboles vespertinos! ¿No es hermoso dormir al son de la flauta del pastor?

¿Tan cansada estás? Voy a llevarte en brazos, ¡deja tan sólo caer los tuyos! Y si sientes sed, yo tendría con qué saciarla, ¡pero tu boca no querrá beberlo!

¡Oh, serpiente maldita, ágil, flexible, bruja escurridiza! ¿Dónde te has metido? Mas sobre mis mejillas siento las huellas de tus manos, dos manchas rojizas.

En verdad, cansado estoy de ser siempre tu estúpido pastor. Harto estoy de seguirte siempre cual cándido corderillo. ¡Ya canté para ti hasta hoy, bruja; ahora tú debes gritar para mí!

¡Al compás de mi látigo debes bailar, y gritar para mí! ¿Acaso me olvidé de mi látigo? ¡No!

II

Entonces la vida, tapándose sus delicados oídos, me respondió así:

«¡Oh Zarathustra, no restalles tan furiosamente tu látigo! Tú lo sabes bien, el ruido mata los pensamientos, ¡y ahora me están viniendo pensamientos tan delicados!

Nosotros somos dos ociosos que no hacemos ni bien ni mal. Nosotros dos hemos hallado nuestra isla y nuestra verde pradera, más allá del bien y del mal, ¡nosotros dos solos! Por ello debemos ser buenos el uno con el otro.

Y, aunque no nos amemos en el fondo de nuestros

corazones, ¿habrá que tenerse mala voluntad si no se ama de ese modo?

Y que yo amo, que te amo a veces con exceso, de sobras lo sabes: y es que estoy celosa de tu sabiduría. ¡Ay, esa loca y vieja necia de la sabiduría!

Si la sabiduría te abandonara alguna vez, ¡ay, al punto te abandonaría también mi amor!»

Después de decir eso, la vida miró pensativa hacia atrás y hacia su derredor, y añadió en voz baja:

«¡Oh Zarathustra! Tú no me eres bastante fiel. Estás muy lejos de amarme tanto como pregonas: sé que piensas abandonarme pronto.

Existe una vieja y pesada campana, muy pesada, que retumba por la noche, y sus tañidos llegan hasta tu caverna.

Cuando la oyes dar la hora a medianoche, piensas en eso de doce a una. Piensas en eso, Zarathustra, yo lo sé: ¡piensas en abandonarme!»

«Sí —respondí vacilante—, pero tú también sabes esto.» Y le susurré algo al oído, entre los mechones de sus cabellos alborotados, amarillentos y locos.

«¡Lo sabes, oh, Zarathustra! ¡Eso nadie lo sabe...!»

Entonces nos miramos uno a otro, y extendimos la mirada por el verde prado, por donde empezaba a correr el fresco atardeer, y lloramos juntos. Entonces, sin embargo, la vida me resultó más querida que lo que jamás me lo ha sido mi sabiduría.

Así habló Zarathustra.

III

¡Una!
¡Alerta, hombre!
Dos!
¿Qué dice la profunda medianoche?
¡Tres!
¡Yo dormía, yo dormía!

¡Cuatro!
¡He despertado de mi profundo sueño!
Cinco!
¡El mundo es profundo!
¡Seis!
¡Y más profundo de lo que pensaba el día!
¡Siete!
¡Profundo es su dolor!
¡Ocho!
¡El placer es más profundo aún que el sufrimiento!
¡Nueve!
¡El dolor dice: pasa!
¡Diez!
¡Mas todo placer quiere eternidad!
¡Once!
¡Quiere profunda, profunda eternidad!
¡Doce!
¡Eternidad de alegría y de dolor!

LOS SIETE SELLOS

(O: LA CANCIÓN DEL «SÍ» Y DEL «AMÉN»)

I

Si yo soy un adivino, lleno de ese espíritu vaticinador que avanza por una cresta entre dos mares; que avanza entre el pasado y el futuro, como una pesada nube, hostil a las hondonadas sofocantes y a todo cuanto no puede ni vivir ni morir; dispuesta a desgarrar su oscuro seno con el relámpago, a fulminar el rayo de luz redentora, preñada de rayos que dicen «sí» y ríen «sí», dispuesta a lanzar relámpagos vaticinadores—.

¡Bienaventurado quien tiene tal preñez, y, en verdad, quien un día ha de encender la luz del futuro, a de cernerse largo tiempo de la montaña, cual grávida tormenta!

¡Oh, cómo no iba yo a sentir anhelos de eternidad y del nupcial anillo de los anillos, el anillo del retorno!

¡Jamás hallé mujer de quien yo quisiera tener hijos, a no ser esta mujer a quien amo: pues yo te amo, eternidad!

¡Pues yo te amo, eternidad!

II

Si mi cólera profanó alguna vez las tumbas, si removió lindes y si arrojó al precipicio viejas tablas rotas;

Si alguna vez mi escarcio aventó palabras enmohecidas, si fui como una escoba para las arañas cruceras y como un viento purificador en las criptas funerarias, podridas y viejas;

Si alguna vez me senté, poseído de júbilo, donde yacen enterrados los antiguos dioses, bendiciendo y amando al mundo, junto a los monumentos de los viejos calumniadores del mundo (pues yo amo incluso los templos y las tumbas de los dioses, siempre que entre por sus requebrajadas bóvedas la mirada pura del cielo, y me gusta sentarme, como la hierba y las rojas amapolas, sobre derruidas iglesias).

¡Oh, cómo no iba yo a sentir anhelos de eternidad, y del nupcial anillo de los anillos, el anillo del retorno!

¡Jamás hallé mujer de quien yo quisiera tener hijos, a no ser esta mujer a quien amo: pues yo te amo, eternidad!

¡Pues yo te amo, eternidad!

III

Si alguna vez llegó hasta mí el hálito del soplo creador, y de esa celeste necesidad que a los mismos azares obliga a bailar la ronda de las estrellas;

Si alguna vez reí con la risa del rayo creador, al que sigue, rezongando, pero obediente, el prolongado trueno de la acción;

Si alguna vez me senté a jugar a los dados con los dioses, en la divina mesa de la tierra, de tal modo que la tierra tembló y se abrió, y arrojó resoplando ríos de fuego — pues la tierra es una mesa para los dioses, que se estremece con nuevas palabras creadoras y divinas tiradas de dados (90).

¡Oh, cómo no iba yo a sentir anhelos de eternidad y del nupcial anillo de los anillos, el anillo del retorno!

¡Jamás hallé mujer de quien yo quisiera tener hijos, a no ser esta mujer a quien amo: pues yo te amo, eternidad!

¡Pues yo te amo, eternidad!

IV

Si alguna vez bebí a grandes tragos de aquel espumoso jarro de especias y mosto donde todas las cosas están bien mezcladas;

Si alguna vez mi mano derramó lo más remoto sobre lo más próximo, y fuego sobre el espíritu, y placer sobre el dolor, y lo más malvado sobre lo bueno;

Si yo mismo soy un grano de aquella sal redentora que hace que todas las cosas mezclen bien en aquel jarro, pues existe una sal que liga lo bueno con lo malo, y hasta lo peor es digno de servir de condimento y de desbordar la espuma del cántaro.

¡Oh, cómo no iba yo a sentir anhelos de eternidad y del nupcial anillo de los anillos, el anillo del retorno!

¡Jamás hallé mujer de quien yo quisiera tener hijos, a no ser esta mujer a quien amo: pues yo te amo, eternidad!

¡Pues yo te amo, eternidad!

---

(90) Ver nota 88.

V

Si yo amo al mar y a todo cuanto al mar se parece, y le amo más cuando más iracundo me contradice;

Si dentro de mí se agita el placer del que hincha sus velas en busca de lo desconocido, y si dentro de mí se agita la pasión del navegante;

Si alguna vez mi júbilo gritó: «La costa ha desaparecido, ahora he roto mi última cadena — la inmensidad me rodea rugiente, el tiempo y el espacio centellean allá lejos para mí, ¡pongámonos en marcha, viejo corazón!»

¡Oh, cómo no iba yo a sentir anhelos de eternidad, y del nupcial anillo de los anillos, el anillo del retorno!

¡Jamás hallé mujer de quien yo quisiera tener hijos, a no ser esta mujer a quien amo: pues yo te amo, eternidad!

¡Pues yo te amo, eternidad!

VI

Si mi virtud es la virtud de un bailarín, y a menudo he saltado con ambos pies hacia un éxtasis de oro y de esmeralda;

Si mi maldad es una maldad riente, que mora entre macizos de rosas y setos de azucenas, pues dentro de la risa se reúne todo lo malvado, pero absuelto y santificado por su propia beatitud;

Y si mi alfa y mi omega es que todo lo pasado se haga ligero, todo cuerpo bailarín, todo espíritu ave — y, en verdad, ¡tal es mi alfa y mi omega!

¡Oh, cómo no iba, yo a sentir anhelos de eternidad, y del nupcial anillo de los anillos, el anillo del retorno!

¡Jamás hallé mujer de quien yo quisiera tener hijos, a no ser esta mujer a quien yo amo: pues yo te amo, eternidad!

¡Pues yo te amo, eternidad!

VII

Si alguna vez extendí sobre mí cielos apacibles y volé con alas propias, hacia cielos propios;

Si nadé retozando en profundas lontananzas de luz; y si una sabiduría alada fue el logro de mi libertad. — Y así habla la sabiduría alada: «¡Mira, no hay arriba ni abajo, ve de un lado a otro, de arriba hacia abajo, de delante hacia atrás, tú que eres ligero, — canta, no hables más! ¿No están hechas todas las palabras para los pesados? ¿No mienten todas las palabras para quien es ligero? ¡Canta y no hables más!»

¡Oh, cómo no iba yo a sentir anhelos de eternidad, y del nupcial anillo de los anillos, el anillo del retorno!

¡Jamás hallé mujer de quien yo quisiera tener hijos, a no ser esta mujer a quien amo: pues yo te amo, eternidad!

¡Pues yo te amo, eternidad!

CUARTA Y ÚLTIMA PARTE

"¿Acaso cometió alguien mayores tonterías que el compasivo? ¿Acaso algo originó en el mundo mayores sufrimientos que las tonterías de los misericordiosos?

"¡Ay de quienes aman mucho, y no tienen una estatura superior a su compasión!

"El diablo me dijo una vez: 'También Dios tiene su infierno: es su amor a los hombres.'

"Y hace poco le oí decir: 'Dios ha muerto. Su compasión por los hombres ha matado a Dios.'"

Así habló Zarathustra, II, "De los misericordiosos".

LA OFRENDA DE LA MIEL

Y volvieron a pasar meses y años sobre el alma de Zarathustra, sin que él lo advirtiese; mas su cabello se volvió blanco. Un día, sentado sobre una piedra, delante de su caverna, mirando a lo lejos en silencio —pues desde allí, se divisaba el mar, en la distancia, por encima de abismos tortuosos— sus animales, pensativos, empezaron a dar vueltas en derredor suyo, y acabaron por situarse delante de él.

«¡Oh Zarathustra! —dijeron—. ¿Es que buscas con los ojos tu felicidad?»

«¡Qué importa la felicidad! —contestó él—. Hace tiempo que no aspiro a la felicidad. ¡Aspiro a mi obra!»

Los animales hablaron de nuevo:

«¡Oh Zarathustra, dices eso como alguien que estuviera rebosante de bienes! ¿No yaces tú, acaso, en un lago de felicidad azul como el cielo?»

«¡Ah, pícaros! —replicó Zarathustra, sonriendo—. ¡Qué bien habéis elegido la imagen! Mas también sabéis que mi felicidad es pesada, y no como una fluida ola: ¡me oprime y no quiere dejarme, pegajosa como pez derretida!»

Entonces sus animales, pensativos, volvieron a dar vueltas en derredor suyo, y nuevamente se le colocaron delante. «Zarathustra —dijeron—, ¿quizá por *eso* te estás poniendo más amarillo y más oscuro de color, aunque tu cabello quiere parecer blanco y como de cáñamo? ¡Mira, estás sentado sobre tu pez!» (91).

A lo cual Zarathustra replicó riendo: «¿Qué decís, animales míos? Ciertamente he blasfemado al hablar de la pez. Lo que me sucede les sucede a todos los frutos que maduran. La miel que circula por mis venas es lo que da mayor espesor a mi sangre, y lo que hace que mi alma se torne más silenciosa.»

«¡Así será, Zarathustra —exclamaron entonces los animales, y se arrimaron a él—. ¿Y no querrás ascender hoy a una montaña elevada? El aire es allí diáfano, y hoy mejor que nunca se puede contemplar el mundo.»

Zarathustra contestó: «Sí, animales míos, me aconsejáis a maravilla y conforme a mi corazón. ¡Hoy quiero subir a una alta montaña! Mas procurad que haya allí miel a mi alcance, miel de doradas colmenas, amarilla, blanca, buena, de glacial frescura. Pues sabed que, una vez allá arriba, quiero hacer mi ofrenda de la miel.»

No obstante, cuando Zarathustra hubo llegado a la cumbre, despidió a los animales que le habían acompañado, y vio que ya estaba solo. Entonces, riéndose con toda el alma, miró en derredor suyo, y habló así:

«He aludido a ofrendas, y a ofrendas de miel. Mas eso no ha sido sino un ardid de mi discurso, y, a decir

---

(91) Nietzsche va a jugar con el doble sentido de **Pech** («pez», y «mala suerte», como en la expresión castellana «tener la negra», que tal vez podría haberse utilizado en la traducción.)

verdad, una tontería útil: aquí arriba puedo hablar con más libertad que ante los retiros de los eremitas o ante animales domésticos de eremitas.

¿Por qué hacer una ofrenda? Yo derrocho cuanto me dan, pues tengo mil manos para derrochar. ¿Cómo iba a serme lícito llamar a eso hacer una ofrenda?

Y cuando pedí miel, lo que pedía era sólo un cebo, un dulce y dorado almíbar codiciado por los osos gruñones y aun por los pájaros raros y refunfuñadores: pedía el mejor cebo, el que precisan cazadores y pescadores. Porque si el mundo es como un bosque sombrío poblado de animales, jardín delicioso para cualquier cazador furtivo, aún me parece que se asemeja más a un mar rico y sin fondo, un mar lleno de peces multicolores y de cangrejos capaces de hacer que los mismos dioses deseen volverse pescadores y echar las redes en su orilla. ¡Tan rico es el mundo en prodigios grandes y pequeños!

Y, por encima de todo, el mundo de los hombres, el mar de los hombres. A *él* lanzo yo ahora mi caña de oro, y digo: ¡ábrete, abismo del hombre!

¡Ábrete y entrégame tus peces y tus cangrejos relucientes! ¡Con mi mejor cebo pesco yo hoy para mí los más raros peces humanos!

Mi misma felicidad lanzo a lo lejos, a todas las latitudes y lejanías, entre el levante, el mediodía y el poniente, a ver si muchos peces humanos aprenden a morder el cebo y colgar de mi felicidad.

Hasta que, víctimas de mi anzuelo afilado y oculto, tengan que ascender a *mi* altura los más vistosos gobios de las profundidades, hasta el más maligno de los pescadores de hombres.

Porque yo soy *eso*, desde el principio y desde mi origen, una fuerza que tira y que arrastra, que levanta y que eleva: un tirador que cría y corrige, que no en balde se dijo en otro tiempo: ¡llega a ser el que eres!

Así pues, que los hombres *suban* ahora hasta mí, pues yo espero aún los signos que me digan que el momento de mi descenso ha llegado. Todavía no me hundo en mi ocaso, como tengo que hacerlo, entre los hombres.

A eso aguardo aquí, astuto y burlón, en las altas montañas, ni impaciente ni paciente, sino más bien como quien ha olvidado la paciencia, pues no "padece" ya.

Mi destino me deja tiempo, en efecto. ¿Me habrá olvidado? ¿O acaso sentado a la sombra, detrás de una gran piedra, caza moscas?

A decir verdad, estoy agradecido a mi eterno destino, por no hostigarme ni empujarme. Al contrario, me deja tiempo para bromas y. maldades. Así he podido hoy trepar hasta esta montaña, a atrapar peces.

¿Ha pescado alguien alguna vez peces sobre altas montañas? Y aun cuando lo que yo quiero y hago aquí arriba sea una locura, más vale esa locura que ponerse solemne allá abajo, y verde, y amarillo, a fuerza de esperar, henchido de cólera, a fuerza de aguardar, resoplando como una santa tempestad rugiente que baja de las montañas, o un impaciente que grita a los valles: ¡escuchadme, o tendré que azotaros con el látigo de Dios!

No es que por eso yo me enoje con semejantes iracundos. ¡Me hacen reír bastante! Comprendo que estén impacientes, esos grandes tambores retumbantes, que o hablan hoy o no hablan nunca.

Pero yo y mi destino no hablamos al hoy, y tampoco al nunca. Para hablar tenemos paciencia, y tiempo, y más que tiempo. Pues un día tiene él que venir, y no le será lícito pasar de largo.

¿Quién llegará un día y no le será lícito pasar de largo? Nuestro gran milenio, esto es, nuestro grande y remoto reino del hombre, el reino de Zarathustra.

¿Qué me importa que ese futuro esté lejano todavía? No por ello está menos firme para mí. Yo me afirmo seguro con ambos pies sobre ese fundamento, sobre un fundamento eterno, sobre una dura roca primitiva, sobre estas montañas primitivas, las más altas y más recias, a las que acuden todos los vientos como a una divisoria meteorológica, preguntando por el dónde, el de dónde y el hacia dónde.

¡Ríe aquí, ríe, luminosa y saludable malignidad mía! ¡Lanza desde las altas montañas tu centelleante risotada burlona! ¡Atráeme en el anzuelo de tu centelleo los más bellos peces humanos!

Y cuanto en todos los mares *me* pertenece, mi en-mí y por-mí de todas las cosas, péscame *eso*, y tráelo hasta mí: eso es lo que guardo yo, el más maligno de todos los pescadores.

¡Lejos, lejos, oh, anzuelo mío! ¡Desciende hasta el fondo, cebo de mi felicidad! ¡Que tu más dulce rocío gotee sobre mí, miel de mi corazón! ¡Muerde, anzuelo mío, muerde en el vientre de toda negra tribulación!

¡Lejos, lejos, ojos míos! ¡Oh, cuántos mares me rodean, y cuántos futuros humanos se elevan con la aurora! Y por encima de mí, ¡qué silencio sonrosado, qué silencio sin nubes!»

EL GRITO DE SOCORRO

Al día siguiente, Zarathustra estaba de nuevo sentado en su piedra, delante de la caverna. Mientras, sus animales vagaban por el mundo, en busca de nuevos sustentos y también de nueva miel: pues Zarathustra había consumido y disipado hasta la última gota de la vieja miel. Pero mientras él estaba sentado, con un palo en la mano, siguiendo el contorno de la sombra que su cuerpo proyectaba sobre la tierra, y reflexionando, y no, en verdad, sobre su sombra ni sobre sí mismo, se estremeció de pronto y se sobresaltó, pues había visto otra sombra al lado de la suya. Y girando sobre sí mismo y levantándose con presteza, vio ante sí al adivino, a aquel mismo adivino a quien una vez había sentado a su mesa, al anunciador de la gran fatiga, que había predicado: «Todo da igual, nada vale la pena, el mundo carece de sentido, el saber ahoga.» Mas desde entonces su rostro se había transformado; y cuando Zarathustra le miró a la cara sintió terror en el corazón: tantos eran los presagios funestos y los rayos cenicientos que le surcaban el semblante.

El adivino, que había comprendido lo que agitaba el alma de Zarathustra, se pasó la mano por la cara, como si hubiera querido borrar lo que en ella había. Zarathustra hizo otro tanto. Cuando de esta suerte se serenaron los dos, cobraron ánimos y se dieron la mano en señal de que querían reconocerse. Y Zarathustra habló así:

«¡Bien venido seas, adivino de la gran fatiga! No en balde fuiste una vez mi huésped y mi comensal. Hoy puedes comer y beber también, en mi mirada; y perdona que un viejo alegre se siente a la mesa contigo.»

A lo cual respondió el adivino, moviendo la cabeza: «¿Un viejo alegre? Quienquiera que seas o que quieras ser, oh Zarathustra, lo has sido ya mucho tiempo aquí arriba. ¡Dentro de poco ya no estará tu barca en seco!»

«¿Es que yo estoy en seco?», preguntó Zarathustra, riendo. A lo cual replicó el adivino: «Las olas que circundan tu montaña y suben sin cesar, las olas de la inmensa necesidad y tribulación, no tardarán en levantar tu barca y arrastrarte con ella.» Zarathustra calló y se maravilló. «¿No oyes nada aún? —prosiguió el adivino—. ¿No escuchas ese fragor y ese rugido que ascienden desde el abismo?» Zarathustra siguió callado y escuchó. Entonces oyó un grito prolongado, que los abismos se lanzaban unos a otros y se devolvían, pues ninguno de ellos quería retenerlo: tan funesto era su sonido.

«Siniestro agorero —dijo al fin Zarathustra—, ¡eso es un grito de angustia, un grito de socorro de un hombre, y sin duda viene de un negro mar! Pero ¿qué me importa la angustia de los hombres? Mi último pecado que me ha sido reservado para el final, ¿sabes cómo se llama?»

«¡*Compasión!* —contestó el adivino, con el corazón desbordante y elevando las manos—. ¡Oh Zarathustra, yo vengo para hacerte cometer tu último pecado!»

Apenas pronunciadas aquellas palabras, el grito resonó de nuevo, más largo y más angustioso que antes, y ya mucho más cercano. «¿Has oído, has oído, Zarathustra? —exclamó el adivino—. A ti se dirige el grito, a ti es a quien llama: ¡Ven, ven, *ven*! ¡Ya es tiempo, ha llegado la hora!»

Pero Zarathustra callaba, turbado y quebrantado; hasta que por fin preguntó, como quien duda dentro de sí mismo: «¿Y quién me llamó desde ahí abajo?»

«Bien lo sabes —contestó vivazmente el adivino—. ¿Por qué te ocultas? ¡El *hombre superior* es quien grita llamándote!»

«¡El hombre superior! —gritó Zarathustra, transido de horror—. ¿Qué quiere *ése?* ¡El hombre superior! ¿Qué quiere aquí ése?» Y su piel se cubrió de sudor.

Mas el adivino no respondió a la angustia de Zarathustra. Escuchaba y escuchaba, inclinado sobre el abismo. Pero, como el silencio se prolongaba demasiado, volvió su vista atrás, y vio a Zarathustra en pie y tembloroso.

«Oh Zarathustra —comenzó a decir, con voz entristecida—, no tienes traza de ponerte a brincar de alegría. ¡Tendrás que bailar, para no caer al suelo! Mas aunque quieras bailar y hacer delante de mí todas tus piruetas, nadie podría decir: ¡mira, he ahí la danza del último hombre alegre!

Quien buscase aquí a *ese* hombre, en vano subiría a estas alturas: hallaría cavernas y más cavernas, escondrijos para las gentes que se ocultan, pero no fuentes de felicidad, ni tesoros, ni filones vírgenes del oro de la dicha.

De dicha... ¿cómo haría para hallar la dicha entre estos sepultados, entre estos eremitas? ¿Tendré que buscar mi última dicha en las islas afortunadas, y a lo lejos, entre mares olvidados?

¡Pero todo es igual, nada vale la pena, es vano buscar! ¡Ya no hay tampoco islas afortunadas!»

Así habló el adivino, entre suspiros. Mas al oír el último de ellos, Zarathustra recuperó su lucidez y su aplomo, cual persona que retorna a la luz desde un profundo abismo. «¡No, no, mil veces no! —exclamó con fuerte voz, acariciándose la barba—. ¡De eso sé yo más que tú! ¡Aún hay islas afortunadas! ¡No hables más de *eso*, llorón, saco de tristezas! ¡Acaba ya de chapotear acerca de *eso* tú, nube de lluvia mañanera! ¿No me ves ya mojado por tu tribulación, y empapado como un perro?

Ahora voy a sacudirme y a *alejarme* de ti, para volver a estar seco. Y no te asombres, pues *mi* corte está aquí. ¿Acaso no te parezco cortés?

Y en cuanto a tu hombre superior, ¡sea, voy corriendo a buscarle en aquellos bosques!: *de allí* llegó su grito. Quizá le acosa una bestia feroz.

Está en *mis* dominios, y en ellos no debe sufrir daño alguno. Y, en verdad, en mis dominios hay muchas bestias feroces.»

Tras esas palabras, Zarathustra se dio la vuelta para partir. Mas entonces el adivino dijo: «Zarathustra, eres un bribón. Bien lo sé, quieres desembarazarte de mí. ¡Prefieres correr a los bosques y acechar bestias feroces!

Mas ¿de qué te servirá? Al atardecer me hallarás de nuevo: estaré sentado en tu propia caverna, paciente y pesado como un tronco, ¡esperándote!»

«¡Que así sea! —replicó Zarathustra, al marcharse—. Y lo que en mi caverna me pertenece, es tuyo también, puesto que eres mi huésped.

Y si todavía hallases miel ahí dentro, ¡lámetela toda y endulza tu alma, oso gruñón! Esta noche vamos a estar los dos de buen humor, alegres y contentos de que haya terminado esta jornada. Y tú mismo debes bailar al son de mis canciones, cual si fueras mi oso amaestrado.

¿No lo crees y meneas la cabeza? ¡Bien, adelante, viejo oso! ¡También yo, también yo — soy un adivino!»

Así habló Zarathustra.

COLOQUIO CON LOS REYES

I

No había transcurrido una hora desde que Zarathustra se iba internando en sus montañas y sus bosques, cuando de pronto vio un singular cortejo. Por el centro de la senda caminaban dos reyes, adornados de coronas y de cintos de púrpura, multicolores como flamencos. Delante iba un asno muy cargado. «¿Qué querrán estos reyes en mi reino?», preguntó Zarathustra a su corazón, asombrado. Y apresuradamente se escondió detrás de una zarza. Mas cuando los reyes llegaron cerca de él, añadió a media voz, como hablando consigo mismo: «¡Cosa rara, rara! ¿Cómo compaginar esto? ¡Veo dos reyes... y un solo asno!»

Los dos reyes se detuvieron entonces, se sonrieron, y miraron hacia el lado de donde provenía la voz. Luego se miraron el uno al otro. «Entre nosotros, esas cosas se piensan —dijo el de la derecha—, pero no se dicen.»

El rey de la izquierda se encogió de hombros, y replicó: «Debe de ser algún cabrero, o un ermitaño que ha vivido mucho tiempo entre peñas y árboles. Pues la falta de sociabilidad acaba por echar a perder los buenos modales.»

«¿Los buenos modales? —replicó el otro rey, con ira y amargura—. ¿De qué venimos huyendo, sino de los "buenos modales" y de nuestra "buena sociedad"?

Mejor es, en verdad, vivir entre eremitas y pastores de cabras que con nuestra chusma dorada, falseada y maquillada — aunque se llame a sí misma "buena sociedad", y, aunque se llame a sí misma "nobleza" (92).

---

(92) Ver notas 19 y 20. Ver también, más adelante, «El mendigo voluntario», nota 95.

Allí todo es falso y podrido, empezando por la sangre, debido a viejas y malignas enfermedades, y a curanderos pésimos.

El que yo prefiero, el mejor, es hoy el campesino sano, tosco, astuto, tenaz y terco: ésa es hoy la especie más noble.

El campesino es hoy el mejor, ¡y la especie de los campesinos debería ser la soberana! Pero vivimos en el reino de la plebe; ya no me dejo engañar. Y plebe significa revoltijo.

Revoltijo plebeyo: en él todo está mezclado con todo, santo y bandido, hidalgo y judío, y todos los animales del arca de Noé.

¡Los buenos modales! Entre nosotros todo es falso y está podrido. Nadie sabe ya venerar: de *eso* precisamente vamos huyendo. Son perros empalagosos y pegajosos, que pintan las palmas con purpurina.

¡El asco que me devora es ver cómo nosotros mismos, los reyes, nos hemos vuelto falsos, andamos cubiertos y disfrazados con el fausto viejo y amarillento de nuestros antepasados! ¡Hemos llegado a ser medallones para los más tontos y los más pillos, y para todos cuantos hoy especulan con el poder!

Nosotros no somos ya los primeros, y sin embargo tenemos que *aparentar* que lo somos: al fin nos hemos hartado ya de tanta superchería, ¡nos asquea!

Hemos escapado de la chusma, de todos esos vocingleros garrapateadores de los escritorios, del hedor de los tenderos, de los impotentes esfuerzos de los ambiciosos, del aliento pestilente. ¡Qué asco, vivir en medio de la chusma! ¡Qué asco, pasar por los primeros en medio de la chusma! ¡Ay, náusea, náusea, náusea! ¡Qué importamos ya nosotros, los reyes!»

Al llegar a ese instante, dijo el rey de la izquierda: «¡Vuelve a afligirte tu antigua dolencia, la náusea te acomete, pobre hermano mío! Pero advierte que alguien nos está escuchando.»

Al punto Zarathustra, que había sido todo ojos y todo oídos durante aquel diálogo, salió de su escondite, se acercó a los reyes, y comenzó a decir:

«Quien os escucha, quien se complace en escucharos, reyes se llama Zarathustra.

Yo soy Zarathustra, aquel que dijo en otro tiempo: ¡qué importan ya los reyes! Perdonadme, pues, que me haya regocijado cuando os habéis dicho el uno al otro: ¡qué importamos nosotros, los reyes!

Estáis en *mi* reino y mi dominio. ¿Qué venís a buscar en mi reino? Pero quizá hayáis *hallado* en vuestro camino lo que *yo* busco: al hombre superior.»

Al oírle, los reyes se golpearon el pecho y se dijeron a una: «¡Nos ha reconocido!

Con la acerada hoja de esas palabras, Zarathustra, has desgarrado la más densa oscuridad de nuestro corazón, has descubierto nuestra angustia. Precisamente vamos en busca del hombre superior, del hombre que sea superior a nosotros, aunque seamos reyes. Para él traemos este asno. Pues el hombre más alto, el superior a todos, debe ser igualmente, sobre la tierra, el señor.

No existe más dura calamidad entre los destinos humanos que el hecho de que los poderosos de la tierra no sean al mismo tiempo los primeros hombres. Entonces todo se torna falso, torcido y monstruoso.

Y cuando incluso son los últimos, y más animales que hombres, entonces la chusma sube de precio; y, a la postre, la virtud de la plebe acaba por decir: "¡Mirad, virtud soy yo, y sólo yo!"»

«¿Qué acabo de oír? —exclamó Zarathustra—. ¡Qué sabiduría en unos reyes! Estoy entusiasmado, y me entran ganas de hacer unos versos sobre esto, aunque no suenen bien a los oídos de todos. Hace mucho tiempo que olvidé el tener consideraciones con las orejas largas. ¡Vamos, adelante!»

Pero en aquel instante ocurrió que el asno tomó la palabra, y pronunció, distintamente y con mucha intención, estos sonidos: I-A (93):

(93) Ver nota 77.

273

Cierto día, creo que en el año 1 de la salvación,
dijo la sibila, ebria, y no de vino:
¡Ay, qué mal van todas las cosas!
¡Ruina, ruina! ¡Jamás cayó tan bajo el mundo!
Roma descendió a ser puta y burdel.
¡El César de Roma se degradó en bestia ·
y hasta Dios se hizo judío!

II

Grande fue el deleite de los reyes al oír los versos de Zarathustra. Y el rey de la derecha le dijo: «¡Oh Zarathustra, qué bien hemos hecho al ponernos en camino para verte!

Pues tus enemigos nos mostraron tu imagen en su espejo: allí tenías la estampa de un demonio de risa sarcástica, de modo que llegamos a sentir miedo de ti.

Mas ¡qué importaba! Tú penetrabas una y otra vez con tus máximas en nuestros oídos y en nuestros corazones. Al fin, acabamos por decir: ¡qué importa el aspecto que tenga!

Hemos de *oírle* a él, al que enseña: "Debéis amar la paz como un medio para nuevas guerras, y la paz corta mejor que la larga."

Jamás pronunció nadie palabras tan guerreras: "¿Qué es lo bueno? ¡Ser valientes, *eso* es lo bueno! Y la guerra santifica todas las causas."

¡Oh Zarathustra, al escuchar esas palabras la sangre de nuestros padres hervía en nuestros cuerpos: eran como los ecos de la primavera para los viejos toneles de vino!

Cuando las espadas se cruzaban como serpientes de manchas rojas, nuestros padres amaban la vida: el sol de la paz les parecía tibio y flojo, y una larga paz les avergonzaba.

¡Cómo suspiraban nuestros padres cuando veían en las paredes espadas lustrosas, pero inútiles! A semejanza de tales espadas, ellos sentían sed de guerra. Pues una espada quiere beber sangre, una espada centellea con su ardiente deseo.»

Mientras los reyes hablaban y hablaban de esa forma, tan ardorosamente, acerca de la felicidad de sus padres, Zarathustra sintió grandes tentaciones de burlarse de su ardor: pues eran, evidentemente, reyes muy pacíficos los que tenía ante sí, reyes de rostros antiguos y delicados. Pero se contuvo, y dijo: «¡Vamos, ése es el camino! Allá arriba está la caverna de Zarathustra. Y este día debe tener una larga noche. Mas ahora me urge dejaros. Un grito de socorro me llama lejos de vosotros.

Mi caverna se verá honrada si unos reyes quieren sentarse en ella y aguardar: pero he de advertiros que tendréis que esperar largo rato.

¡Bueno, qué importa! ¿Dónde se aprende hoy a aguardar mejor que en las cortes? Y de todas las virtudes de los reyes, la única que les ha quedado, ¿no es, acaso, la que hoy se llama *saber esperar*?»

Así habló Zarathustra.

LA SANGUIJUELA

Zarathustra, pensativo, prosiguió su ruta. Descendía siempre, atravesando bosques y bordeando terrenos pantanosos; mas, como les ocurre a cuantos cavilan sobre cosas difíciles, pisó distraídamente a un hombre. Y de golpe le salpicaron la cara un grito de dolor, dos maldiciones, y veinte malas injurias. Con el susto, Zarathustra levantó su cayado, y, por añadidura, golpeó al mismo al que había pisado. Sin embargo, recuperó al punto la serenidad, y su corazón se echó a reír de la torpeza que acababa de cometer.

«Perdóname —dijo al hombre al que había pisado, el cual se había alzado iracundo, para sentarse luego—, perdóname, y escucha, ante todo, una parábola.

Así como un viajero que sueña en cosas lejanas por un camino solitario tropieza por error con un perro que dormita al sol, y ambos se levantan y se acometen bruscamente, semejantes a enemigos mortales, y ambos con un terror de muerte, así nos ha sucedido a nosotros.

¡Y sin embargo! Y sin embargo... ¡poco ha faltado para que se acaricien ese perro y ese solitario! ¿No son los dos — solitarios?»

«Quienquiera que seas —contestó con enojo aquel a quien Zarathustra acababa de pisar—, ¡también con tu parábola me pisoteas, y no sólo con tu pie! Mírame bien: ¿soy, acaso, un perro?»

Y en diciendo eso se levantó, sacando su brazo desnudo del pantano. Pues al principio estaba tumbado en el suelo, cuan largo era, oculto y disimulado, como quien acecha caza en los pantanos.

«¿Qué es lo que haces? —exclamó Zarathustra asustado, porque vio correr mucha sangre por aquel brazo desnudo—. ¿Qué te ha ocurrido? ¿Te ha mordido algún mal bicho, desdichado?»

El que estaba sangrando rió con risa sarcástica y exclamó, siempre iracundo, tratando de continuar su camino: «¿Y a ti qué te importa? Aquí me hallo en mi casa y en mi dominio. Que me interrogue quien quiera: difícilmente responderé a un majadero.»

«Te engañas, te engañas —replicó Zarathustra, lleno de compasión y reteniéndole—. No estás aquí en tu reino, sino en el mío; y aquí no debe ocurrirle a nadie ninguna desgracia.

Llámame como quieras. Yo soy el que tengo que ser. Yo me llamo a mí mismo Zarathustra.

¡Vamos! Por ahí arriba pasa el camino que conduce a la caverna de Zarathustra. No está muy lejos. ¿No quieres venir a mi hogar, para curarte las heridas?

No has tenido suerte en este mundo, desdichado; primero te mordió una fiera, y luego — el hombre te pisoteó.»

Mas cuando el pisado oyó el nombre de Zarathustra se transformó.

«¿Qué es lo que me pasa? —exclamó—. ¿Qué otro interés tengo yo en la vida sino ese solo hombre, Zarathustra, y ese solo animal que vive de la sangre, la sanguijuela?

Por causa de la sanguijuela estaba yo tendido ahí, a orillas del pantano, como un pescador: y ya mi brazo extendido había sido mordido diez veces cuando otra sanguijuela más hermosa se puso a chupar mi sangre. ¡Zarathustra mismo!

¡Oh ventura! ¡Oh prodigio! ¡Bendito sea el día que me ha traído a este pantano! ¡Bendita sea la mejor ventosa, la más viva entre todas las vivientes! ¡Bendita sea la gran sanguijuela de las conciencias... Zarathustra!»

Así hablaba aquel a quien Zarathustra había pisado, y Zarathustra se regocijaba al oír sus palabras y contemplar sus modales nobles y respetuosos. «¿Quién eres? —le preguntó, a la par que le tendía la mano—. Entre nosotros hay muchas cosas por aclarar y por poner en orden. Mas me parece que ya nace el día, un día puro y luminoso.»

«Yo soy *el concienzudo del espíritu* —respondió el interrogado— y en las cosas del espíritu resulta difícil que alguien se conduzca de una manera más rigurosa, severa y dura que yo, excepto aquel de quien yo he aprendido, el propio Zarathustra.

¡Mejor es no saber nada que saber muchas cosas a medias, mejor incluso es ser un necio a la propia guisa que un sabio en la opinión de los demás! Yo — voy al fondo; ¿qué importa ser pequeño o grande, llamarse pantano o cielo? Un trozo de tierra de un palmo de extensión me basta, siempre que sea verdaderamente fondo y suelo.

Un palmo de fondo basta para estar de pie. En el verdadero saber concienzudo nada hay grande o pequeño.»

«Entonces, ¿tú eres acaso el conocedor de la sanguijuela? —preguntó Zarathustra—. ¿Y estudias la sanguijuela hasta sus causas más hondas, tú, concienzudo?»

«¡Oh Zarathustra! —respondió el pisado—. ¡Eso sería una monstruosidad! ¿Cómo iba a serme lícito osar tal cosa?

Lo que yo conozco a fondo es el *cerebro* de la sanguijuela. ¡Ese es mi mundo!

¡También ése es un mundo! Mas perdona que aquí se manifieste mi orgullo, pues en esto no tengo rival. ¡Por eso dije: aquí estoy en *mi* casa!

¡Cuánto hace ya que estudio esta *única* cosa, el cerebro de la sanguijuela, para que la escurridiza verdad no se me escape! ¡Aquí está *mi* reino!

Por ello he prescindido de todo lo demás. Por ello todo lo demás me resulta indiferente. Y, contigua a mi ciencia, acampa mi negra ignorancia.

Mi conciencia del espíritu me exige que sepa una *única* cosa, y que ignore todo lo demás; ¡siento náuseas de todas las medianías del espíritu, de todos los que tienen espíritu nebuloso, flotante, soñador!

Donde cesa mi probidad comienza mi ceguera, y quiero esa ceguera. No obstante, donde quiero saber quiero también ser honrado, es decir, duro y severo, riguroso, cruel, implacable.

Lo que me atrajo a tu doctrina fueron aquellas palabras que dijiste, Zarathustra: "¡El espíritu es la vida que se saja a sí misma, en vivo!" Y, a decir verdad, con mi propia sangre he incrementado mi propia ciencia.»

«Según salta a la vista —interrumpió Zarathustra, pues la sangre seguía corriendo por el brazo desnudo del concienzudo: diez sanguijuelas, en efecto, se le habían aferrado—. ¡Oh, tú, extraño compañero, cuántas enseñanzas ofrece esta evidencia, es decir, tú mismo! Y tal vez no me sea lícito verterlas todas en tus severos oídos.

¡Vamos, separémonos aquí mismo! Pero me complacería volverte a encontrar. Por ahí sube el camino que conduce a mi caverna. Esta noche serás bien venido como mi huésped.

Además, quisiera reparar en tu cuerpo el que Zarathustra te haya pisado; en eso medito. Pero ahora urge que nos separemos: un grito de socorro me reclama lejos de ti.»

Así habló Zarathustra.

EL MAGO

I

Y a la vuelta de un peñascal, Zarathustra vio, no lejos de él, en el mismo camino, a un hombre que gesticulaba moviendo brazos y piernas, cual un loco furioso; y que finalmente cayó de bruces al suelo.

«¡Alto! —dijo entonces Zarathustra a su corazón—. Este debe ser el hombre superior: de él procedía, sin duda, aquel siniestro grito de socorro. Voy a ver si puedo ayudarle.» Mas cuando llegó al sitio en donde el hombre yacía sobre la tierra, halló a un viejo tembloroso, con los ojos fijos. Y, a pesar de los esfuerzos que hizo para levantarle y ponerle en pie, no lo consiguió. El desgraciado no parecía siquiera darse cuenta de que había alguien a su lado; por el contrario, continuaba con los ojos extraviados y haciendo gestos conmovedores, como alguien que se encuentra aislado y abandonado del mundo entero. Por fin, después de muchos temblores, sobresaltos y contorsiones, empezó a lamentarse de esta forma:

¿Quién me da calor, quién me ama todavía?
¡Dadme manos ardientes!
¡Dadme corazones ardientes!
Tendido, temblando de horror,
como un moribundo a quien calientan los pies,
estremecido, ay, por fiebres desconocidas,
temblando ante las punzantes y heladas
flechas del escalofrío,
¡acosado por ti, pensamiento,
innombrable, velado, espantoso,

tú, cazador oculto tras de las nubes!
Fulminado a tierra por ti,
ojo sarcástico, que me miras desde la sombra,
así yazgo.
Me encorvo, me retuerzo, atormentado
por todas las torturas eternas,
herido por ti, el más cruel cazador,
¡desconocido — Dios!
¡Hiere más hondo! ¡Hiere otra vez!
¡Traspasa, desgarra este corazón!
¿Por qué esta tortura
con flechas sin punta?
¿Por qué vuelves a mirar,
no conmovido por el dolor humano,
con ojos crueles como rayos divinos?
¿No quieres matar, sólo torturar, torturar?
¿Por qué torturarme a mí,
tú, cruel, desconocido Dios?
¡Ah, cómo te acercas arrastrándote
en esta medianoche!
¿Qué quieres? ¡Habla!
Me acosas y me oprimes,
¡Ah, ya te pasas! ¡Fuera, fuera!
Me oyes respirar,
espías mi corazón:
¡Estás celoso! ¿De qué tienes tú celos?
¡Quítate, quítate! ¿A qué esa escala?
¿Quieres entrar en mi corazón,
penetrar en mis pensamientos más íntimos?
¡Impúdico, desconocido — ladrón!
¿Qué quieres arrancarme con tus torturas?
¡Tú, torturador! ¡Tú, — Dios-verdugo!
¿Habré de arrastrarme, como un perro,
delante de ti,
y, ebrio de entusiasmo,
fuera de mí,
menear la cola sumiso
y ofrecerte mi amor?

¡En vano! ¡Pincha otra vez,
tú, el más cruel de los aguijones!
Yo no soy un perro; sólo soy tu presa,
¡oh cazador, el más cruel de los cazadores!,
tu más altivo prisionero,
¡oh, salteador oculto tras las nubes!
¡Habla de una vez! ¿Qué quieres de mí?
¡Salteador de caminos, oculto por el rayo,
desconocido, habla!
¿Qué quieres tú, desconocido Dios?
¡Cómo! ¿Un rescate?
¿Cuánto de rescate?
¡Pide mucho! ¡Mi orgullo te lo aconseja!
Y di pocas palabras. Te lo aconseja mi segundo orgullo.
¡Ah, conque es a mí a quien quieres, todo entero!
¡Ah, ah, y me torturas, necio,
torturas mi orgullo!
¡Dame amor! ¿Quién me calienta todavía?
¿Quién me ama aún? ¡Dame manos ardientes!
¡Dame corazones ardientes!
A mí, ay, el más solitario,
a! que el hielo más profundo enseña a desear
incluso enemigos.
¡Dame, sí, entrégame, enemigo!
¡Dame — a ti mismo!

¡Partió!
¡Huyó también él!
mi único y último amigo,
mi gran enemigo,
mi desconocido,
¡el Dios-verdugo! ·
¡No! ¡Vuelve, vuelve, con todas tus torturas!
¡Vuelve, oh,
al último de todos los solitarios!
¡Todos los ríos de mis lágrimas
corren hacia ti!

¡Y la postrera lágrima de mi corazón
para ti se alza ardiente!
¡Oh, vuelve,
Dios desconocido mío!
¡Mi dolor! ¡Mi última — felicidad! (94).

II

Al llegar a este punto, Zarathustra no pudo contenerse más: cogió su bastón y golpeó con todas sus fuerzas a quien así se lamentaba.

«¡Cállate! —le gritaba entre risas iracundas—. ¡Cállate, histrión, monedero falso, embaucador de nacimiento! ¡Te reconozco, impostor!

¡Quiero calentarte las piernas, siniestro hechicero! ¡Sé muy bien cómo hay que hacer entrar en calor a los de tu ralea!»

«¡Detente! —gritó el viejo, incorporándose de un salto—. ¡Oh Zarathustra, no me golpees más! ¡Todo esto no ha sido sino una broma!

Tales cosas forman parte de mi arte. Al darte esa prueba he querido ponerte a prueba a ti mismo. ¡Y en verdad que has penetrado perfectamente en mis intenciones! ¡Mas tú también me has dado una prueba, no pequeña por cierto, de ti mismo! ¡Eres *duro*, sabio Zarathustra! ¡Pegas fuerte con tus "verdades"! ¡*Esta* verdad me obliga a confesarla tu bastón nudoso!»

«No me adules, bribón —contestó Zarathustra, iracundo todavía, y con semblante sombrío—. Tú eres falso. ¿Por qué hablas tú — de la verdad?

Tú, pavo real entre los pavos reales, tú, mar de vanidades, ¿qué farsa representabas ante mí, siniestro hechicero? ¿En *quién* tenía yo que creer mientras así te lamentabas?»

---

(94) Este poema era sin duda muy grato a Nietzsche. No lo escribió para el **Zarathustra**, sino antes, en 1884, con el título de **El poeta: el tormento del creador**; y, además de al **Zarathustra**, lo incorporó también a los **Ditirambos de Dionisio** (donde se titula **Lamento de Ariadna**).

«*El penitente del espíritu*, ése era el papel que yo representaba —respondió el viejo—. Tú mismo inventaste, en otro tiempo, esa expresión:

El poeta, el encantador que acaba por dirigir su espíritu contra sí mismo, el transformado, a quien hielan su mala ciencia y su mala conciencia.

Y confiésalo: has necesitado mucho tiempo, Zarathustra, para descubrir mi artificio y mi mentira. Tú *creíste* en mi necesidad cuando retenías mi cabeza entre tus manos.

Yo te oí gemir: "¡Le han amado poco, le han amado demasiado poco!" El haberte engañado hasta ese extremo es lo que ha regocijado interiormente mi malignidad.»

«Eres capaz de haber engañado a otros más perspicaces que yo —dijo duramente Zarathustra—. Yo no estoy en guardia contra engañadores; y *tengo* que renunciar a la cautela: así lo quiere mi destino.

Pero tú *tienes* que engañar, ¡de sobras te conozco para saberlo! Tú has de tener siempre dos, tres, cuatro, cinco sentidos. ¡Eso mismo que acabas de confesar no ha sido tampoco ni bastante verdadero ni bastante falso para mí!

¡Malvado, vil impostor! ¿Qué otra cosa podrías hacer? Tú acicalarías hasta tu misma enfermedad al mostrarte desnudo ante tu médico.

Así es como acabas de acicalar tu mentira al decirme: "¡Todo esto no ha sido *sino* una broma!" También había *seriedad* en ello: hasta cierto punto, tú eres un penitente del espíritu.

Bien te comprendo: has llegado a ser el encantador de todos; sin embargo, para ti mismo no te queda ya ni una mentira ni una astucia. ¡Para ti mismo estás desencantado!

Has cosechado la náusea como tu *única* verdad. Ninguna palabra es ya en ti auténtica, pero tu boca sí lo es: es decir, la náusea pegada a tu boca.»

«¿Quién crees que eres? —gritó en ese momento, con voz altanera, el anciano mago—. ¿A quién le es lícito hablarme así a mí, el más grande de los vivientes?»

Y sus ojos relampaguearon de rencor mientras miraba a Zarathustra. Pero al instante cambió de expresión, y prosiguió tristemente:

«¡Oh Zarathustra, todo esto me cansa, mis artes me dan asco! Yo no soy grande. ¿De qué sirve fingir? Pero tú sabes bien que he buscado la grandeza.

He querido representar el papel de gran hombre, y a muchos les persuadí de que lo era; mas fue una farsa superior a mis fuerzas: contra ella me estrello.

¡Oh, Zarathustra, todo es mentira en mí! Pero que estoy destrozado — eso es *verdad*.»

«Te honra —replicó Zarathustra, sombrío, desviando la mirada hacia el suelo—, te honra el haber buscado la grandeza, pero te traiciona también: tú no eres grande.

Viejo mago perverso, lo que de mejor y más honrado tienes, lo que yo honro en ti, es que estás hastiado de ti mismo y has dicho: "¡Yo no soy grande!"

En atención a *eso* yo te honro como a un penitente del espíritu: y aun cuando sólo haya sido por un breve instante, en ese instante has sido — auténtico.

Y ahora dime: ¿qué buscas aquí en *mis* bosques y entre mis rocas? Cuando te pusiste en mi camino, ¿qué prueba querías de mí? ¿En qué querías tentarme?»

Así habló Zarathustra, y sus ojos centellearon. El viejo calló un momento, y luego dijo:

«¿Acaso te he tentado? Yo no hago más que buscar. — ¡Oh Zarathustra, yo busco a un hombre que sea auténtico, recto, sencillo, ajeno al fingimiento, todo honradez, un vaso de sabiduría, un santo del conocimiento, un gran hombre!

¿No lo sabes acaso, Zarathustra? *¡Yo busco a Zarathustra!*»

Entonces reinó un largo silencio. Zarathustra se abismó profundamente en sí mismo, tanto que cerró los ojos. Algo después, volviéndose al mago, le cogió de la mano; y, entre gentil y malicioso, le habló así:

«¡Bien! Por ahí arriba pasa el camino, allí está la caverna de Zarathustra. Allí puedes buscar al que desearías hallar.

Y toma consejo de mis animales, de mi águila y de mi serpiente: ellos te ayudarán a buscar, pues mi caverna es grande.

Yo mismo, ciertamente, no he visto todavía un gran hombre. Para lo grande, hasta el ojo más sutil resulta hoy grosero. Este es el reino de la plebe.

He visto a más de uno estirarse e hincharse, y la plebe gritaba: *"¡Vedle, ése es un gran hombre!"* Pero ¿de qué sirven todos los fuelles? Al final, lo que dejan salir es aire.

La rana que se empeña en hincharse demasiado acaba por reventar; y entonces lo que sale es aire. Pinchar el vientre de los hinchados es lo que yo llamo una distracción honrada y sensata. ¡Escuchadlo bien, hijos míos!

Nuestro hoy pertenece a la plebe: ¿quién *sabe* ya lo que es pequeño y lo que es grande?, ¿quién buscaría con éxito la grandeza? Sólo un loco: los locos son afortunados.

¡Ah, loco singular! ¿Buscas grandes hombres? ¿Quién te ha *enseñado* tal cosa? ¿Es hoy un tiempo oportuno para ello? ¡Oh, maligno buscador, por qué me tientas!»

Así habló Zarathustra, con el corazón reconfortado. Y, riendo, prosiguió su camino.

EL JUBILADO

A poco de haberse desembarazado del mago, Zarathustra vio a otro hombre sentado al borde del camino que él seguía: un hombre alto y negro, de rostro demacrado y descolorido. Su aspecto le produjo un efecto muy desagradable.

«¡Ay de mí! —dijo a su corazón—. ¡Allí estoy viendo a la aflicción embozada! Esa faz me parece cosa de sacerdotes, ¿qué quieren *ésos* en mi reino?

¡Qué es esto! Apenas acabo de sacudirme a aquel mago, y un nuevo nigromante se atraviesa en mi camino: un brujo cualquiera que irá por ahí imponiendo las manos, un sombrío taumaturgo por la gracia de Dios, un ungido difamador del mundo. ¡Que el diablo se le lleve!

Mas el diablo no aparece nunca cuando sería oportuno. ¡Siempre llega tarde ese maldito enano, ese maldito cojitranco!»

Así maldecía Zarathustra, impaciente en su corazón, y pensaba en la manera de pasar de largo sin mirar al hombre negro. Pero las cosas sucedieron de otra manera. Pues en aquel instante, el que estaba sentado frente a él advirtió su presencia; y como aquel a cuyo encuentro sale una suerte inesperada, se puso en pie de un salto y se dirigió hacia Zarathustra.

«Quienquiera que seas —dijo—, oh errante viajero, ayuda a este extraviado, a este anciano expuesto fácilmente a una desgracia.

Este mundo de aquí me es lejano y extraño. He oído rugir a las fieras, y quien hubiera podido ofrecerme ayuda ha desaparecido, no existe ya.

Yo venía buscando al último hombre piadoso: a un santo, a un ermitaño que, solitario en su bosque, no había oído todavía decir lo que todo el mundo sabe.»

«¿Qué es lo que todo el mundo sabe? —preguntó Zarathustra—. ¿Acaso es que no vive ya el antiguo Dios, ese Dios en el que todos creían antes?»

«Tú lo has dicho —contestó el viejo tristemente—. Y yo he servido a ese antiguo Dios hasta su última hora.

Mas ahora estoy jubilado y sin amo, y, pese a todo, no soy libre. Tampoco tengo ya alegría, a no ser la alegría de los recuerdos.

Por eso he subido a estas montañas, para celebrar por fin de nuevo una fiesta como corresponde a un viejo papa y padre de la Iglesia, pues has de saber que soy el último papa. Una fiesta de piadosos recuerdos y de cultos divinos.

Pero veo que ahora también ha muerto él, el más piadoso de los hombres, aquel santo del bosque que sin cesar daba gracias a Dios entre cantos y susurros.

No le encontré ya a él cuando encontré su choza, pero sí a los lobos dentro, que aullaban a causa de su muerte, pues todos los animales le amaban. Y, al ver aquello, huí.

¿Habría venido, pues, en balde a estos bosques y estas montañas? Mi corazón decidió entonces buscar a otro distinto, al más piadoso entre todos cuantos no creen en Dios: ¡a Zarathustra!»

Así habló el anciano, y clavó una mirada penetrante en quien seguía de pie ante él. Pero Zarathustra tomó la mano del viejo papa, y le contempló largo rato con admiración.

«¡Mira, venerable —dijo—, qué mano más bella y afilada! Es la mano de quien no ha hecho sino impartir bendiciones. Pero ahora esá mano estrecha al que tú buscas, a Zarathustra.

Yo soy Zarathustra el ateo, aquel que dijo: ¿quién es más ateo que yo, para que yo pueda regocijarme con sus enseñanzas?»

Así habló Zarathustra; y con su mirada penetraba los pensamientos y las más recónditas intenciones del viejo papa. Al fin éste empezó a hablar:

«Quien le amaba y le poseía más que ningún otro, ése también le ha perdido más que ningún otro. Mira, ¿no soy ahora yo el más ateo de nosotros dos? Mas ¿quién se alegrará de tal cosa?»

«¿Tú le has servido hasta el último instante? —preguntó Zarathustra, pensativo, después de un largo y profundo silencio—. ¿Sabes tú cómo ha muerto? ¿Es cierto lo que cuentan de que le mató la compasión, que vio al hombre colgar de la cruz y no soportó que el amor por los hombres se convirtiese en su infierno y, a la postre, en su muerte?»

Pero el viejo papa no contestó. Desvió la vista tímidamente, con una expresión dolorida y sombría en el rostro; y, tras larga reflexión, Zarathustra, clavando sus ojos en los del anciano, le habló así:

«Déjale que se vaya. Ya ha desaparecido, déjale ir. Y aunque te honra hablar bien de ese muerto, sabes igual que yo *quién* era, y cuán extraños caminos seguía.»

«Para hablar entre tres ojos —dijo el antiguo papa (pues era tuerto), un poco más dueño de sí— sobre las cosas de Dios, yo sé más que el mismo Zarathustra, y me es lícito saber más;

Serví a Dios durante muchos años, con amor: mi voluntad siguió en todo a la suya. Y un buen servidor sabe todo cuanto atañe a su señor, incluidas muchas cosas que el propio señor se oculta a sí mismo.

El era un Dios oculto, lleno de misterios. En verdad, no supo procurarse un hijo más que por caminos sinuosos. En la puerta de su fe está el adulterio.

Quien le alaba como Dios de amor no tiene una idea cabal del amor mismo. Ese Dios ¿no quería también ser juez? Pero quien ama, ama más allá del castigo y de la recompensa.

Cuando era joven, ese Dios de Oriente era duro y vengativo, y creó un infierno para deleite de sus favoritos.

Pero acabó por hacerse viejo y débil, y compasivo, más semejante a un abuelo que a un padre; y, más todavía, a una abuela vieja y caduca.

Con el semblante mustio se sentaba al amor de la lumbre, se lamentaba de la debilidad de sus piernas. Cansado del mundo y cansado de querer, un día se ahogó en excesos de compasión.»

«Viejo papa —le interrumpió Zarathustra—, ¿viste eso tú con tus ojos? Bien ha podido ocurrir así, y también de otro modo: cuando los dioses mueren, mueren siempre de muchas especies de muerte.

De todas formas, de un modo u otro, o de un modo y otro, ¡ya no existe! Era contrario al gusto de mis ojos y de mis oídos. No quisiera imputarle nada peor.

Yo amo todo cuanto tiene la mirada limpia y la palabra honrada. Pero él —tú lo sabes bien, viejo sacerdote—, él tenía algo de tus propias maneras, maneras de sacerdote: él era ambiguo.

Y era también oscuro. ¡Cómo se encolerizaba con nosotros, ese iracundo, porque no le comprendíamos! Mas ¿por qué no hablaba más claramente?

Y si la culpa era de nuestros oídos, ¿por qué nos dio unos oídos que le oían mal? Si en nuestros oídos había barro, ¿quién lo puso en ellos?

Demasiadas cosas le salieron mal a ese alfarero que no había aprendido suficientemente el oficio. Pero eso de vengarse en sus cacharros y en sus criaturas, porque le habían salido mal a él, eso fue un pecado *contra el buen gusto*.

Y también hay un buen gusto en la piedad. Y el buen gusto acabó por decir: ¡Fuera *semejante* Dios! ¡Vale más no tener ninguno, vale más que cada cual se construya su destino con sus propios puños! ¡Vale más ser un loco, o, mejor, ser Dios uno mismo!»

«¡Qué oigo! —exclamó entonces el papa, aguzando el oído—. ¡Oh Zarathustra, con tu incredulidad eres más piadoso de lo que crees! Ha debido haber en ti algún Dios que te ha convertido a tu ateísmo.

¿No es tu misma piedad lo que no te permite seguir creyendo en Dios? ¡Y tu excesiva honradez acabará llevándote más allá del bien y del mal!

¿Ves lo que el destino te reserva? Tienes ojos, y manos, y boca, predestinados desde la eternidad a bendecir. No se bendice sólo con la mano.

A tu vera, aun cuando tú quieras ser el más ateo de todos, yo percibo un secreto aroma a incienso y a dilatadas bendiciones: un perfume que me hace bien, al par que me causa dolor.

¡Zarathustra, permíteme ser tu huésped por una sola noche! ¡En ningún lugar de la tierra me siento ahora mejor que a tu lado!»

«¡Amén, así sea! —replicó Zarathustra, con admiración—. Por ahí arriba sube el camino, arriba está la caverna de Zarathustra.

De buena gana te conduciría yo mismo, venerable, pues yo amo a todos los hombres piadosos. Mas un grito de socorro me llama con apremio, y me obliga a dejarte.

En mis dominios nadie debe sufrir una desgracia. Mi caverna es un buen puerto. Y lo que más me gustaría sería situar de nuevo en tierra firme, y con pie firme, a todos cuantos están tristes.

Mas ¿quién te quitaría de los hombros *tu* melancolía?

FRIEDRICH NIETZSCHE

Para eso, yo soy demasiado débil. En verdad, mucho
habría que aguardar hasta que alguien te resucitara
a tu Dios.

Pues ese viejo Dios no vive ya: está muerto de veras.»

Así habló Zarathustra.

EL MAS FEO DE LOS HOMBRES

De nuevo comenzó Zarathustra a vagar entre montañas y bosques; y sus ojos escudriñaban sin cesar. Mas
en ninguna parte lograba ver a quien quería ver: al
gran necesitado que clamaba socorro. No obstante, a lo
largo del camino sentía su corazón muy gozoso y lleno
de gratitud.

«¡Cuántas cosas buenas me ha traído esta jornada —se
decía— para resarcirme por haber empezado tan mal!
¡Qué extraños interlocutores he hallado!

Voy a rumiar largo tiempo sus palabras como si fueran buen grano: mis dientes las triturarán, las molerán
y las volverán a moler, hasta que fluyan como leche en
mi alma.»

Mas al llegar a un recoveco del camino, dominado por
una roca, cambió de pronto el paisaje, y Zarathustra
penetró en un reino de muerte. Enormes peñascos ro-
jizos y negros miraban rígidos hacia arriba por todas
partes: no había ni una brizna de hierba, ni un árbol,
ni el canto de un pájaro. Era, en efecto, un valle del
que todos los animales huían, incluso las bestias feroces:
solamente una especie de culebrones verdes, de horrible aspecto, iban allí a morir cuando envejecían; por eso
el valle recibió, entre los pastores, el nombre de Sepulcro de las Serpientes.

Zarathustra se abismó en negros recuerdos, pues le
parecía haber estado ya en aquel valle. Y oprimieron su
espíritu cosas tan pesadas que fue acortando el paso;
hasta que por fin se detuvo. Mas como abriese entonces
sus ojos, vio algo sentado junto al camino, algo que te-

nía figura humana, pero que apenas parecía un hombre, algo que no podía recibir ningún nombre exacto. Y de repente Zarathustra sintió una gran vergüenza por haber visto con sus propios ojos semejante cosa. Ruborizado hasta la raíz de sus cabellos blancos, alejó la mirada y se puso a caminar de nuevo, para alejarse de aquel paraje funesto. Pero de pronto un sonido se elevó en el tétrico desierto: del suelo subía, en efecto, una especie de gorgoteo, como. el que produce el agua por la noche cuando quiere pasar por una cañería medio obstruida; y por fin salió de allí una voz humana, y palabras humanas, que decían:

«¡Zarathustra, Zarathustra, adivina mi enigma! ¡Habla, dime cuál es *la venganza contra el testigo!*

Te invito a que vuelvas atrás, pues hay hielo resbaladizo por el camino. ¡Ten cuidado, procura que tu orgullo no se rompa aquí las piernas!

Ya que te tienes por sabio, ¡adivina el enigma, orgulloso Zarathustra, tú, que rompes las más duras nueces! ¡Adivina el enigma que yo soy! Habla y dime, ¿quién soy yo?»

Mas cuando Zarathustra oyó tales palabras, ¿qué creéis que pasó en su alma? *La compasión le acometió* y se desplomó de golpe, como una encina que, tras haber resistido largo tiempo frente a las hachas de muchos leñadores, cae de súbito y pesadamente ante el espanto de los mismos que intentaban derribarla. Pero pronto volvió a levantarse del suelo, y su rostro adquirió expresión de dureza.

«Sé perfectamente quién eres —dijo con voz de bronce—. *¡Tú eres el asesino de Dios!* ¡Y deja que me marche!

Tú no *soportabas* a aquel que *te* veía, que te veía constantemente y por completo, a ti, el más feo de los hombres. ¡Y te vengaste de ese testigo!»

Así habló Zarathustra, y quiso marcharse de allí. Mas el indescriptible le asió por un borde de su ropa y comenzó a gimotear de nuevo, en busca de palabras.

«¡Quédate! —dijo por fin—. ¡No pases de largo! ¡Yo

he adivinado qué hacha te derribó! ¡Gloria a ti, Zarathustra, por estar en pie nuevamente!

Has adivinado, bien lo sé, lo que siente el alma del que le mató, del asesino de Dios. ¡No te vayas, siéntate a mi lado! ¡No te arrepentirás!

¿A quién quería yo sino a ti? ¡No te vayas y siéntate! Mas no me mires así. ¡Respeta — mi fealdad!

Ellos me persiguen. Ahora eres tú mi último refugio. *No* es con su odio, *no* es con sus esbirros: ¡oh, de tal persecución yo me burlaría, orgulloso y contento!

La ventura, ¿no ha sido hasta el presente para los más perseguidos? Y quien bien persigue aprende fácilmente a *seguir: ¿*no va ya, acaso — detrás?

¡Pero es de su *compasión*, es de su compasión de lo que huyo! Contra ella busco refugio a tu lado. ¡Oh Zarathustra, ampárame, tú, mi último refugio, el único que me ha adivinado!

¡Tú has adivinado qué sentimientos experimenta quien Le mató! No te vayas. Y si quieres marcharte, viajero impaciente, no tomes el camino por donde vine yo. *Ese* camino es malo.

¿Estás irritado conmigo porque, desde hace mucho tiempo, desuello las palabras? ¿O porque te doy consejos? Pues has de saber que yo, el más feo de los hombres, soy también el que tiene los pies más grandes y más pesados. Por todas partes por donde yo paso, allí es malo el camino. Yo dejo hundidos y estropeados todos los caminos que piso.

Mas en el hecho de que pasases silenciosamente por mi lado, y en tu rubor —¡bien lo he advertido!—, en eso conocí que tú eres Zarathustra.

Cualquier otro me habría arrojado su limosna, su compasión, con miradas y palabras. Mas no soy lo bastante mendigo para eso. Tú lo has adivinado.

Para eso soy yo demasiado *rico*, en cosas grandes y formidables, en las más feas y más indecibles. ¡Tu vergüenza, Zarathustra, me hace *honor!*

Trabajo me ha costado escapar a la muchedumbre de los compasivos, hasta hallar al único que hoy enseña: ¡la compasión es inoportuna! Y ése eres tú, Zarathustra.

Sea compasión de un dios o compasión de hombres, la compasión ofende al pudor. Y el negarse a ayudar puede ser más noble que esa virtud que acude presurosa y solícita.

Mas *eso* es lo que las gentes pequeñas llaman hoy virtud: la compasión. Los pequeños no guardan respeto al gran infortunio, a la gran fealdad, al gran fracaso.

Mis miradas pasan por encima de los pequeños como las de los perros pasan por encima de los lomos de las ovejas del rebaño. Son pequeñas gentes grises y lanudas, benévolas.

Como una garza con la cabeza bien erguida pasea su mirada desdeñosa sobre los estanques poco profundos, así miro yo el hervidero de olitas grises de las pequeñas voluntades y las pequeñas almas grises.

Harto tiempo se les ha dado la razón a esas gentes pequeñas. Así es como se ha acabado por darles también el poder. Y ahora predican: ¡solamente es bueno lo que las gentes pequeñas encuentran bien!

Y "verdad" se llama hoy a lo que enseñaba aquel predicador salido de sus filas, aquel extraño santo y abogado de los pequeños que atestiguó de sí mismo: "¡Yo — yo soy la verdad!"

Ese presuntuoso fue el causante de que, desde hace mucho tiempo, se pavoneen las gentecillas. El, que enseñó un error no pequeño al proclamar "¡Yo soy la verdad!"

¿Se ha contestado nunca con más cortesía a un presuntuoso? Tú, Zarathustra, pasaste de largo ante él, y dijiste: "¡No, no, mil veces no!"

Tú alertaste contra la compasión no a todos, no a ninguno, sino a ti y a los de tu especie.

Tú te avergüenzas de la vergüenza de quien mucho sufre. Y cuando dices "¡Estad alerta, hombres, pues de la compasión procede una gran nube!", y cuando enseñas "¡Todos los creadores son duros, todo gran amor está por encima de su propia compasión!", oh Zarathustra, creo que conoces bien los signos de los tiempos.

No obstante, ¡ponte tú mismo en guardia contra tu propia compasión! Pues hay muchos que están en ca-

mino hacia ti, muchos que sufren, que dudan, que se
desesperan, que se ahogan y se hielan. —

Yo te pongo también en guardia contra mí. Tú has
adivinado mi mejor y mi peor enigma, ¡quién soy, y
lo que he hecho! Yo conozco el hacha que te derriba.

Sin embargo, El — tenía que morir. Miraba con ojos
que lo veían *todo*, veía las profundidades y los abismos
del hombre, toda su encubierta ignominia y fealdad.

Su compasión no conoció el pudor: registraba mis
repliegues más inmundos. Ese supercurioso, ese absoluto indiscreto, ese supercompasivo, ¡tenía que morir!

Me veía siempre: yo tenía que vengarme de semejante testigo, o morir yo mismo.

El Dios que lo veía todo, *también al hombre*, ¡ese
Dios tenía que morir! El hombre no soporta que semejante testigo viva.»

Así habló el más feo de los hombres; y Zarathustra
se levantó y se dispuso a partir, pues estaba helado hasta los tuétanos.

«¡Tú, innombrable! —dijo—. ¡Me has puesto en guardia contra tu camino! Para agradecértelo, voy a recomen-
darte los míos. Mira: allá arriba está la caverna de
Zarathustra.

Mi cueva es grande y profunda, tiene muchos rincones: el más oculto halla allí su escondite. En las cer-
canías hay cien agujeros y cien grietas para los animales que se arrastran, o que revolotean, o que saltan.

Tú, desterrado por voluntad propia, ¿no quieres seguir viviendo en medio de los hombres y de la compasión de los hombres? Pues bien, ¡haz como yo! Así aprenderás también de mí. Solamente quien actúa aprende.

Y ante todo y sobre todo, habla con mis animales,
el más orgulloso y el más astuto. ¡Ellos son, sin duda,
los mejores consejeros para nosotros dos!»

Así habló Zarathustra, y prosiguió su camino, más me-
ditabundo y más calmoso aún que antes, pues se preguntaba muchas cosas a las que no hallaba respuesta.

«¡Qué pobre es el hombre! —pensaba en su corazón—.

¡Qué feo, qué hinchado de hiel, qué lleno de secreta vergüenza!

Me dicen que el hombre se ama a sí mismo. ¡Ay, cuán ingente debe ser ese amor a sí mismo, cuánto desprecio tiene que vencer!

También ése de ahí se amaba tanto como se despreciaba: para mí, es un gran enamorado y un gran despreciador.

A nadie encontré hasta ahora que se despreciara más profundamente. *Eso* es también altura; ¡Ay! ¿Acaso era *ése* el hombre superior cuyo grito oí?

Y yo amo a los grandes despreciadores. Pero el hombre es algo que tiene que ser superado.» —

EL MENDIGO VOLUNTARIO

Cuando Zarathustra se alejó del más feo de los hombres sintióse helado y solitario; pues tantas ideas heladas y solitarias acudían a su mente que hasta los miembros se le enfriaron. Seguía empero su camino, subiendo y bajando, a veces por verdes prados, a veces por barrancos salvajes y pedregosos por donde corriera sin duda, en otro tiempo, algún arroyo impetuoso, cuando su corazón fue bruscamente confortándose.

«¿Qué me ha ocurrido? —se dijo—. Siento que algo caliente y vivo me reconforta, y tiene que hallarse cerca de mí.

Ya estoy menos solo. Cerca de mí andan desconocidos hermanos y compañeros, su aliento cálido me reanima.»

Mas cuando miró a su alrededor buscando el consuelo de su soledad, vio que no se trataba sino de unas vacas que estaban reunidas en una altura: su proximidad y su olor habían devuelto el calor a su corazón. Y aquellas vacas parecían seguir con atención un discurso que alguien les dirigía, y no repararon en el que se les acercaba.

Ya muy próximo a ellas, Zarathustra oyó con claridad una voz de hombre que salía de entre las vacas; y era visible que todas volvían la cabeza hacia quien hablaba.

Entonces Zarathustra se lanzó presuroso en medio del rebaño y lo dispersó, pues temía que a alguien le hubiera ocurrido una desgracia que difícilmente podría reparar la compañía de las vacas. Pero Zarathustra se había engañado, pues lo que había era un hombre sentado en tierra, que parecía exhortar a los animales a que no tuviesen miedo de él, pacífico predicador de la montaña, en cuyos ojos hablaba la bondad misma. «¿Qué buscas aquí?», le preguntó Zarathustra, asombrado.

«¿Qué voy a buscar? —replicó aquél—. ¡Lo mismo que tú, aguafiestas! ¡La felicidad en la tierra!

Y para ello quisiera aprender de estas vacas. Pues has de saber que llevo ya media mañana hablándolcs, y ahora iban a contestarme. ¿Por qué has venido a alborotarlas?

Si no nos convertimos y no nos hacemos como las vacas, no entraremos en el reino de los cielos. De ellas tenemos, en efecto, una cosa que aprender: a rumiar.

Y, en verdad, si el hombre conquistase el mundo entero y no aprendiese esa *única* cosa, el rumiar, ¿de qué le serviría todo lo demás?

No escaparía a su tribulación, a su gran tribulación, que hoy llamamos náuseas. ¿Quién no tiene hoy llenos de náuseas el corazón, la boca y los ojos? ¡Tú también los tienes! ¡Pero contempla, en cambio, esas vacas!» —

Así habló el predicador de la montaña. Luego volvió sus ojos hacia Zarathustra, pues hasta entonces los había tenido amorosamente fijos en las vacas. Mas entonces se transformó.

«¿Con quién estoy hablando? —exclamó espantado, y se levantó de un salto del suelo—. Este es el hombre sin náusea, Zarathustra en persona, el que ha triunfado sobre la gran náusea; ésos son sus ojos, ésa su boca, ése el corazón del mismo Zarathustra.»

Y diciendo eso besaba las manos de aquel a quien hablaba, y sus ojos derramaban lágrimas, cual si le hubiera llovido un tesoro del cielo. Y las vacas contemplaban la escena maravilladas.

«¡No hables de mí, hombre singular, hombre encantador! —respondió Zarathustra, defendiéndose de su ternura—. ¡Háblame antes de ti! ¿No eres tú el mendigo voluntario que, en otro tiempo, arrojó lejos de sí una gran riqueza? ¿No eres acaso el que, avergonzado de las riquezas y de los ricos, se refugió entre los pobres para darles la abundancia de su corazón, aunque ellos no le acogieron?»

«No me acogieron —confesó el mendigo voluntario—, bien lo sabes. Por eso acabé por refugiarme entre los animales, y entre estas vacas.»

«Así aprendiste —interrumpió Zarathustra— que es mucho más difícil dar bien que tomar bien: pues dar bien es un *arte*, y la última y más ingeniosa maestría de la bondad.»

«Especialmente en nuestros días —replicó el mendigo voluntario—. Especialmente hoy, en que todo lo bajo se yergue intratable y orgulloso a su manera, a su plebeya manera.

Pues ya sabes que ha llegado la hora de la gran insurrección de la plebe y de los esclavos, la insurrección nefasta, larga y lenta, que crece de continuo más y más.

Hoy toda beneficencia y toda pequeña dádiva irritan a los pequeños. ¡Qué estén prevenidos los demasiado ricos!

¡Desdichado de quien, semejante a botella panzuda, se vacía gota a gota por su angosto gollete! A esas botellas la gente gusta hoy de quebrarles el cuello.

Codicia lasciva, envidia acerba, rencor amargo, orgullo plebeyo: todo eso me ha asaltado al rostro. No es verdad ya que los pobres sean bienaventurados. El reino de los cielos está hoy entre las vacas.»

«¿Y por qué no entre los ricos?», preguntó Zarathustra, para tentarle, mientras impedía que las vacas olfatearan familiarmente al pacífico apóstol.

«¿Por qué me tientas? —preguntó éste a su vez—. Tú mismo lo sabes mejor que yo. ¿Qué me ha lanzado entre los más pobres, oh, Zarathustra? ¿No ha sido acaso la náusea que sentía en presencia de los más ricos, de esos forzados de la riqueza que, con la mirada fría y devorados por pensamientos de lucro, quieren sacar provecho de cualquier montón de inmundicia; de toda esa chusma cuyo hedor llega hasta los cielos; de esa plebe dorada y falsificada cuyos padres fueron seres con garras, buitres o traperos; de esa canalla complaciente con las mujeres, lúbrica y olvidadiza, en nada diferente de las putas?

Plebe arriba, plebe abajo! (95). ¿Qué significan ya hoy "los pobres" y "los ricos"? Yo he olvidado ya esa diferencia, y por eso hui lejos, cada vez más lejos, hasta que he llegado junto a estas vacas.»

Así habló el pacífico, y, al pronunciar tales palabras, respiraba ruidosamente, y sudaba; de suerte que las vacas se maravillaron de nuevo. Pero Zarathustra, mientras el hombre profería tan duras palabras, le estuvo mirando de hito en hito, sonriendo y sacudiendo silenciosamente la cabeza.

«Te estás haciendo violencia a ti mismo, predicador de la montaña, al servirte de expresiones tan duras. Tu boca y tus ojos no están hechos para semejante dureza.

Ni tampoco tu estómago, según me parece; pues le repugnan toda ira, u odio, o furor. Tu estómago reclama alimentos más suaves: tú no eres un animal carnicero.

Me pareces más bien un comedor de plantas o raíces. Quizá muelas granos. Sin duda eres contrario a los goces carnívoros, y amas la miel.»

«Me has adivinado perfectamente —respondió el mendigo voluntario, con el corazón aliviado—. Yo amo la miel, y también muelo grano, pues he buscado lo que agrada al paladar y purifica la nutrición; y también lo que necesita mucho tiempo, lo que entretiene largo rato y es golosina de perezosos y haraganes.

Estas vacas han ido, ciertamente, más lejos que nadie. Han inventado el rumiar y el tumbarse al sol. Y también

---

(95) Ver notas 19 y 20, y «Coloquio con los reyes», I (nota 92). Después de la «nobleza-plebe», del pasaje últimamente citado, los «ricos-plebe», o, en general, «¡plebe arriba, plebe abajo!».

alejan de su mente todos los pensamientos pesados que hinchan el corazón.»

«¡Bien! —dijo Zarathustra—. Tú debieras conocer también a *mis* animales, mi águila y mi serpiente, que carecen de rival sobre la tierra.

Mira, por ahí va el camino que conduce a mi caverna. Sé mi huésped por esta noche. Y habla con mis animales sobre la felicidad de los animales —hasta que yo regrese también. Pues ahora me llama un grito de socorro que me reclama lejos de ti. También hallarás en mi morada miel nueva, miel de dorados panales, y fresca como la nieve. ¡Cómela!

Mas ahora despídete de tus vacas, hombre extraño y encantador, aun cuando haya de costarte trabajo. No en vano son tus amigos y tus más cálidos maestros.»

«A excepción de uno solo, al que yo amo todavía más —replicó el mendigo voluntario—. ¡Tú también eres bueno, Zarathustra, y mejor incluso que una vaca!»

«¡Vete, vete, vil adulador! —exclamó Zarathustra con malignidad—. ¿Por qué me corrompes con tu miel de alabanzas y adulaciones?

¡Vete, vete!», volvió a gritar, y levantó su bastón sobre el zalamero mendigo. Pero éste escurrió el bulto con presteza.

LA SOMBRA

Mas apenas había huido el mendigo voluntario y Zarathustra volvía a estar solo consigo mismo, cuando oyó detrás de sí una voz nueva que gritaba:

«¡Detente, Zarathustra, aguárdame! ¡Soy yo, oh Zarathustra, soy tu sombra!» Pero Zarathustra no hizo ni caso, pues de golpe se apoderó de él un sentimiento de enojo, al ver la gran muchedumbre y gentío congregado en sus montañas.

«¿Qué se ha hecho de mi soledad? —exclamó—. ¡Esto es demasiado! La gente hormiguea en mis montañas. Mi reino no es ya de *este* mundo: necesito montañas nuevas.

Mi sombra me reclama. ¡Qué me importa mi sombra! ¡Que corra tras de mí; yo huyo de ella!»

Así habló Zarathustra a su corazón, y huyó. Mas quien estaba detrás de él le seguía, de suerte que eran tres a correr, uno tras otro: primero, el mendigo voluntario; después, Zarathustra; y en tercer y último puesto, la sombra de Zarathustra. Mas al poco rato de ir corriendo así, Zarathustra se dio cuenta de su necedad; y arrojó lejos de sí, de *un solo golpe*, todo su fastidio y su disgusto.

«¡Y qué! —exclamó—. ¿No acontecieron siempre, entre nosotros los viejos y solitarios, las cosas más ridículas?

Verdaderamente, mi necedad ha crecido entre las montañas. ¡Y ahora oigo correr, detrás de mí, seis viejas piernas de loco!»

Así hablaba Zarathustra, mientras se reía con los ojos y con las entrañas. De pronto se detuvo, volvióse bruscamente, y casi arrojó al suelo a su sombra que le perseguía: ¡tan pegada iba ésta a sus talones, y tan débil era! Mas al examinarla se espantó, cual si se le apareciera de repente un fantasma: tan flaco y ennegrecido, tan estragado y decrépito era el aspecto de su seguidor.

«¿Quién eres? —preguntó con vehemencia Zarathustra—. ¿Qué haces aquí, y por qué te llamas mi sombra? ¡No me agradas!»

«¡Perdóname! —respondió la sombra—. Pero soy yo. Y, si no te agrado, ¡enhorabuena, Zarathustra, alabo tu buen gusto!

Un viajero soy que hace ya mucho tiempo que te vengo pisando los talones: siempre en camino, pero sin punto hacia donde ir, y sin hogar. De forma que me falta poco para ser el judío eternamente errante, salvo que no soy eterna, ni judío.

¿Cómo? ¿Habré de estar siempre en camino, inquieta, errante, arrastrada lejos por el torbellino de todos los vientos? ¡Oh, tierra, demasiado redonda resultas para mí!

En todas las superficies he estado ya sentada. A semejanza del polvo fatigado, he dormido sobre los espejos y sobre las vidrieras; todas las cosas toman algo de mí, ninguna me da nada, adelgazo y parezco casi una sombra.

Mas a quien más he seguido y perseguido, oh Zarathustra, ha sido a ti. Y aunque de ti me ocultase, he sido, empero, tu sombra más fiel. Donde quiera te posaras, yo me posaba igualmente.

Contigo he vagado por los mundos más lejanos y más fríos, cual un fantasma que se complace en correr sobre los tejados invernales y sobre la nieve.

Contigo he aspirado a todo lo prohibido, a lo más perverso y lo más remoto: y si existe alguna virtud en mí, es el no haberme amedrentado prohibición alguna.

Contigo he quebrantado cuanto alguna vez mi corazón veneró, he derribado todos los límites y todas las imágenes, he corrido en pos de los más peligrosos deseos: en verdad, he pasado alguna vez por encima de todos los crímenes.

Contigo perdí la fe en palabras y valores, y en los grandes nombres. Cuando el diablo muda de piel, ¿no se despoja al propio tiempo de su nombre? ¡Pues el nombre es también una piel! El diablo mismo es quizá —piel.

"Nada es verdadero, todo es lícito", decíame yo, para animarme. En las aguas más heladas me arrojé, de cabeza y de corazón. ¡Cuántas veces, ay de mí, me habré visto, por esa causa, desnuda cual un rojo cangrejo!

¡Ay! ¿Dónde se me han ido todo el bien, y todo el pudor, y toda la fe en los buenos? ¡Ay! ¿Dónde ha ido aquella mentida inocencia que yo poseía, la inocencia de los buenos y de sus nobles mentiras?

Con harta frecuencia, ciertamente, he pisado los talones a la verdad: y entonces era cuando ella me pisaba la cabeza. Alguna vez creía mentir, y, ¡mira, sólo entonces topaba con la verdad!

Demasiadas cosas se me han aclarado, y ya nada me

importa. Nada vive ya que yo ame. ¿Cómo podría aún amarme a mí misma?

¡Vivir como me plazca, o no vivir! Eso es lo que yo quiero, y eso es lo que también quiere el más santo. Mas ¡ay!, ¿acaso tengo aún yo —placer en algo?

¿Acaso tengo aún *yo* — una meta?, ¿algún puerto hacia donde dirija *mi* vela?, ¿algún buen viento? ¡Ay, sólo quien sabe *hacia dónde* navega sabe igualmente qué viento es bueno y favorable para su navegación!

¿Qué me resta? Un corazón fatigado y cínico, una voluntad inestable, alas para revolotear, y un espinazo roto.

Esa búsqueda de *mi* hogar —¡oh Zarathustra, bien lo sabes tú!—, esa búsqueda ha sido *mi* aflicción. Ella me devora.

¿Dónde está *mi* hogar? Por él pregunto, es lo que busqué y no hallé. ¡Oh, eterno estar en todas partes, eterno estar en parte ninguna, eterno "en vano"!»

Así habló la sombra. Y el rostro de Zarathustra se fue alargando al oír tales palabras.

«¡Tú eres mi sombra! —dijo por fin, con tristeza—. ¡No es pequeño el peligro que corres, espíritu libre y viajero! Tuviste un mal día, ¡ten cuidado no le siga un atardecer aún peor!

Los vagabundos como tú terminan por sentirse felices hasta en una cárcel. ¿Viste alguna vez cómo duermen los criminales encarcelados? ¡Duermen en paz, disfrutan de su nueva seguridad!

¡Guárdate de no caer alguna vez prisionera de una fe más estrecha, de una ilusión dura y rigurosa! Pues ahora te tienta y te seduce todo lo que es riguroso y sólido.

¡Oh, desgraciada, has perdido tu meta! ¿Cómo podías librarte de esa pérdida y consolarte de ella? ¡Al perder la meta —has perdido también el camino!

¡Pobre vagabunda, soñadora, mariposa fatigada! ¿Quieres tener esta noche reposo y asilo? ¡Sube entonces a mi caverna!

Por ahí arriba va el camino que conduce hasta ella. Y ahora quiero huir pronto de ti. Ya me envuelve algo como una sombra.

Quiero correr solo, para que vuelva a haber claridad en derredor mío. Para esto tengo todavía que menear alegremente mis piernas durante mucho tiempo. Mas esta noche, en mi casa — ¡se bailará!»

Así habló Zarathustra.

A MEDIODÍA

Y Zarathustra corrió y corrió, pero ya no volvió a encontrar a nadie. Estaba solo, y continuamente se encontraba a sí mismo, y gozaba de su soledad, y durante horas pensó en cosas buenas. Mas a mediodía, cuando el sol se hallaba justamente encima de su cabeza, pasó delante de un árbol añoso, nudoso y retorcido, abrazado y envuelto por el gran amor de una viña, que ocultaba su tronco. De él pendían en abundancia dorados racimos que incitaban al viajero. Entonces Zarathustra sintió deseos de calmar su sed y cortar un racimo. Y ya extendía la mano para cogerlo, cuando se le antojó otra cosa: echarse al pie del árbol, en pleno mediodía, y dormir.

Así lo hizo. Y no bien estuvo tendido en el suelo, en medio del silencio y de los secretos de la hierba multicolor, su ligera sed se había disipado ya, y se quedó dormido. Pues, como dice el proverbio de Zarathustra, la necesidad mayor quita la menor. Sus ojos, sin embargo, seguían abiertos: no se cansaba de mirar y de alabar el árbol y el amor de aquella viña. Pero, entre sueños, habló así a su corazón:

¡Silencio, silencio! ¿No se ha vuelto perfecto el mundo en este instante? ¿Qué me sucede?

Como un viento delicioso danza invisible sobre las facetas de las ondas del mar, leve y ligero como una pluma, así baila el sueño sobre mí.

No me cierra los ojos, deja despierta mi alma. Es ligero, tan ligero como una pluma.

Me persuade, y no sé cómo; me toca por dentro, con ligera mano cariñosa, me fuerza. Sí, me fuerza a que mi alma se dilate: ¡cómo se estira, cansada, mi extraña alma! La noche del día séptimo, ¿ha venido para ella en pleno mediodía? ¿Ha errado ya feliz, harto tiempo, entre cosas buenas y maduras?

¡Mi alma se estira, se alarga, se alarga cada vez más! Yace callada, mi extraña alma. Demasiadas cosas buenas ha saboreado ya: esa tristeza dorada la oprime; y tuerce el gesto.

Como una barca que ha entrado en su más tranquila bahía, y entonces se arrima a la tierra, fatigada de los largos viajes y de los mares inseguros. ¿No es la tierra más leal que el mar?

Como una de esas barcas se acerca, se arrima a tierra firme: basta entonces que una araña teja su tela desde la tierra hasta ella; no se necesita un cable más fuerte.

Como una barca fatigada en la más tranquila bahía, así yo también reposo ahora cerca de la tierra fiel, confiado, esperando, ligado a la tierra por los más tenues hilos.

¡Oh felicidad, felicidad! ¿Quieres cantar, alma mía? Sobre la hierba yace. Pero ésta es la hora misteriosa y solemne en la que ningún pastor tañe su flauta.

¡Ten cuidado! El calor del mediodía se posa sobre las praderas. No cantes. ¡Silencio! ¡El mundo es perfecto!

¡No cantes, oh, alma mía, pájaro de los valles! ¡No murmures siquiera! ¡Mira, calla! El venerable mediodía duerme, mueve los labios. ¿No bebe en este instante una gota de dicha? ¿Una añeja gota de felicidad dorada, de dorado vino? Su dicha se desliza furtivamente hacia él, y sonríe. Así ríen los dioses. ¡Silencio!

¡Cuán poco basta para ser feliz! Eso me decía yo en otro tiempo, y me creía sabio. Pero era una blasfemia: *así* lo he aprendido ahora. Los locos inteligentes hablan mejor.

Justamente lo más pequeño, lo más silencioso, lo más ligero; el roce de una lagartija en la hierba, un crujido, un soplo, una mirada: *lo poco* es la especie de la mejor felicidad. ¡Silencio!

¿Qué me ha sucedido? ¡Escucha! ¿No ha huido el tiempo volando? ¿No estoy a punto de caerme? —¿No he caído ya —¡escucha!— en el pozo de la eternidad?

¿Qué me sucede? ¡Silencio! ¡Me han pinchado, ay de mí, en el corazón! ¡Desgárrate, hazte pedazos, oh, corazón mío, después de tal herida y de tal felicidad!

¿Cómo? ¿No estaba ya perfecto el mundo hace un instante, redondo y maduro? ¡Oh, redondo aro de oro! ¿Adónde escapa volando? ¡Corra yo tras él! ¡Adelante!

Silencio —(y Zarathustra se desperezó, y sintió que se dormía).

¡Arriba, dormilón! —se dijo a sí mismo—. ¡Dormilón en pleno día! ¡Vamos, viejas piernas! Ya es tiempo y más que tiempo: aún os queda un buen trecho de camino.

Os habéis entregado al sueño, ¿cuánto tiempo? ¡Media eternidad! ¡Vamos, álzate ahora, viejo corazón mío! ¿Cuánto tiempo necesitarás para despertar, después de tal sueño?

(Mas entonces se adormeció de nuevo. Su alma se resistió, se defendió, y volvió a acostarse cuan larga era.)

¡Déjame, silencio! ¿No estaba ya perfecto el mundo hace un instante? ¡Oh, redonda bola de oro!

¡Levántate, levántate, ladronzuela, perezosa! —dijo Zarathustra—. ¿Cómo es eso? ¿Seguirás tumbada y bostezando, suspirando, cayendo al fondo de pozos profundos? ¿Quién crees ser, alma mía?

Y en ese instante Zarathustra se asustó; pues del cielo vino a caerle, sobre el rostro, un rayo de sol.

¡Oh, cielo que te elevas por encima de mí! —dijo, suspirando, mientras se incorporaba—. ¿Me contemplas? ¿Escuchas a esta alma mía tan extraña?

¿Cuándo beberás esa gota de rocío que ha caído sobre todas las cosas de la tierra? ¿Cuándo te beberás esta extraña alma? ¿Cuándo absorberás mi alma, oh, pozo de la eternidad, oh, sereno y estremecedor abismo del mediodía, para reincorporarla en ti?

Así habló Zarathustra, y se levantó de su lecho al pie del árbol, como saliendo de una extraña embriaguez. Y he aquí que el sol estaba todavía exactamente encima de su cabeza: de lo cual cabría inferir, con razón, que tal día Zarathustra no estuvo dormido mucho tiempo.

EL SALUDO

Ya era muy entrada la tarde, cuando Zarathustra, después de sus largas e infructuosas búsquedas, retornó a su caverna. Mas cuando se halló delante de ésta, a unos veinte pasos, ocurrió lo que él menos esperaba en aquel instante: oyó nuevamente el gran grito de socorro. Y, cosa rara, el grito procedía de su propia caverna. Tratábase de un grito prolongado, múltiple y extraño, y Zarathustra distinguía claramente que se componía de muchas voces, aun cuando, oído a distancia, parecía proceder de una sola boca.

Entonces Zarathustra se precipitó en su caverna. ¿Cuál sería el espectáculo que aguardaba a sus ojos después del que ya se había ofrecido a sus oídos? Allí estaban reunidos todos los que Zarathustra había hallado durante el día: el rey de la derecha y el rey de la izquierda, el viejo hechicero, el papa, el mendigo voluntario, la sombra, el concienzudo del espíritu, el lúgubre adivino y el asno. El más feo de los hombres se había puesto una corona y se había ceñido dos bandas de púrpura, pues le gustaba disfrazarse y engalanarse, como a todos los feos. Mas en medio de aquella triste compañía, el águila de Zarathustra estaba en pie, inquieta y con las plumas erizadas, pues tenía que responder a muchas cosas a las que su orgullo no encontraba respuesta; y la serpiente, astuta, habíasele enroscado alrededor del cuello.

Zarathustra quedó profundamente asombrado ante aquel cuadro. Luego examinó uno por uno a sus huéspedes, con curiosidad benévola; leyó en las almas, y volvió a asombrarse. Entretanto, los allí reunidos se habían levantado de sus asientos y aguardaban respetuosamente a que Zarathustra tomara la palabra. Y Zarathustra habló así:

«Hombres singulares que esperáis, ¿fue pues *vuestro* el grito de socorro que llegó hasta mis oídos? Pues ahora ya sé dónde hay que buscar a quien hoy he buscado en vano: al hombre superior.

¡En mi propia caverna está sentado el hombre superior! Pero ¿por qué he de asombrarme? ¿No he sido yo mismo quien le ha atraído con ofrendas de miel y con la maligna tentación de mi felicidad?

Mas vosotros, los que lanzáis gritos de socorro, ¿me engaño si pienso que no os avenís fácilmente, que vuestros corazones se entristecen, los unos a los otros, al estar reunidos aquí? Tendría que venir alguien, alguien que os hiciera reír de nuevo, un buen payaso alegre, un bailarín, un huracán, una veleta, un hombre travieso, un viejo loco. ¿No os parece?

¡Perdonadme, hombres desesperados, que hable ante vosotros con palabras tan pueriles, tan indignas, en verdad, de tales huéspedes! Pero no adivináis qué es lo que llena de petulancia mi corazón.

¡Sois vosotros, y el espectáculo que ofrecéis, perdonádmelo! Pues todo el que contempla a un desesperado cobra ánimos. Para consolar a un desesperado cualquiera se siente lo bastante fuerte.

A mí mismo me habéis dado vosotros esa fuerza: ¡un don precioso, mis nobles huéspedes, un verdadero presente de huéspedes! Mas no os ofendáis si, a mi vez, os ofrezco el mío.

Éste es mi reino y mi dominio, que yo os ofrezco para esta tarde y para esta noche. Mis animales os servirán, mi caverna será vuestro lugar de reposo.

Cobijados en mi albergue, ninguno de vosotros debe desesperar: en mi campo de caza yo protejo a todos contra las bestias salvajes. ¡Seguridad, eso es lo primero que os ofrezco!

Y lo segundo es: mi dedo meñique. Y, en teniéndolo, ¡tomaos la mano entera! ¡Y vaya luego el corazón a la par! Sed aquí bien venidos, huéspedes míos.»

Así habló Zarathustra, y rió de amor y de maldad. Tras aquel saludo, sus huéspedes se inclinaron de nuevo silenciosamente y callaron, llenos de respeto. Pero el rey de la derecha contestó en nombre de todos:

«Por el modo como nos has presentado tu mano y tu saludo, oh Zarathustra, reconocemos que eres Zarathustra. Te has rebajado ante nosotros, casi en mengua de nuestro respeto. Pero ¿quién como tú sabría rebajarse con tanto orgullo? Eso nos levanta a nosotros, es un bálsamo para nuestros ojos y para nuestros corazones.

Solamente por contemplar este cuadro subiríamos con gusto a montañas aún más altas. Pues hemos acudido ávidos de espectáculo: queríamos ver lo que aclara los ojos turbios.

Y ahora ya se acabaron todos nuestros gritos de socorro. Ya nuestra mente y nuestro corazón se abren extasiados: poco falta para que nuestro valor se haga petulante.

Nada hay más alentador sobre la tierra, oh Zarathustra, que una voluntad elevada y firme. Es la planta más hermosa que crece en la tierra. Todo un paisaje se hermosea con uno solo de semejantes árboles.

Con un pino comparo, oh Zarathustra, a quien crece como tú. Esbelto y silencioso, duro y solitario, hecho de la mejor y más flexible madera, soberano, y queriendo además tocar *su* dominio con ramas vigorosas y verdes, interrogando con energía a los vientos y las tempestades, a cuanto tiene su morada en las alturas, y dando respuestas aún más enérgicas, imperativo, victorioso. Oh, ¿quién no subiría hasta tus alturas para contemplar semejantes plantas?

¡Con tu árbol, Zarathustra, se anima el triste, el fracasado; con su visión se serena el inquieto, y cura su corazón!

Y en verdad, muchas miradas se dirigen hoy hasta esta montaña y este árbol. Un gran deseo se ha movilizado, y muchos han aprendido a preguntar: ¿quién es Zarathustra?

Y todos aquellos en cuyos oídos has destilado la miel de tu canción, todos cuantos están ocultos, los eremitas solitarios y los solitarios en pareja (96), se han dicho en su corazón:

¿Zarathustra vive aún? ¡Ya no vale la pena vivir, todo es igual, todo es vano —o hemos de vivir con Zarathustra!

¿Por qué no viene él, que se anunció hace tanto tiempo?, se preguntan muchos. ¿Le ha devorado la soledad? ¿O bien seremos nosotros quienes debemos ir hacia él?

La soledad misma cede ahora y se quiebra, como una tumba que se entreabriera y no pudiera ya contener a sus muertos. Por todas partes se ven resucitados.

¡Ahora las olas suben y suben, oh Zarathustra, en derredor de tu montaña! Y, pese a lo elevado de tu altura, muchos tienen que subir hasta ti. Tu barca no debe permanecer ya mucho tiempo en seco.

Y el haber venido a tu cueva nosotros, los desesperados, y el que ya no desesperemos, es tan sólo un signo y un presagio de que se hallan en camino hacia ti otros mejores que nosotros.

Pues en camino hacia ti se halla igualmente el útlimo resto de Dios entre los hombres: es decir, todos los hombres del gran anhelo, de la gran náusea, del gran hastío: todos los que no quieren ya vivir, a no ser que reaprendan a *esperar*, ¡a no ser que aprendan de ti, oh Zarathustra, la *gran* esperanza!»

Así habló el rey de la derecha, y cogió la mano de Zarathustra para besarla. Mas Zarathustra se defendió de su veneración, espantado y silencioso, y retrocedió como si huyera a remotas lejanías. A los pocos instantes, sin embargo, estaba ya de retorno entre sus huéspedes, y, mirándoles con ojos claros y escrutadores, les dijo:

«¡Hombres superiores, huéspedes míos! Voy a hablaros en alemán y claramente: no es a *vosotros* a quienes yo esperaba en estas montañas.»

(«¿En alemán y claramente? ¡Dios nos asista! —mur-

---

(96) Las «parejas en soledad», ver nota 12.

muró el rey de la izquierda, en un aparte—. ¡Ya se ve que no conoce a esos buenos alemanes este sabio de Oriente! Habrá querido decir "en alemán y con grosería". Pero, en fin, hoy día no es éste el peor de los gustos.»)

«Puede que todos vosotros seáis hombres superiores —continuó Zarathustra—. Mas para mí no sois bastante elevados ni bastante fuertes.

Y ese "para mí" significa: para la voluntad implacable que calla en mí, pero que no callará siempre. Y si sois míos, no los sois, empero, como mi brazo derecho.

Quienes como vosotros andan sobre piernas enfermizas y frágiles, necesitan sobre todo, lo sepan o se lo oculten, que se sea *indulgente* con ellos.

Mas yo no soy indulgente con mis brazos ni con mis piernas. *Yo no soy indulgente con mis guerreros.* ¿Cómo podrían servirme para *mi* guerra?

Con vosotros malograría incluso mis victorias. Y muchos de vosotros caeríais de espaldas con sólo oír el redoblar de mis tambores.

Tampoco sois para mí suficientemente bellos ni de buena raza. Yo necesito, para recibir mis doctrinas, espejos limpios y bruñidos: en vuestra superficie, mi propia imagen aparece deforme.

Sobre vuestros hombros pesan muchas cargas y muchos recuerdos; en vuestros rincones, más de un enano perverso se acurruca. También dentro de vosotros se oculta la plebe.

Y aunque seáis elevados y de especie superior, hay en vosotros mucho que está torcido y deforme. No hay en el mundo herrero capaz de arreglaros y enderezaros a satisfacción mía.

No sois sino puentes. ¡Ojalá que otros mejores puedan pasar sobre vosotros a la otra orilla! Representáis escalones: ¡no os irritéis, por tanto, contra quien sube por encima de vosotros hacia *su* altura!

Quizá de vuestra semilla nazca algún día, para mí, un hijo auténtico y un heredero perfecto: pero eso está todavía lejos. En cuanto a vosotros, no sois los seres que tienen derecho a mi nombre y a mi herencia.

No es a vosotros a quienes yo espero aquí en estas montañas; no es con vosotros con quienes me es lícito descender, por última vez, entre los hombres. No sois sino correos de vanguardia, signos precursores que anuncian que están en ruta hacia mí otros más elevados. *No* los hombres del gran anhelo, de la gran náusea, del gran hastío, o de esos que habéis llamado "el último resto de Dios" entre los hombres.

¡No, no! ¡Mil veces no! Es a otros a quienes espero yo aquí, en estas montañas, y sin ellos no se moverá mi pie. Espero a otros más altos y más fuertes, más victoriosos y más alegres, construidos a escuadra en su cuerpo y en su alma. ¡Es menester que vengan! ¡Leones rientes tienen que venir!

¡Oh, huéspedes míos, hombres singulares! ¿No habéis oído aún nada de mis hijos? ¿No habéis oído que están en camino para llegar a mí?

Habladme pues de mis jardines, de mis islas afortunadas, de mi nueva y bella especie. ¿Por qué no me habláis sobre eso?

Tal es el regalo de huéspedes que pido yo de vuestro amor, que me habléis de mis hijos. Para ellos me hice rico, para ellos me hice pobre. ¡Qué no he dado, qué no daría, por tener una sola cosa: *esos* hijos, *esos* planteles vivos, *esos* árboles de la vida de mi voluntad y de mi más elevada esperanza!»

Así habló Zarathustra. E interrumpió de golpe su discurso, porque le asaltó su anhelo, y cerró los ojos y la boca. ¡Tan grande era el tumulto de su corazón! Y todos sus huéspedes callaron, quedando silenciosos y consternados. Salvo el viejo adivino, que empezó a agitar los brazos y a gesticular, haciendo signos.

LA CENA

Sucedió, pues, que el adivino interrumpió en aquel punto la salutación de Zarathustra y sus huéspedes. Se adelantó presuroso, como quien no tiene tiempo que perder, cogió la mano de Zarathustra, y exclamó:

«¡Pero, Zarathustra, unas cosas son más necesarias que otras, como tú mismo dices! Y bien, ahora hay algo que es para mí más necesario que otra cosa cualquiera.

Lo prometido es deuda: ¿acaso no me has invitado a una *comida*? Aquí hay muchos que han hecho una larga caminata. ¡No pretenderás saciar nuestro apetito a base de discursos!

Todos habéis hablado ya de sobras sobre el morir de frío, sobre el ahogarse, sobre el asfixiarse, y sobre otras calamidades corporales: mas nadie se ha acordado de *mi* calamidad: ¡la de estar hambriento!»

(Así habló el adivino. Pero cuando los animales de Zarathustra oyeron tales palabras huyeron despavoridos; pues vieron que, con todo lo que habían acarreado durante el día, no tendría bastante el adivino ni siquiera para él *solo*.)

«Y tampoco hay que olvidarse de la sed —prosiguió el adivino—. Y aunque oigo correr abundante el agua, abundante e infatigablemente, como los discursos de la sabiduría, por mi parte lo que quiero es *vino*.

No todos son, como Zarathustra, bebedores empedernidos de agua; y el agua no es conveniente para los fatigados y los marchitos. *Nosotros* necesitamos vino: solamente el vino puede traernos una cura rápida, una salud repentina.»

Pero ocurrió que, mientras el adivino pedía vino, el rey de la izquierda, el rey silencioso, tomó, también él, la palabra.

«Del vino —dijo— nos hemos cuidado nosotros, yo y

mi hermano, el rey de la derecha. Traemos bastante vino, todo un asno cargado. No hace falta, por lo tanto, más que pan» (97).

«¿Pan? —preguntó Zarathustra, riendo—. Pan es justamente lo que no tienen los eremitas. Pero no sólo de pan vive el hombre, sino también de buena carne de cordero: y yo tengo dos.

Debemos descuartizar pronto los corderos, y aromatizarlos con salvia, que es como más me agradan. Y tampoco me faltan raíces ni frutos que satisfarían incluso a los gastrónomos y a los paladares delicados; ni nueces, ni otros enigmas que romper.

Vamos, pues, a celebrar una buena cena. Mas quien quiera comer con nosotros tiene que poner manos a la obra, los reyes lo mismo que los demás. Porque, en la morada de Zarathustra, hasta a un rey le es lícito ser cocinero.»

Tal proposición tuvo excelente acogida por parte de todos. El mendigo voluntario fue el único que rechazó la carne, el vino y las especias.

«¡Oíd a este sibarita de Zarathustra! —comentó en son de broma—. ¿Es que se acude a las cuevas y se asciende a las altas montañas para celebrar semejantes festines?

Ahora sí que entiendo lo que él nos enseñó en otro tiempo: ¡Alabada sea la pequeña pobreza! Y comprendo igualmente por qué quiere suprimir a los mendigos.»

«Procura mantenerte de buen humor, como el que yo tengo —respondió Zarathustra—. ¡Guarda tus costumbres, hombre excelente, muele tu trigo, bebe tu agua, alaba tu cocina, si es ésa la que te proporciona placer!

Yo no soy ley más que para los míos, yo no soy la ley para todo el mundo. Mas quien es de los míos debe poseer huesos fuertes y piernas ágiles.

Deben gustarles las guerras y los festines; no ser hombres sombríos ni soñadores, estar prestos a las cosas más difíciles como a su fiesta, sentirse sanos y salvos.

---

(97) El pan y el vino vienen así a cerrar el paralelo con la «Cena» evangélica, que ya el lector habrá venido advirtiendo; pero la parodia va a sufrir en seguida una transformación, con un giro cruel: los comensales van a preferir el **cordero**.

Lo mejor pertenece a los míos y a mí mismo. En caso de que no nos lo den, nos lo tomamos: ¡el mejor alimento, el cielo más luminoso, los pensamientos más fuertes, las mujeres más hermosas!»

Así habló Zarathustra. Mas el rey de la derecha replicó: «¡Extraño! Jamás se oyeron cosas tan juiciosas en boca de un sabio.

Y, en verdad, tratándose de un sabio, lo más singular es que hable inteligentemente y no sea un asno.»

Así habló, extrañado, el rey de la derecha. Pero el asno, malignamente, contestó a su discurso con un I-A (98). Tal fue el inicio de aquella larga y memorable comida que se llama «la Cena» en los libros de historia. Durante la misma no se habló de otra cosa que del *hombre superior*.

DEL HOMBRE SUPERIOR

I

Cuando por vez primera acudí a los hombres, cometí la tontería propia del solitario, la gran tontería: fui a la plaza del mercado.

Y cuando hablaba a todos, a nadie hablaba. Y, por la noche, mis compañeros eran titiriteros y cadáveres: casi un cadáver era yo mismo. Mas la nueva mañana me trajo una nueva verdad. Y entonces aprendí a decir: ¡qué me importan el mercado y la plebe, ni el ruido de la plebe, ni las largas orejas de la plebe!

Hombres superiores, aprended esto de mí: en el mercado nadie cree en hombres superiores. Y si os empeñáis en hablar allí, sea en buena hora; pero la plebe guiñará el ojo y dirá: ¡todos somos iguales!

«¡Hombres superiores! —asegura la plebe, haciendo guiños—, ¡no existen hombres superiores! Todos somos

_____

(98) Ver nota 77.

iguales y un hombre vale lo mismo que otro. ¡Ante Dios —todos somos iguales!»

Ante Dios. Mas ese Dios ha muerto ya. Y ante la plebe nosotros no queremos ser iguales. ¡Hombres superiores, alejaos de la plaza del mercado!

II

«¡Ante Dios!» Mas ese Dios ha muerto ya. ¡Hombres superiores, ese Dios ha sido vuestro mayor peligro!

No habéis resucitado sino desde que él yace en la tumba. Sólo ahora llega el gran mediodía. ¡Ahora el hombre superior se convierte en —señor!

¿Habéis entendido mi palabra, hermanos míos? ¿Estáis asustados? ¿Es víctima del vértigo vuestro corazón? ¿Veis abrirse aquí algún abismo? ¿Os está ladrando el perro del infierno?

¡Vamos, adelante, hombres superiores! Ahora es cuando la montaña del futuro humano está de parto. Dios ha muerto. Ahora *nosotros* queremos que viva el superhombre.

III

Hoy los más preocupados preguntan: ¿cómo se conserva el hombre? Mas Zarathustra pregunta, y es el primero que lo pregunta: ¿cómo será *superado* el hombre?

El superhombre es lo que yo amo: *él* es para mí lo primero y lo único: *no* el hombre, no el prójimo, no el más pobre, no el más afligido, no el mejor.

¡Hermanos míos, lo que yo puedo amar en el hombre es que constituye un tránsito y un ocaso! Y en vosotros hay igualmente muchas cosas que me hacen amar y esperar.

¡Hombres superiores! Vosotros habéis despreciado, y eso me hace tener esperanzas. Pues los grandes despreciadores son también los grandes veneradores.

Os habéis desesperado, y eso es una honra para vosotros, pues no habéis aprendido a resignaros, no habéis aprendido las pequeñas corduras.

Hoy los pequeños se han hecho los amos: todos predican resignación y modestia, y cordura, y laboriosidad, y miramientos, y la larga serie de las pequeñas virtudes.

Lo que es de estirpe femenina, lo que es de estirpe servil, la mezcla plebeya, *eso* es ahora lo que quiere enseñorearse de todo destino humano. ¡Oh, náusea, náusea, náusea!

Incansable pregunta y pregunta *esto*: ¿cómo se conserva el hombre mejor, y por más tiempo, y del modo más deleitable? ¡Y con *eso* son hoy los amos!

¡Hermanos míos, superadme a esos amos de hoy, a esas gentes pequeñas! ¡Ellas son el mayor de los peligros para el superhombre!

¡Superadme, hombres superiores, las virtudes minúsculas, las corduras minúsculas, los miramientos insignificantes, el ajetreo de las hormigas, el mísero bienestar, «la felicidad del mayor número»!

¡Antes desesperar que resignarse! En verdad, yo os amo porque no sabéis vivir hoy, oh, hombres superiores. ¡Pues así es como *vosotros* vivís mejor!

IV

¿Tenéis valor, hermanos míos? ¿Estáis decididos? No hablo del valor ante testigos, sino del valor del solitario, del valor del águila, del que ya no hay un dios que sea espectador.

Las almas frías, los mulos, los ciegos, los borrachos, no poseen lo que yo llamo corazón. Corazón tiene quien conoce el miedo, pero *domeña* el miedo; quien ve el abismo, pero con *orgullo*; quien contempla el abismo, pero con ojos de águila; y lo *aferra* con garras de águila: ése tiene valor.

V

«El hombre es malvado.» Así han hablado, para consuelo mío, los más sabios. ¡Ay, si eso fuera hoy verdad! Pues el mal es la mayor fuerza del hombre.

¡El hombre tiene que hacerse mejor y más malo! Eso es lo que *yo* enseño. Un mal mayor es necesario para el mayor bien del superhombre.

Padecer y sufrir por los pecados de los hombres podía ser bueno para aquel predicador de gentes pequeñas Mas yo me regocijo del gran pecado como de mi gran *consuelo*.

Pero esas cosas no las digo para las orejas largas: ni toda palabra conviene a todo hocico. Éstas son cosas sutiles y remotas: las pezuñas de los carneros no deben alargarse hacia ellas.

VI

Vosotros, hombres superiores, ¿creéis acaso que yo estoy aquí para arreglar lo que vosotros habéis estropeado?

¿O para preparar un lecho más cómodo a los que sufren? ¿O que quiero enseñaros sendas nuevas y más accesibles a vosotros los errantes, los extraviados y perdidos por los montes?

¡No, no! ¡Mil veces no! Hace falta que cada vez perezcan más, y perezcan los mejores de vuestra especie, pues vuestro destino debe ser cada vez peor y cada vez más duro. ¡Sólo así, solamente así asciende el hombre hasta la altura en que el rayo cae sobre él y le despedaza! ¡Sólo así se hace el hombre lo bastante alto para el rayo!

Mi mente y mi anhelo me llevan hacia lo raro, hacia lo dilatado, hacia lo lejano. ¡Qué ha de importarme vuestra mucha miseria, pequeña y corta!

Para mí, aún no sufrís lo bastante. Pues sufrís por vosotros mismos: no habéis sufrido aún *por el hombre*. ¡Mentiríais si dijerais lo contrario! Ninguno de vosotros ha sufrido por aquello por lo que *yo* he sufrido.

VII

No me basta con que el rayo no dañe a nadie. No quiero desviarlo. Quiero enseñarle a trabajar para *mí*. Mi sabiduría se acumula, desde hace tiempo, como una nube, cada vez más silenciosa y sombría. Así se comporta toda sabiduría que alguna vez ha de parir *rayos*.

Para esos hombres de hoy no quiero ser *luz*, ni ser llamado luz. A *ésos* lo que quiero es cegarles. ¡Rayo de mi sabiduría, arráncales los ojos!

VIII

No queráis nada superior a vuestras fuerzas: hay una perversa falsedad en quienes quieren por encima de sus fuerzas.

¡Y sobre todo cuando quieren cosas grandes! Pues esos sutiles monederos falsos, esos impostores, despiertan desconfianza contra las cosas grandes.

Hasta que acaban por ser falsos ante ellos mismos, gentes de ojoz bizcos, madera carcomida y blanqueada, enmascarados tras grandes palabras de virtudes aparatosas y de falsas obras de relumbrón.

¡Hombres superiores, tened con ellos mucha cuatela! Pues hoy nada me parece más precioso y raro que la honradez.

¿Acaso el hoy no pertenece a la plebe? Pero la plebe no sabe lo que es grande ni lo que es pequeño, ni lo que es recto y honrado: la plebe es inocentemente tortuosa, miente siempre.

IX

¡Tened hoy una saludable desconfianza, hombres superiores, hombres de corazón valeroso! Y guardad secretas vuestras razones. Pues este hoy pertenece a la plebe.

Lo que la plebe aprendió a creer sin razones, ¿quién podría destruírselo con razones?

En la plaza del mercado se convence con gestos. Las razones inspiran desconfianza a la plebe.

Y si en alguna ocasión triunfa allí la verdad, preguntad con sana desconfianza: ¿qué gran error ha combatido por ella?

¡Guardaos también de los doctos! ¡Os odian, porque son estériles! Tienen los ojos fríos y secos; ante ellos, todo pájaro está desplumado.

Ellos se vanaglorian de no mentir: mas la incapacidad de mentir queda muy lejos del amor a la verdad. ¡Guardaos de ellos!

¡La falta de fiebre queda muy lejos del conocimiento! Yo no creo a los espíritus refrigerados. Quien no sabe mentir, no sabe qué es la verdad.

X

Si queréis subir más arriba, servíos de vuestras propias piernas. No pretendáis que *os suban*, no os sentéis sobre espaldas o sobre cabezas ajenas.

¿Has montado tú a caballo? ¿Galopas ahora velozmente hacia tu meta? Pues bien, amigo mío, ¡también tu pie cojo va montado sobre el caballo!

Cuando hayas alcanzado la meta y cuando te apees de tu caballo, ¡allí, en tu altura, hombre superior —tropezarás!

XI

¡Vosotros, hombres superiores, los que creáis: solamente del propio hijo se está preñado!

¡No os dejéis inducir a error! ¿Quién es *vuestro* prójimo? Y aunque obréis «para el prójimo», ¡no creéis por él!

Olvidar ese «por», vosotros los creadores: vuestra virtud quiere precisamente que no hagáis nada «por», ni «por que», ni «a causa de». ¡Tapaos los oídos contra tales palabrejas!

El «por el prójimo» es la virtud de las gentes pequeñas. Entre ellas se dice «tal para cual», y «una mano lava la otra». ¡No tiene ni el derecho ni la fuerza de exigir *vuestro* egoísmo!

En vuestro egoísmo, oh, creadores, laten la previsión y la cautela de la mujer embarazada. Lo que nadie ha visto aún con sus ojos, el fruto: eso es lo que vuestro amor protege, y conserva, y nutre.

Allí donde está todo vuestro amor, en vuestro hijo, allí también está toda vuestra virtud. Lo que es vuestra obra y vuestra voluntad, eso es *vuestro* «prójimo»: ¡no os dejéis inducir a falsos valores!

XII

¡Oh, creadores y hombres superiores! Quien tiene que dar a luz está enfermo, mas quien ha dado a luz está impuro.

Preguntad a las mujeres: no se da a luz por diversión. El dolor hace cacarear a las gallinas y a los poetas.

En vosotros, los creadores, hay mucha impureza: y es así porque tuvisteis que ser madres.

Un nuevo hijo: ¡Oh, cuánta nueva suciedad ha venido con él al mundo! Quien ha dado a luz debe lavarse el alma.

XIII

¡No queráis ser virtuosos por encima de vuestras fuerzas! ¡No exijáis de vosotros mismos nada que sea inverosímil!

Seguid las huellas que ya trazó la virtud de vuestros padres. ¿Cómo querríais ascender, si la voluntad de vuestros padres no ascendiera con vosotros?

Mas quien quiere ser el primero, ¡tenga cuidado de no ser el último! Y donde están los vicios de vuestros padres no pongáis la santidad.

¿Qué sucedería si se exigiera a sí mismo castidad aquel cuyos padres amaron los vinos fuertes y la carne de jabalí, y frecuentaron mujeres?

¡Necedad sería eso! Para semejante hombre, ya es mucho que se contente con ser el marido de una mujer, o de dos, o de tres.

Y si fundase conventos y escribiera sobre su puerta «Camino hacia la santidad», yo diría: ¿a qué viene eso? ¡Eso es una nueva necedad!

Se ha creado para su propio uso un reformatorio y un asilo: ¡que le aproveche! Mas yo no creo en eso.

En la soledad florece lo que cada cual lleva consigo, incluso el animal interior. Por eso a muchas personas hay que apartarlas de la soledad.

¿Hubo jamás hasta hoy sobre la tierra algo más impuro que un santo del desierto? En *su* derredor no sólo rondaba desencadenado el demonio, ¡sino también el cerdo!

XIV

Tímidos, vergonzosos, torpes, semejantes al tigre que ha fallado en su primera embestida: así es como os he visto, hombres superiores, escabulliros y zafaros a menudo. Os había fallado una jugada de dados.

Mas ¿qué os importa eso a vosotros, jugadores de dados? ¿No habéis aprendido a jugar y a burlaros como es debido? ¿No estamos siempre sentados a una gran mesa de burlas y juegos?

Y aunque fracasaseis en grandes cosas, ¿habéis por ello fracasado vosotros mismos? Y si habéis fracasado, ¿es ésa una razón para que haya fracasado —el hombre? ¡Y aunque hubiera fracasado el hombre, qué importa! ¡Adelante!

XV

Cuanto más elevada es la especie de una cosa, tanto más difícilmente se logra. Vosotros, hombres superiores, ¿no sois todos unos seres malogrados?

¡Ánimo, a pesar de todo! ¿Qué importa el fracaso? ¡Cuántas cosas son posibles todavía! ¡Aprended a reíros de vosotros mismos, como hay que reír!

¡Qué hay de extraño, además, en que os hayáis malogrado, o logrado a medias —si estáis truncados! ¿No se precipita y se impacienta dentro de vosotros —el *futuro* del hombre?

Lo más remoto y profundo que existe en el hombre, su altura estelar y su inmensa fuerza, ¿no se agita hirviente y espumeante en vuestra marmita?

¿Qué tiene de sorprendente que se rompa más de una marmita? ¡Aprended a reíros de vosotros mismos como hay que reír! ¡Oh, hombres superiores, cuántas cosas son posibles todavía!

Y, en verdad, ¡cuántas cosas se han logrado ya! ¡Cuánta abundancia hay en la tierra de pequeñas cosas buenas, y perfectas, y bien logradas!

¡Hombres superiores, rodeados de pequeñas cosas buenas y perfectas! Su madurez dorada cura el corazón. Las cosas perfectas enseñan a tener esperanza.

XVI

¿Cuál ha sido, hasta el presente, en la tierra, el máximo pecado? ¿Acaso no lo fue la palabra de quien dijo: «Desgraciados de los que se ríen aquí abajo»? (99).

¿Es que no encontró de qué reír sobre la tierra? Mal buscaría, de seguro. Hasta un niño encuentra aquí motivos para reírse.

Aquel hombre no amaba bastante: ¡De lo contrario nos habría amado también a nosotros, los que reímos! Pero nos odió y nos insultó, nos anunció el llanto y el crujir de dientes.

¿Es que hay que maldecir porque no se ama? Eso me parece de mal gusto. Pues eso es lo que hizo aquel incondicional. Había salido de la plebe.

No amaba él lo bastante: de lo contrario no se hubiese encolerizado tanto porque no se le amase. El gran amor no *quiere* amor: quiere más.

¡Alejaos de todos esos incondicionales! Es ésa una ralea miserable y enferma, una ralea plebeya que lanza miradas malignas a la vida y quiere echar mal de ojo a esta tierra.

¡Alejaos de todos esos incondicionales! Tienen los pies y el corazón pesados: no saben bailar. ¿Cómo ha de ser ligera la tierra para ellos?

---

(99) Del Evangelio de san Lucas, «¡Ay de vosotros los que ahora reís, pues lamentaréis y lloraréis!»

XVII

Todas las cosas buenas se acercan a su meta por caminos tortuosos. Semejantes a los gatos, arquean el lomo y runrunean al barruntar su felicidad cercana. Todas las cosas buenas se ríen.

El modo de andar de cada individuo revela si va ya por su camino propio. ¡Miradme andar a mí! Pero quien se aproxima a su meta, ése baila.

Y en verdad, yo no me he convertido en estatua, ni estoy aquí plantado, esupefacto, marmóreo como una columna: a mí me gusta la carrera veloz.

Aun cuando sobre la tierra hay terrenos pantanosos y una densa tristeza, quien tiene los pies ligeros corre incluso por encima del fango, y baila sobre él como sobre hielo pulido.

¡Alzad vuestros corazones, hermanos míos, alto, más alto! ¡Y no olvidéis vuestras piernas! ¡Levantadlas, buenos bailarines! ¡O, mejor aún, andad de cabeza!

XVIII

Esta corona del que ríe, esta corona de rosas, yo mismo he sido quien me la he ceñido. Yo mismo he canonizado mi propia risa. No he hallado a nadie más que sea hoy capaz de otro tanto.

Yo, Zarathustra el bailarín, Zarathustra el ligero, el que agita sus alas presto a volar, haciendo señas a todos los pájaros, pronto y ágil, bienaventurado en su ligereza.

Yo, Zarathustra, el que dice la verdad; Zarathustra, el que de verdad se ríe, ni impaciente ni incondicional, aficionado a los brincos y a las piruetas: ¡yo mismo me he ceñido esta corona!

XIX

¡Alzad vuestros corazones, hermanos míos, alto, más alto! ¡Y no olvidéis vuestras piernas! ¡Alzad las piernas, buenos bailarines, y, lo que es más, tratad de teneros de cabeza!

También en la felicidad hay animales pesados, cojitrancos de nacimiento. Hacen esfuerzos peregrinos, cual un elefante que se esforzase en tenerse de cabeza.

Pero vale más estar loco de felicidad que loco de infelicidad. ¡Vale más bailar torpemente que andar renqueando! Aprended de mí la sabiduría: aun la peor de las cosas tiene dos buenos reversos.

Aun la peor de las cosas tiene buenas piernas para danzar. ¡Aprended, pues, de mí, hombres superiores, a afirmaros sobre vuestras piernas!

¡Olvidad la melancolía y la tristeza de la plebe! ¡Qué tristes me parecen hoy incluso los payasos de la plebe! Pero el hoy pertenece a la plebe.

XX

Imitad al viento cuando se escapa de las cavernas de la montaña: quiere bailar al son de su propio silbar. Los mares se agitan y se estremecen a su paso.

¡Loado sea quien da alas a los asnos y ordeña a las leonas, ese espíritu bueno e indómito que pasa cual un huracán para todo hoy y toda plebe!

¡Loado sea el enemigo de las cabezas de cardo y cavilosas, de todas las hojas marchitas y de cualquier cizaña! ¡Ese espíritu de la tempestad, selvático, bueno y libre, que baila sobre las ciénagas y sobre las tristezas, como si fueran verdes praderas!

¡Loado sea el que odia a los canes tísicos de la plebe, y a toda esa ralea fracasada y sombría! ¡Loado sea ese espíritu de los espíritus libres, la tempestad riente que sopla el viento en los ojos de quienes ven negro y están ulcerados!

¡Hombres superiores, lo peor que hay en vosotros es que no habéis aprendido a bailar como hay que bailar, a bailar por encima de vuestras cabezas! ¿Qué importa que os hayáis malogrado?

¡Cuántas cosas son todavía posibles! *Aprended*, pues, a reíros de vosotros, sin preocuparos de vosotros. ¡Alzad vuestros corazones, buenos bailarines, alto, más alto! ¡Y no olvidéis la buena risa!

A vosotros, hermanos míos, os arrojo esta corona: la corona del hombre que ríe, esta corona de rosas. ¡Yo he canonizado la risa! ¡Hombres superiores, *aprended* — a reír!

EL CANTO DE LA MELANCOLÍA

I

Cuando Zarathustra pronunciaba su discurso, se hallaba a la puerta de su caverna. Mas al pronunciar las últimas palabras se escabulló del lado de sus huéspedes, y huyó por un momento al aire libre.

«¡Oh, puros aromas, oh, bienaventurado silencio que me rodea! —exclamó—. ¿Dónde están mis animales? ¡Venid, venid, águila mía, serpiente mía!

Decidme, animales míos: todos estos hombres superiores, ¿acaso no *huelen* bien? ¡Oh, aromas puros que me rodean! ¡Sólo ahora sé y percibo cuánto os amo, animales míos!»

Y Zarathustra repitió: «¡Os amo, animales míos!»

El águila y la serpiente se apretujaron contra él, mientras pronunciaba tales palabras: y sus miradas se alzaron hacia él. Juntos los tres, y en silencio, aspiraron y saborearon el aire puro. Pues allí fuera el aire era mejor que donde se encontraban los hombres superiores.

II

Mas apenas salió Zarathustra de su caverna, el viejo mago se levantó; y, mirando malignamente en derredor suyo, dijo: «¡Has salido! Y ahora, hombres superiores (permitidme que os halague con ese nombre de encomio y lisonja, como hizo él mismo), ya mi espíritu de hechicero, mi espíritu maligno y falaz, se apodera de mí, mi demonio de melancolía, el cual, en el fondo, es adversario de Zarathustra: ¡perdonadle! Ahora *quiere* ejecutar ante vuestros ojos sus encantamientos. Ésta es precisamente *su* hora: inútilmente lucho contra ese mal espíritu.

A todos vosotros, fueran cuales fueran los honores que os tributéis, ya os llaméis "espíritus libres", o "los veraces", o "los penitentes del espíritu", o "los desencadenados", o "los hombres del gran anhelo", a todos vosotros los que sufrís como yo de la gran náusea, para quienes el dios antiguo ha muerto, sin que todavía haya ningún dios nuevo en su cunita, envuelto en blancos pañales; a todos vosotros mi espíritu maligno, mi demonio-mago, os es favorable.

Yo os conozco, hombres superiores; y conozco igualmente a ese espíritu maligno, a quien amo a pesar mío, a ese Zarathustra. Muchas veces me parece la larva de un santo, semejante a una nueva y singular máscara, en la que se regodea mi espíritu maligno, el demonio melancólico. Muchas veces creo que amo a Zarathustra, a causa de mi espíritu maligno.

Mas ahora este espíritu melancólico, este demonio del crepúsculo, se apodera de mí y me subyuga. Y se le antoja —¡abrid bien los ojos, oh, hombres superiores!—, se le antoja venir *desnudo*, como hombre o como mujer, todavía lo ignoro; pero viene y me subyuga. ¡Ay, abrid bien los ojos!

FRIEDRICH NIETZSCHE

El día declina y se extingue, llega ya la noche para las
cosas todas, aun para las mejores. ¡Oíd y ved, hombres superiores, qué demonio es, hombre o mujer, ese espíritu de
la melancolía vespertina!»
Así habló el viejo mago, miró maliciosamente en torno
suyo, y luego cogió su arpa.

III

Cuando el aire se hace menos luminoso
cuando ya el rocío consolador
desciende gota a gota sobre la tierra,
invisible y silencioso,
pues calza finos borceguíes
como todos los dulces consoladores,
entonces tú recuerdas
—¡tú lo recuerdas, oh, corazón ardiente!—
cómo tenías sed en otro tiempo,
sed de lágrimas celestes y gotas de rocío,
sed que te abrasaba y te fatigaba,
mientras en las praderas, las sendas doradas
por los malignos rayos del poniente,
a través de los espesos árboles, llegaban a ti,
rayos ardientes, deslumbradores y malignos de sol.
¿El pretendiente de la verdad? ¿Tú? Así se burlaban.
¡No, un poeta solamente!
Una bestia astuta, rapaz, furtiva,
que tiene que mentir,
que tiene que mentir a sabiendas, voluntariamente,
ansiosa de su presa,
enmascarada de colorines,
máscara para sí misma,
presa para sí misma.
¿Eso —el pretendiente de la verdad?
¡Bah! ¡Un pobre loco, un simple poeta!
Sólo un parlanchín pintoresco,

que perora tras una máscara abigarrada de loco,
que divaga sobre engañosos puentes de palabras,
sobre arcos iris multicolores,
entre falsos cielos y falsas tierras,
y vagando de acá para allá.
¡Sólo un loco! ¡Sólo un poeta!
¿Eso —el pretendiente de la verdad?
No silencioso, rígido, liso y frío,
metamorfoseado en imagen,
en columna de Dios,
no plantado ante ningún templo
como guardián del umbral de un dios.
¡No! Enemigo de todas esas estatuas de la verdad,
más familiarizado con las selvas que con los templos,
lleno de petulancia felina,
saltando por todas las ventanas,
lanzándose a todo azar,
husmeando en toda selva virgen,
presa de apetito y deseos
de correr por las selvas vírgenes
entre las fieras de pintado pelaje,
sano, multicolor y bello como el pecado,
de correr robando, acechando, engañando,
con labios lascivos,
bienaventuradamente burlón, bienaventuradamente infernal,
bienaventuradamente sediento de sangre;
o bien, semejante a las águilas que largo tiempo,
largo tiempo, fijan la vista en los abismos,
en sus abismos!—
¡Oh, cómo vuelan en círculo
hacia abajo, hacia dentro,
al fondo del abismo cada vez más profundo!
Luego,
de pronto, en línea recta,
plegadas las alas,
caen sobre los corderos,
ávidas de corderos,
detestando las almas de corderos,
odiando con furor a todo lo que tiene

mirada de cordero, lana rizada,
aspecto gris, borreguil benevolencia de cordero (100).
Tales son,
de águila y de pantera,
los anhelos del poeta.
¡Así son tus anhelos, bajo mil máscaras,
oh loco, oh poeta!
Tú, el que en el hombre viste
tanto un Dios como un cordero.
Despedazar a Dios en el hombre,
despedazar al cordero en el hombre,
y reír al desagarrar:
¡ésa, ésa es tu felicidad!
La felicidad de un águila y de una pantera.
¡La felicidad de un poeta y un loco!
Cuando el aire se hace menos luminoso,
cuando ya el alfanje de la media luna
desliza sus rayos verdes, envidiosos,
entre la púrpura del poniente
—hostil al día,
a cada paso, furtivamente,
segando praderas de rosas
hasta que éstas caen,
se hunden pálidas hacia la noche.—
Fatigado del día, enfermo de luz,
así caí yo mismo en otro tiempo
desde la locura de mi verdad,
desde mi anhelo del día,
me hundí hacia la noche, hacia la sombra,

---

(100) A través de Spengler y su «guerrero carnívoro», «bello animal de presa», «bestia rubia», que se alimenta, como es su derecho y su gloria, del manso y pacífico «herbívoro», este filón del vitalismo nietzscheano fue de los más explotados por el nazismo y por la propaganda germana probélica de la «raza de señores conquistadores». Pero parece bastante claro que semejante carnicería es en Nietzsche mera metáfora, y que su guerra no era la de los bombardeos y las **panzerdivisionen**, ni menos la de los campos de exterminio. Así lo muestra el giro que precisamente toma aquí el poema. (Ver nota 46.) Por otra parte, el supuesto germanismo de Nietzsche se apoyaba sobre todo en interpolaciones racistas y antisemitas introducidas en sus escritos por su hermana Elisabeth. Son, en cambio, suyas frases como éstas: «La admiración narcisista de la conciencia de raza germana es casi criminal», y «yo tengo una sencilla norma: no tener trato alguno con los monederos falsos del racismo».

¿Te acuerdas aún, te acuerdas, corazón ardiente,
de cómo entonces tenías sed?
abrasado por la sed de una sola verdad.
¡Que sea yo desterrado
de toda verdad!
¡Sólo un loco! ¡Sólo un poeta!

DE LA CIENCIA

Así cantó el mago. Y todos los allí reunidos cayeron, como pajarillos, en la red de su voluptuosidad astuta y melancólica. Únicamente el concienzudo del espíritu no se dejó atrapar: arrebató el arma de manos del mago, y dijo:

«¡Aire, dejad que entre el aire! ¡Haced entrar a Zarathustra! ¡Estás enrareciendo y envenenando el aire de esta caverna, viejo mago, astuto y maligno!

Hombre falso y refinado, tu seducción conduce a deseos y a selvas desconocidas. ¡Ay de nosotros, si gentes como tú hablan de la verdad y le dan importancia!

¡Ay de los espíritus libres que no se pongan en guardia contra *tales* magos! ¡Perderán su libertad! ¡Tú enseñas e induces el retorno a las prisiones.

¡Viejo demonio melancólico! En tu queja se percibe un atractivo reclamo: te pareces a quienes al alabar la castidad invitan secretamente a la voluptuosidad.»

Así habló el concienzudo. Pero el viejo mago giraba la vista en derredor suyo, gozando de su victoria, la cual le hacía más llevadera la injuria del concienzudo. «¡Cállate! —dijo al fin, con voz modesta—. Las buenas canciones quieren también buenos ecos. Después de las buenas canciones se debe callar un buen rato.

Así lo hacen éstos, los hombres superiores. Pero tú probablemente no has comprendido gran cosa de mi canto. Poco espíritu de mago hay en ti.»

«Me honras —replicó el concienzudo— al distinguirme de ti, ¡me parece bien! Pero, vosotros, ¿qué es lo que veo? ¡Todavía estáis ahí sentados, con miradas lascivas!

¿Dónde fue a parar, almas libres, vuestra libertad?

¡Casi creo que os parecéis a quienes, durante largo tiempo, han visto bailar desnudas a mozas pervertidas! ¡También vuestras almas comienzas a danzar!

En vosotros, hombres superiores, debe haber más que en mí de eso que el mago llama su maligno espíritu de magia y superchería. Forzoso es que seamos diferentes.

Y en verdad, antes de la vuelta de Zarathustra a su caverna, hemos hablado y pensado juntos lo bastante para que yo sepa que *somos* diferentes.

Y también *buscamos* cosas diferentes aquí arriba, vosotros y yo. Yo busco más seguridad, por eso he acudido al lado de Zarathustra, pues él es la torre más sólida y la voluntad más firme, hoy que todo se bambolea y tiembla la tierra entera. Pero cuando veo los ojos que ponéis, creo casi que lo que buscáis vosotros es más *inseguridad*.

Más estremecimiento, más peligros, más terremotos. Paréceme que apetecéis (¡perdonadme la presunción, oh, hombres superiores!) la vida peor y más peligrosa, la que a *mí* me inspira el mayor temor, la vida de las bestias salvajes; apetecéis bosques y cavernas, montañas abruptas y abismos laberínticos.

Quienes más os agradan no son los guías que os *sacan* del peligro, sino quienes os extravían y os alejan de todos los caminos, los seductores. Mas si tales apetitos son *reales* en vosotros, me parecen, en todo caso, *imposibles*.

Pues el miedo es el sentimiento innato y primordial en el hombre: por el miedo se explican todas las cosas, el pecado original y la virtud original. Y también nació del miedo la virtud *mía*, la ciencia.

Pues el miedo a los animales salvajes —ese miedo que conoció durante más tiempo el hombre, y también el animal que el hombre oculta y *teme* dentro de sí mismo— es lo que Zarathustra llama la bestia interior.

Ese largo y viejo miedo, finalmente refinado, espiritualizado, intelectualizado, creo que es lo que hoy se llama *ciencia*.»

Así habló el concienzudo. Más Zarathustra, que en

aquel instante volvía a la caverna, y que había oído y adivinado la última parte del discurso, arrojó un puñado de rosas al concienzudo, y se rió de sus «verdades».

«¿Cómo? —exclamó—, ¿qué acabo de escuchar? En verdad, me parece que eres un necio, o que lo soy yo mismo; y me apresuro a poner tu verdad cabeza abajo.

Pues el *miedo* —es nuestra excepción. El valor, la aventura, el goce de la incertidumbre— el *valor* me parece ser toda la historia primitiva del hombre.

Tuvo apetito de todas las virtudes de los animales más salvajes y más valerosos, y se las arrebató: solamente así se hizo hombre.

Ese valor, finalmente refinado, espiritualizado, intelectualizado, ese valor humano, con las alas del águila y la astucia de la serpiente, ese valor me parece que se llama hoy...»

«¡Zarathustra!», exclamaron a una todos los reunidos, soltando una gran carcaja. Y de ellos se elevó algo que parecía una pesada nube negra. El mago también se echó a reír, y, con tono astuto, dijo:

«¡Vaya, se marchó ya mi espíritu maligno! ¿Y no fui yo mismo quien os puso en guardia contra él, cuando os dije que era un impostor, un espíritu falso y embaucador?

Sobre todo cuando se muestra desnudo. Mas ¿qué puedo *yo* contra su perfidia? ¿Acaso lo he creado *yo*, acaso he creado yo el mundo?

¡Ea, seamos de nuevo juiciosos y recuperemos nuestro buen humor! Y aunque Zarathustra tenga la mirada sombría (¡miradle otra vez, está enfadado conmigo!), antes de que llegue la noche aprenderá de nuevo a amarme y a alabarme, pues no puede estar mucho tiempo sin hacer tales tonterías.

El ama a sus enemigos. Es quien mejor conoce este arte, entre todos los que he hallado. ¡Pero de ello se venga —en sus amigos!»

Así habló el viejo mago. Y los hombres superiores le aclamaron: de suerte que Zarathustra empezó a pasearse en su caverna, estrechando con malignidad y amor las manos de sus amigos, como quien tiene algo de qué pedir perdón a cada uno. Y cuando, haciendo esto, llegó a la puerta de su caverna, sintió otra vez deseos de respirar el aire puro y de ver a sus animales, y salió furtivamente.

ENTRE LAS HIJAS DEL DESIERTO

«¡No te marches! —le dijo entonces el viajero que se llamaba la Sombra de Zarathustra—, ¡quédate con nosotros! De lo contrario, podría volver a invadirnos la antigua y abrumadora tribulación.

Ya el viejo mago nos ha dado lo peor de su cosecha; y mira, el buen papa, piadoso, tiene lágrimas en los ojos, y otra vez se ha embarcado en el océano de su melancolía.

Sin embargo, creo que esos reyes podrán poner buena cara ante nosotros: ya que, entre todos nosotros, son quienes mejor han aprendido tal arte. Si no tuvieran testigos, apuesto a que también ellos volverían al juego malvado: el juego de las nubes que pasan, de la húmeda melancolía, del cielo velado y sin sol, de los rugientes vientos del otoño. El juego malvado de nuestros aullidos y de nuestros gritos de socorro. ¡Quédate con nosotros, Zarathustra! Hay aquí mucha miseria oculta que quiere hablar, mucha noche, mucha nube, mucho aire pesado y áspero.

Tú nos has alimentado de fuertes manjares viriles y de máximas vigorosas: ¡no dejes que, para postre, nos sorprenda de nuevo el espíritu de molicie, el espíritu femenino!

¡Sólo tú sabes vigorizar y clarificar el aire que nos rodea! ¿He hallado jamás sobre la tierra aire tan puro como el de tu caverna?

He visto muchos países. Mi nariz ha aprendido a examinar y evaluar muchos aires. ¡Pero únicamente a tu vera han saboreado mis narices su mayor deleite!

A no ser —a no ser.— ¡Oh, perdóname un antiguo recuerdo! Perdóname una vieja canción de sobremesa, compuesta por mí en otro tiempo, entre las hijas del desierto.

Pues junto a ellas había también un aire límpido y puro, luminoso, oriental. ¡Allí fue donde me encontré más lejos de la vieja Europa, nubosa, húmeda y melancólica!

Entonces amé a esas hijas de Oriente y de otros reinos de cielos azules, sobre los cuales no se ciernen ni nubes ni pensamientos.

No podéis figuraros con qué gracia se sentaban, cuando no bailaban, profundas, pero sin pensamientos, como pequeños misterios o esfinges engalanadas, como nueces de sobremesa, multicolores y extrañas, pero sin nubes; esfinges que dejan adivinar su secreto. Por amor a tales muchachas compuse yo entonces mi salmo de sobremesa.»

Así habló el viajero-sombra. Y antes de que nadie le contestase ya había cogido el arpa del viejo mago, y se había puesto a mirar en derredor suyo, tranquilo y sabio, cruzado de piernas. Y aspiró lenta e inquisitivamente el aire con sus narices, como quien gusta aire nuevo en países nuevos. Luego comenzó a cantar con una especie de rugido:

«El desierto crece. ¡Ay de quien dentro de sí cobija desiertos!

¡Ah, qué solemne
qué efectivamente solemne!
¡Qué digno comienzo,
africanamente solemne!
Digno de un león
o de un mono aullador moral.
Mas esto no va con vosotras,
dulces amigas,
a cuyos pies, por vez primera
le es dado sentarse, bajo las palmeras
a un europeo. ¡Selah!

FRIEDRICH NIETZSCHE

¡Maravilloso, en verdad!
Heme aquí sentado
cerca del desierto, y, empero,
tan lejos del desierto,
sin la menor desolación de desierto,
devorado por el más diminuto de los oasis,
pues justamente abrió al bostezar
su amable hocico,
el más perfumado de los hocicos,
y yo caí en su fondo,
abajo y a través, entre vosotras,
deliciosas amigas. ¡Selah!

¡Gloria, gloria a aquella ballena,
si así veló por el bienestar de su huésped!
¿Entendéis mi docta alusión? (101).
¡Bendito sea su vientre
si fue, como éste,
un encantador vientre de oasis!
Pero lo dudo,
pues yo vengo de Europa,
que es más incrédula que todas
las esposas de cierta edad.
¡Dios la mejore!
¡Amén!
Heme aquí sentado
en éste, el más diminuto de los oasis,
semejante a un dátil,
sazonado, almibarado, chorreando oro,
ávido de una boca redonda de muchacha,
y más aún de helados, níveos
incisivos cortantes,
virginales, por los que pena
el corazón de todo ardiente dátil. ¡Selah!

Semejante, demasiado semejante
a esos frutos del mediodía,
estoy tumbado aquí,
rodeado de pequeños

---

(101) La ballena bíblica que se tragó al profeta Jonás.

insectos alados
que danzan y juegan,
y también de ideas y de anhelos
más pequeños aún,
más locos, más malignos,
en medio de vosotras,
muchachas-gato,
silenciosas y llenas de presentimientos,
Dudu y Suleika;
«Circumefingeado», si puedo meter en una palabra nueva
muchos sentimientos y muchas significaciones
(¡Dios me perdone este pecado lingüístico!).
Estoy sentado aquí, respirando un aire inmejorable,
aire del paraíso, ciertamente,
claro aire tenue y dorado,
todo el aire puro
que ha caído de la luna.
¿Ocurrió esto por azar,
o tal vez por petulancia,
como cuentan los viejos poetas?
Mas yo, el dubitativo, lo dudo,
pues vengo de Europa,
que es más incrédula que todas
las esposas de cierta edad,
¡Dios la mejore!
¡Amén!

Aspirando este aire delicioso,
con las narices hinchadas como vasos,
sin futuro y sin memoria,
así estoy sentado aquí,
deliciosas amigas;
y contemplo la palmera
que, cual una bailarina,
se arquea, se dobla y se balancea sobre sus caderas
(¡cuando se la mira mucho se acaba por imitarla!),
cual una bailarina que ha estado
largo tiempo, peligrosamente largo tiempo,
siempre, sobre una de sus piernas,
¿y por eso olvidó la otra?

FRIEDRICH NIETZSCHE

En vano, al menos, he buscado
la alhaja gemela
(es decir, la otra pierna)
en la santa vecindad
de su graciosa y arrebatadora
faldita emperifollada, ondulante como un abanico.
Si, si me queréis creer,
mis lindas amigas,
¡la he perdido!
¡Se ha perdido,
desaparecido para siempre
la otra pierna!
¡Lástima! ¡Era tan deliciosa!
¿Dónde estará y llorará su abandono
esa pierna solitaria?
Llena de miedo, acaso,
ante un fiero y monstruoso león
de dorada melena,
o incluso ya roída y devorada,
¡ay, ay! ¡Miserablemente devorada! ¡Selah!

¡Oh, no lloréis más,
tiernos corazones.
¡No lloréis,
corazones de dátiles, senos de leche,
corazones de regaliz!
¡No llores más, pálida Dudu!
¡Sé hombre, Suleika! ¡Valor, valor!
¿Por ventura haría aquí falta
algún tónico, algún cordial,
una máxima llena de unción,
una exhortación solemne...?
¡Yérguete, dignidad,
dignidad virtuosa, dignidad europea!
¡Sopla, sopla de nuevo,
soplillo de la virtud!
¡Oh!
Rugir de nuevo,
rugir moralmente,
como león moral,

¡rugir ante las hijas del desierto!
Pues el rugido de la virtud,
arrebatadoras muchachas,
es, sobre todo,
el ardiente deseo, ¡el hambre voraz del europeo!
Y ved ya en mí
al europeo.
¡No puedo remediarlo!
¡Que Dios me asista,
amén!

El desierto crece. ¡Ay de quien dentro de sí cobija desiertos!»

EL DESPERTAR

I

Después del canto del viajero-sombra, la caverna se llenó *súbitamente* de risas y murmullos. Y como los huéspedes reunidos hablaban todos a la vez, el mismo asno no podía mantenerse callado entre tanta animación. Se apoderó entonces de Zarathustra un pequeño enojo y una pequeña burla de sus visitantes, aunque al propio tiempo se alegrase de su regocijo, pues éste le parecía un síntoma de curación. Así pues, se deslizó fuera, al aire libre, y habló a sus animales:

«¿Adónde ha ido ahora su aflicción? —dijo, ya calmado—. Junto a mí, según me parece, han olvidado el gritar pidiendo socorro; aunque, por desgracia, no han olvidado el gritar.» Y Zarathustra se tapó los oídos, pues en aquel momento los I-A del asno se mezclaban extrañamente con los ruidos de júbilo de aquellos hombres superiores.

«Están alegres —prosiguió— y ¿quién sabe?, tal vez a costa de quien les hospeda. Y si han aprendido de mí a reírse, no es ciertamente *mi* risa la que han aprendido.

Mas ¡qué importa! Son gente vieja: se curan a su modo y se ríen a su modo. Mis oídos han soportado cosas peores sin irritarse.

Esta jornada es una victoria: ¡ya cede, ya huye *el espíritu de la pesadez*, mi viejo archienemigo. ¡Qué bien quiere acabar este día que tan mal principio tuvo!

Y *quiere* acabar. Ya llega el atardecer, ¡cabalgando sobre el mar, el buen jinete! ¡Cómo se balancea, el bienaventurado que regresa a casa, sobre la silla de púrpura de su caballo!

El cielo le contempla sereno, el mundo se extiende en su profundidad. ¡Oh, hombres singulares que habéis venido a mí, ciertamente vale la pena vivir a mi lado!»

Así hablo Zarathustra. Y de nuevo salieron de la caverna los gritos y las risas de los hombres superiores. Entonces Zarathustra comenzó de nuevo:

«Han picado, mi cebo ha surtido efecto. También de ellos huye el enemigo, el espíritu de la pesadez. Ya aprenden a reírse de sí mismos. ¿Oigo bien?

Mi alimento de hombres, mis máximas sabrosas y fuertes surten efecto. En verdad, no les he alimentado con legumbres flatulentas, sino con alimeno de guerreros con alimento de conquistadores; y he despertado en ellos nuevos apetitos.

Nuevas esperanzas hay en sus brazos y en sus piernas; su corazón se ensancha. Encuentran palabras nuevas: bien pronto su espíritu respirará petulancia.

Comprendo que este alimento no es para niños, ni para mujeres lánguidas, viejas o jóvenes. Hacen falta otros medios para convencer a las entrañas de éstas. Yo no soy su médico y maestro.

La náusea se retira de esos hombres superiores. ¡Bien, ésa es mi victoria! Dentro de mi reino se sienten seguros, pierden toda estúpida vergüenza, se encuentran a sus anchas.

Desahogan su corazón, se tornan para ellos buenas las horas, de nuevo se solazan y rumian. Se vuelven *agradecidos*.

Eso es, a mi juicio, el mejor signo: se vuelven agradecidos. Pronto inventarán fiestas y erigirán monumentos al recuerdo de sus goces antiguos. ¡Son *convalecientes!*»

Así habló Zarathustra, alborozándose en su corazón, y miró hacia lo lejos. Mas sus animales se aproximaron a él y honraron su felicidad y su silencio.

II

De repente, los oídos de Zarathustra se sobresaltaron: pues en la caverna, animada hasta entonces por la bulla y las risas, se hizo de pronto un silencio de muerte. Y la nariz de Zarathustra percibió un perfume de humo e incienso, cual si quemaran piñas.

«¿Qué sucede, qué hacen? —se preguntó, mientras se aproximaba a escondidas a la entrada de la caverna, para ver a sus huéspedes sin ser visto. Pero, ¡oh asombro!, ¿qué vieron entonces sus ojos?—. ¡Otra vez se han vuelto *piadosos* y otra vez *rezan!* ¡Están locos!», exclamó, en el colmo del asombro.

En efecto, todos aquellos hombres superiores —los dos reyes, el papa jubilado, el mago perverso, el mendigo voluntario, el viajero-sombra, el viejo adivino, el concienzudo del espíritu y el más feo de los hombres—, todos estaban prosternados de hinojos, como niños o viejas devotas, adorando al asno. Y el más feo de los hombres comenzó a gorgotear y dar resoplidos, como si algo inexpresable quisiera salir de su interior. Y cuando consiguió hablar, he aquí que era una piadosa y singular letanía, en honor del adorado e incensado asno. Y la letanía rezaba así:

«¡Amén! ¡Honor y gloria, y sabiduría y gratitud, y alabanzas y fortaleza sean tributados a nuestro Dios, de eternidad en eternidad!»

Y el asno rebuznó: «I-A.»

«Él lleva nuestra carga, él tomó figura de siervo, él es paciente de corazón y nunca dice no. Y quien ama a su Dios, le castiga» (102).

Y el asno rebuznó: «I-A.»

«Él no habla, excepto para decir ¡sí, sí! (103) al mundo que ha creado: de esta suerte alaba a su mundo. Su astucia le hace callar: así, rara vez se equivoca.»

Y el asno rebuznó: «I-A.»

«Invisible pasa por el mundo. Gris es su color favorito, el color de su cuerpo, y en ese color oculta su virtud. Si tiene espíritu, lo oculta: pero todos creen en sus largas orejas.»

Y el asno rebuznó: «I-A.»

«¡Cuánta recóndita sabiduría hay en tener las orejas largas y decir siempre "sí" y nunca "no"! ¿Acaso no ha creado el mundo a su imagen, es decir, tan estúpido como es posible?»

Y el asno rebuznó: «I-A.»

«Tú recorres caminos rectos y torcidos: lo que los hombres llamen recto o torcido, poco te importa. Tu reino está más allá del bien y del mal. Tu inocencia consiste en no saber lo que es inocencia.»

Y el asno rebuznó: «I-A.»

«He aquí cómo no rechazas a nadie, ni a los mendigos ni a los reyes. Dejas que se acerquen a ti los niños; y si los muchachos malvados te seducen, dices, simplemente "I-A".»

Y el asno rebuznó: «I-A.»

«Te gustan las burras y los higos frescos, no eres un remilgado. Un cardo te cosquillea las entrañas cuando tienes hambre. En eso está la sabiduría de un Dios.»

Y el asno rebuznó: «I-A.»

---

(102) Son todo expresiones bíblicas.
(103) Recuérdese: en alemán «**Ja, Ja!**», pronunciado I-A, con el sonido del rebuzno.

LA FIESTA DEL ASNO

I

Al llegar a aquel punto de la letanía, Zarathustra no pudo contenerse más. Gritó a su vez «I-A», con voz más estentórea aún que la del asno, y de un salto se plantó en medio de sus enloquecidos huéspedes.

«¡Oh, hijos de los hombres!, ¿qué es lo que hacéis? —les gritó levantando a los que estaban arrodillados—. ¡Desgraciados de vosotros si alguien que no fuera Zarathustra os contemplara!

Todos creerían que vosotros, con vuestra nueva fe, os habéis vuelto los peores blasfemos, ¡o las más tontas de todas las viejas!

Y tú mismo, antiguo papa, ¿cómo se acuerda contigo el adorar a un asno como si fuera Dios?»

«¡Oh Zarathustra! —replicó el papa—. ¡Perdóname, pero de las cosas de Dios entiendo yo más que tú! Y ello es justo.

Vale más adorar a Dios bajo esta foma que bajo ninguna. Medita estas palabras, mi noble amigo: pronto comprenderás que encierran la sabiduría.

Quien dijo ¡Dios es espíritu! dio sobre la tierra el mayor de los pasos, el mayor de los saltos hacia la incredulidad. ¡No es fácil reparar el mal que esas palabras han hecho sobre la tierra!

Mi viejo corazón brinca y retoza al ver que todavía hay algo que adorar sobre la tierra. ¡Perdónaselo, oh Zarathustra, a un viejo y piadoso corazón de papa!»

«¿Y tú? —preguntó Zarathustra al viejo-sombra—. ¿Tú te llamas espíritu libre, tú te figuras ser un espíritu libre, y te entregas a semejantes idolatrías y comedias de curas?

En verdad, haces aquí cosas peores que las que hacías entre las muchachas morenas y perversas, ¡perverso nuevo creyente!»

«Bastante malas —respondió el viajero-sombra—, tienes razón. Sin embargo, ¿qué puedo hacer yo? ¡El viejo Dios revive, oh Zarathustra, digas tú lo que quieras!

El más feo de los hombres es culpable. Él le ha resucitado. Y, aunque dice que en otro tiempo le mató, la *muerte*, entre los dioses, nunca pasa de ser un prejuicio.»

«¿Y tú, perverso viejo mago? —dijo Zarathustra—. ¿Qué has hecho? ¿Quién va a creer en ti en lo sucesivo, en estos tiempos de libertad, si *tú* crees en semejantes asnerías divinas?

Has cometido una sandez. ¿Cómo tú, tan astuto, has podido hacer una sandez semejante?»

«¡Oh Zarathustra! —respondió el mago astuto—. Tienes razón: ha sido una sandez, y bastante cara me ha costado.»

«Y tú, sobre todo —dijo Zarathustra al concienzudo del espíritu—, medita bien y ponte el dedo en la nariz. ¿No hay algo aquí que turbe tu conciencia? ¿No es tu espíritu demasiado puro para semejantes oraciones y para el tufo de esos hermanos santurrones?»

«Algo hay —replicó el concienzudo del espíritu, mientras se llevaba el dedo a la nariz—, algo hay en este espectáculo que hasta sienta bien a mi conciencia.

Quizá aún no me sea lícito creer en Dios. Pero lo cierto es que bajo esta forma es cuando Dios me parece más fidedigno.

Dios debe ser eterno, según el testimonio de los más piadosos: quien dispone de tanto tiempo, se toma tiempo. Tan despacio y tan tontamente como es posible, *así* es cómo alguien puede llegar muy lejos.

Y el que tiene demasiado espíritu querría sin duda estar loco por la tontería y la locura misma. ¡Reflexiona, oh Zarathustra, sobre ti mismo!

¡Tú mismo, en verdad, por exceso de riqueza y de sabiduría, tú mismo podrías convertirte en asno!

¿Acaso no gusta el sabio perfecto de los caminos más

tortuosos? ¡Lo enseña la evidencia, oh Zarathustra, *tu* evidencia!»

«Y tú, por fin —dijo Zarathustra, volviéndose al más feo de los hombres, el cual seguía en el suelo con los brazos extendidos hacia el asno, mientras le daba a beber vino—, tú, indescriptible, di, ¿qué has hecho?

Hállote transformado: tus ojos arden, y el manto de lo sublime recubre tu fealdad. ¿Qué es lo que has hecho?

¿Es verdad, como dicen éstos, que tú le has resucitado? Y ¿para qué? ¿Acaso no estaba muerto y periclitado, y con razón?

Tú mismo me pareces un resucitado: ¿qué has hecho? ¿Por qué te has invertido, por qué te has convertido? ¡Habla, tú, indescriptible!»

«¡Oh Zarathustra! —contestó el más feo de los hombres—, ¡eres un bribón!

¿Quién de nosotros dos sabe mejor si *él* vive aún, o si vive de nuevo, o si está muerto por completo? Yo te lo pregunto.

Pero yo sé una cosa, ¡de ti mismo la aprendí en otro tiempo, Zarathustra!: quien más a fondo quiere matar, *¡se ríe!*

No con la cólera sino con la risa se mata: así dijiste tú, en otro tiempo. ¡Oh Zarathustra, tú que sigues oculto, tú, el destructor sin cólera, el santo peligroso —eres un bribón!»

II

Y entonces sucedió que Zarathustra, asombrado ante semejantes marrullerías, retrocedió de un salto hacia la entrada de su caverna, y, vuelto hacia sus huéspedes, comenzó a gritar con fuerte voz:

«¡Oh, vosotros todos, tunantes y payasos! ¿Por qué os ocultáis y disimuláis ante mí?

Cómo brinca vuestro corazón de alegría y malignidad porque, al fin, os habéis vuelto otra vez como niños pequeños, es decir, piadosos; porque habéis vuelto a obrar como niños, porque habéis vuelto a rezar, a juntar las manos y decir "¡Dios mío!"

Mas ahora salid de *este* cuarto de niños, mi propia caverna, en donde hoy se cobijan como en su propio hogar todas esas niñerías. ¡Salid a refrescar vuestros ardores infantiles y el tumulto de vuestros corazones!

Y en verdad que si no volvéis a ser como niños no podréis entrar en *ese* reino de los cielos —y Zarathustra señaló al cielo con el índice—. Pero nosotros —continuó— no queremos entrar en el reino de los cielos. Nosotros hemos llegado a ser hombres: *por eso queremos el reino de la tierra.*»

III

Y de nuevo comenzó Zarathustra a hablar.

«¡Oh, mis nuevos amigos! —dijo—, ¡hombres singulares, hombres superiores! ¡Cómo me agradáis ahora, desde que estáis alegres otra vez! Parecéis flores que se acaban de abrir; y creo que las flores como vosotros necesitan *fiestas nuevas.*

De un pequeño y valiente despropósito, un culto divino a una fiesta del asno, un viejo loco y alegre Zarathustra, un vendaval que con su soplo despeje vuestras almas.

¡No olvidéis esta noche y esta fiesta del asno, hombres superiores! *Lo* habéis inventado en mi casa, y eso es para mí un buen presagio: ¡sólo los convalecientes inventan tales cosas!

Y si celebráis de nuevo esta fiesta del asno, ¡hacedlo por amor a vosotros, y también por amor a mí! ¡Hacedlo en memoria *mía!*»

Así habló Zarathustra.

EL CANTO EL NOCTÁMBULO

I

Entretanto, todos habían ido saliendo uno tras otro, al aire libre de la noche fresca y silenciosa. Y el mismo Zarathustra condujo de la mano al más feo de los hombres, para mostrarle su mundo nocturno, la gran luna redonda y las plateadas cascadas que rodeaban su caverna. Allí se detuvieron, juntos, todos aquellos hombres viejos —pero con el corazón confortado y valeroso—, admirándose en su interior de sentirse tan bien sobre la tierra: la quietud de la noche penetraba cada vez más en sus corazones. Y Zarathustra pensaba de nuevo dentro de sí: «¡Oh, cuánto me agradan ahora estos hombres superiores!» Mas no lo dijo, pues respetaba su felicidad y su silencio.

Y entonces sucedió lo más asombroso de aquel largo y asombroso día: el más feo de los hombres comenzó de nuevo, por última vez, a hacer gorgoteos y dar resoplidos; y cuando por fin consiguió hablar, saltó de su boca una pregunta, una pregunta lisa y redonda, una pregunta buena, clara y profunda, que conmovió el corazón de cuantos la escucharon:

«Oh, amigos míos —dijo el más feo de los hombres—, ¿qué os parece? Gracias a este día, *yo* estoy por primera vez contento de haber vivido la vida entera.

Y no me basta con esa declaración. Merece la pena vivir sobre la tierra. Un solo día, una sola fiesta en compañía de Zarathustra me ha bastado para aprender a amar la tierra.

¿Es *esto* la vida?, le diré a la muerte. ¡Pues bien! ¡Otra

vez! (104). ¿Qué os parece, amigos míos? ¿No queréis, como yo, decirle a la muerte: "¿Es esto la vida? Pues, gracias a Zarathustra, ¡bien!, ¡otra vez!"»

Así habló el más feo de los hombres, no lejos de la medianoche. Y ¿qué diréis que ocurrió entonces? En cuanto los hombres superiores oyeron la pregunta, estuvieron conscientes de su transformación y de su curación, y de a quién se la debían. Entonces se precipitaron hacia Zarathustra, le expresaron su gratitud, le veneraron, le besaron la mano, cada cual a su modo, pues mientras unos reían otros lloraban, y el viejo adivino bailaba de contento; y aunque, según creen ciertos historiadores, se hallaba entonces ebrio de vino dulce, más embriagado estaba todavía de vida dulce, y había arrojado lejos de sí toda fatiga.

Hay también quienes relatan que entonces el asno se puso bailar, pues no en balde el más feo de los hombres le había dado a beber vino. Poco importa que ello ocurriera así o de otra forma: y si en verdad no bailó el asno aquella noche, sucedieron empero prodigios más ingentes y más extraños que el baile de un asno. En resumen, según dice el proverbio de Zarathustra: ¡qué importa!

II

Cuando hubo ocurrido lo contado con el más feo de los hombres, Zarathustra estaba como borracho: su mirada se apagaba, su lengua balbucía, sus pies vacilaban. ¿Quién podría adivinar los pensamientos que agitaban a Zarathustra? Pero se veía que su espíritu se había apartado de él y vagaba hacia adelante y se cernía en las más remotas lejanías, y, en cierta manera, como «sobre una alta cresta, según está escrito, entre dos mares, entre el pasado y el futuro, caminando como una pesada nube». No obstante, con lentitud, mientras los hombres superiores le sostenían en sus brazos, volvía en sí, se de-

(104) Ver parte III, «De la visión y el enigma», II y nuestra nota 71 a dicho pasaje.

fendía con las manos de la aglomeración de sus venerado-
rcs; pcro no hablaba. De pronto, volvió la cabeza, pues le
pareció oír algo. Y, llevándose el dedo a los labios, dijo:
¡*Venid!*
Al instante se hizo el silencio y la quietud en derredor
suyo. Mas de la profundidad subió lentamente el son de
una campana. Zarathustra aguzó el oído, y otro tanto hi-
cieron los hombres superiores. Luego volvió a ponerse el
dedo sobre los labios, indicando que callaran, y exclamó:
¡*Venid, venid, ya se acerca la medianoche!*
Y su voz se había transformado. Pero seguía sin mover-
se de su sitio. Entonces se hizo un silencio todavía mayor
y una quietud más profunda. Y todos escucharon, incluso
el asno y los animales heráldicos de Zarathustra, el águila
y la serpiente; y asimismo la caverna de Zarathustra, y
también la luna, redonda y fría, y hasta la noche misma.
Zarathustra volvió a llevarse por tercera vez el dedo a la
boca, y dijo: ¡*Venid, venid!* ¡*Vamos ya!* ¡*Es la hora, camine-
mos en la noche!*

III

Oh, hombres superiores, la medianochc se acerca;
ahora yo quicro deciros una cosa al oído, como me la dijo
a mí esa vieja campana: secretamente, con espanto y cordialidad, me habló esa campana de medianoche, queha
vivido más que un *solo hombre*, que contó ya los latidos
del dolor del corazón de vuestros padres. ¡Ay, ay, cómo
suspira, cómo ríe en sueños la vieja, profunda, profunda
medianoche!
¡Silencio, silencio! Ahora se oyen muchas cosas a las
que no es lícito alzar la voz durante el día: mas ahora que
el aire es fresco y que el ruido de vuestros corazones se ha
callado también, ahora las cosas hablan, ahora se dejan
oír, ahora se deslizan en las almas nocturnas y desveladas.
¡Ay, ay, cómo suspira, cómo ríe en sueños!
¿No oyes cómo *te habla a ti*, secretamente, con espanto
y cordialidad, la vieja, profunda, profunda medianoche?
¡*Alerta, hombre!*

IV

¡Ay de mí! ¿Dónde se ha ido el tiempo? ¿No ha caído en profundos pozos? El mundo duerme.

¡Ay, ay! El perro aúlla, brilla la luna. Prefiero morir, morir, a deciros lo que ahora piensa mi corazón de medianoche.

Yo ya estoy muerto. Todo acabó. Araña, ¿por qué tejes tu tela en derredor mío? ¿Quieres mi sangre? ¡Ay, ay, cae el rocío, llega la hora!

Llega la hora en que tirito y me hielo, la hora que pregunta, pregunta, pregunta sin cesar: ¿quién tiene corazón suficiente para esto? ¿Quién debe ser el señor de la tierra? Quien ose decir: «Así debéis correr vosotros, ríos grandes y pequeños.»

La hora se acerca. ¡Oh hombre, hombre superior, pon atención! Este discurso va dirigido a los oídos sutiles, a *tus* oídos. *¿Qué dice la profunda medianoche?*

V

Me siento transportado lejos. Mi alma baila. ¡Tarea de cada día, tarea de cada día! ¿Quién debe ser el señor de la tierra? ¡Fría está la luna, y callando el viento! ¡Ay, ay! ¿Habéis volado ya bastante alto? Habéis bailado, pero una pierna no es un ala.

Buenos bailarines, ya psó todo placer. El vino se ha trocado en vinagre, todas las cosas se han ablandado, las tumbas balbucean.

No habéis volado lo bastante alto. Ahora las tumbas balbucean: ¡redimid a los muertos! ¿Por qué dura tanto la noche? ¿No nos embriaga la luna?

¡Oh hombres superiores, redimid los sepulcros, despertad a los cadáveres! ¿Porqué el gusano, ay, roe todavía? La hora se acerca, la hora se acerca.

Vibra la campana, jadea sin tregua el corazón, roe todavía el gusano de la madera, roe todavía el gusano del corazón. ¡Ay, ay, *el mundo es profundo!*

VI

¡Dulce lira, dulce lira! Alabo el son de tus cuerdas, ése su embriagado sonido de rana. ¡Desde qué distancia, el tiempo y en el espacio, viene hasta mí tu sonido, salido de los estanques del amor!

¡Vieja campana, dulce lira! Todo dolor te ha desgarrado el corazón: el dolor del padre, el dolor de los antepasados, el dolor de los abuelos. Maduro está tu discurso, maduro como el otoño dorado, como la dorada tarde, como mi corazón de solitario. Ahora hablas: también el mundo ha madurado, el racimo negrea. Ahora ella quiere morir, morir de felicidad. ¿No oléis algo, hombres superiores? Misteriosamente gotea hacia arriba un olor, un perfume, un aroma de eternidad, un aroma oscuro y rosáceo, como de vino dorado, de añeja felicidad.

De ebria y fúnebre felicidad de medianoche, que canta. ¡El mundo es profundo, *y más profundo de lo que pensaba el día!*

VII

¡Déjame, déjame! Soy demasiado puro para ti. ¡No me toques! Mi mundo, ¿no se ha vuelto perfecto en este instante?

Mi piel es demasiado pura para tus manos. ¡Déjame, día estúpido, grosero, torpe! ¿No es acaso más clara la medianoche?

Los más puros deben ser señores de la tierra, los menos conocidos, los más fuertes, las almas de medianoche, que son más claras y más profundas que todo día.

¿Andas a tientas, oh día, detrás de mí? ¿Extiendes a tientas tu mano hacia mi felicidad? ¿Soy para ti rico, solitario, un tesoro escondido, una fuente de riqueza?

¡Oh, mundo! ¿me quieres a mí?, ¿soy para ti mundano?, ¿soy para ti religioso?, ¿soy para ti divino? Día y mundo, ¡sois demasiado torpes!

Tened manos más sabias, buscad una felicidad más profunda y una infelicidad más profunda: buscad un dios cualquiera, no me busquéis a mí.

Mi infelicidad y mi felicidad son profundas, oh día singular. Pero yo no soy un dios, ni un infierno de Dios. *¡Profundo es su dolor!*

VIII

¡Oh mundo singular, el dolor de Dios es más profundo! Busca el dolor de Dios, no me busques a mí. ¿Qué soy yo? Una dulce lira ebria.

Una lira de medianoche, una campana-rana que nadie comprende, pero que *¡tiene que* hablar ante los sordos, oh hombres superiores, porque vosotros no me comprendéis!

¡Todo acabó, todo acabó! ¡Oh juventud, oh mediodía, oh tarde! ¡Ahora han llegado el atardecer, y la noche, y la hora de la medianoche! El perro aúlla, y el viento, ¿acaso no es un perro el viento? Gime, ladra, aúlla. ¡Ay, ay, cómo suspira, cómo se ríe, cómo resuella y jadea la medianoche!

¡Cómo habla, salida ya de su embriaguez, esa ebria poetisa! ¿Ha sobrepasado su embriaguez, ahogándola en más vino? ¿Se ha vuelto insomne? ¿Rumia?

¡Su dolor es lo que rumia, en sueños, la vieja y profunda medianoche, y más aún su placer! Pues, si el dolor es profundo, *¡el placer es más profundo aún que el sufrimiento!*

IX

Viña, ¿por qué me alabas? ¿No fui yo quien te podó? He sido cruel: he derramado tu sangre. ¿Qué quiere esa alabanza que diriges a mi ebria crueldad?

Todo cuanto ha llegado a la perfección, todo cuanto ha madurado —¡quiere morir! Así es como hablas. ¡Bendita, bendita sea la podadera del vendimiador! Mas todo lo que no está maduro quiere vivir, ¡ay!

El dolor dice: ¡pasa, aléjate, dolor! Mas todo cuanto sufre quiere vivir, para madurar, para regocijarse y anhelar.

Anhelar lo más lejano, lo más elevado, lo más luminoso. ¡Yo quiero herederos —dice todo cuanto sufre—, yo quiero hijos, no quiero a *mi mismo!*

Pero el placer no quiere herederos, ni hijos: el placer se quiere a sí mismo, quiere eternidad, quiere retorno, quiere todo-idéntico-a-sí-mimo.

El dolor dice: ¡Rómpete y sangra, corazón!, caminad, piernas, volad, alas, ¡arriba dolor! ¡Bien, adelante! Viejo corazón mío, *el dolor dice: ¡pasa!*

X

¿Qué os parece, hombres superiores? ¿Soy yo un adivino, un soñador, un borracho, un intérprete de sueños, una campana de medianoche?

¿Soy una gota de rocío, o un vapor y un perfume de la eternidad? ¿No lo oís? ¿No lo oléis? En este instante mi mundo se ha vuelto perfecto, la medianoche es también el mediodía.

El dolor es también placer, la maldición es también bendición, la noche es también sol. Alejaos: de lo contrario, aprenderéis que un sabio es también un loco.

¿Habéis acogido alguna vez *un solo* placer? ¡Oh, amigos, entonces acogisteis también *todos* los dolores! ¡Todas las cosas están encadenadas y trabadas y enamoradas!

¿Habéis querido en alguna ocasión dos veces *una* sola vez? ¿Habéis dicho alguna vez: ¡tú me agradas, felicidad!, ¡arriba, instante!? Si es así, ¡quisisteis que *todo* vuelva!

Todo nuevo y eterno, todo encadenado y trabado y enamorado. ¡Oh, así sí amasteis al mundo!

¡Vosotros, eternos, amadle eternamente y para todo tiempo! Y decid igualmente al dolor: ¡Pasa, pero vuelve! *¡Pues todo placer quiere eternidad!* (105).

XI

Todo placer quiere eternidad en todas las cosas. Quiere miel, quiere heces, quiere medianoche llena de embriagez, quiere sepulcros, quiere consuelo de lágrimas vertidas sobre los sepulcros, quiere el poniente dorado.—

¡Qué no quiere el placer! Es más sediento, más cordial, más hambriento, más espantoso, más secreto que todo dolor: se quiere *a sí mismo* y muerde el cebo de *sí mismo*, la voluntad de anillo lucha en él.

Quiere amor, quiere odio, nada en la abundancia, regala y prodiga, mendiga que uno solo lo tome, da las gracias al que lo toma, hasta querría ser odiado.

Es tan rico el placer que tiene sed de dolor, de infierno, de odio, de vergüenza, de lo lisiado, de *mundo* —pues este mundo... ¡ay, vosotros ya lo conocéis!

De vosotros, hombres superiores, de vosotros tiene sed el placer, el indómito, el venturoso —¡de vuestro dolor, oh fracasados, de lo fracasado tiene sed todo placer eterno!

Pues todo placer se quiere a sí mismo, ¡por eso quiere también dolor! ¡Oh felicidad, oh dolor! ¡Oh corazón, rómpete! Hombres superiores, aprendedlo: el placer quiere la eternidad de *todas* las cosas, *¡quiere profunda, profunda eternidad!*

---

(105) Ver la misma nota 71, y la nota 88, a «El convaleciente», II.

XII

¿Habéis aprendido ya mi canción? ¿Habéis adivinado lo que quiere decir? ¡Adelante, pues, hombres superiores, entonad mi canto de ronda!

Cantadme ahora vosotros la canción cuya nombre es *Otra vez*, y cuyo sentido es «por toda eternidad». ¡Cantadme vosotros, hombres superiores, el canto de ronda de Zarathustra!

¡Alerta, hombre!
¿Qué dice la profunda medianoche?
¡He dormido, he dormido!
¡He despertado de mi profundo sueño!
¡El mundo es profundo,
y más profundo de lo que pensaba el día!
¡Profundo es su dolor!
¡El placer es más profundo aún que es el sufrimiento!
El dolor dice: ¡pasa!
Mas todo placer quiere eternidad,
¡quiere profunda, profunda eternidad!

EL SIGNO

La mañana que siguió a aquella noche, Zarathustra saltó del lecho, se ciñó el cinturón, y salió de su caverna, ardoroso y fuerte, como un sol matutino que viene de oscuras montañas.

«¡Oh gran astro! —exclamó, como en otra ocasión—, ¡ojo profundo de felicidad! ¿Qué sería de tu dicha si te faltaran aquellos a quienes iluminas?

Y si ellos permanecieran en sus aposentos mientras tú estás despierto y vienes a dar y repartir, ¡cómo se enojaría tu orgulloso pudor!

Pues bien, esos hombres superiores duermen todavía, mientras que yo soy despierto: ¡No son *ésos* mis verdaderos compañeros, no son ésos los que yo espero aquí, en mis montañas!

Quiero ir a mi obra, a mi día: mas ellos no comprenden cuáles son los signos de mi alborada. El ruido de mis pasos —no es para ellos un toque de diana.

Todavía duermen en mi caverna, sus sueños rumian aún mi canto de medianoche. El oído que me escuche *a mí*, el oído *obediente*, falta aún en sus cuerpos.»

Zarathustra había hablado así a su corazón mientras el sol salía. Luego lanzó una mirada interrogativa hacia las alturas, pues había oído, por encima de su cabeza, la aguda llamada de su águila.

«¡Bien está! —gritó, mirando a las alturas—. Así me place y me conviene. Mis animales están despiertos, porque yo estoy despierto.

Mi águila está despierta, y, como yo, honra al sol. Con garras de águila se apodera de la nueva luz. ¡Vosotros sois mis animales idóneos, y yo os amo! Pero me faltan aún mis hombres idóneos.»

Así habló Zarathustra. Mas entonces ocurrió que, de repente, se sintió como rodeado por bandadas y revoloteos de innumerables pájaros. El batir de tantas alas y el tropel en derredor de su cabeza era tan grande, que cerró los ojos. Y en verdad sintió que caía sobre él algo como una nube de flechas disparadas sobre un nuevo enemigo. Pero he aquí que era una nube de amor, y caía sobre un nuevo amigo.

«¿Qué me ocurre?, se preguntó Zarathustra, con el corazón asombrado. Y se dejó caer lentamente sobre la gran piedra que había a la entrada de su caverna. Y, mientras agitaba las manos en derredor suyo, por encima y por debajo de sí, para defenderse de las caricias de los pájaros, he aquí que le sucedió algo más singular aún, pues introducía sin querer sus dedos por una espesa y cálida melena; y, al mismo tiempo, resonó ante él un rugido, un dulce y prolongado rugido de león.

«¡*El signo llega!*», se dijo Zarathustra; y su corazón se transformó. Y cuando se hizo claro delante de él, halló una poderosa bestia amarilla echada a sus pies, un animal que no quería separarse de él, y estrechaba amorosamente la cabeza entre sus rodillas, como un perro que encuentra a su amo perdido. Mas las palomas no eran menos solícitas que el león en la manifestación de su amor. Y, cada vez que alguna pasaba por encima de su hocico, el león sacudía la cabeza con asombro, y reía.

Zarathustra se limitó a decirles: «*Mis hijos están cerca, mis hijos.*»

Luego enmudeció. Pero sentía alivio en su corazón, y de sus ojos brotaban lágrimas que regaban sus manos. Y no prestaba ya atención a nada, y seguía sentado inmóvil, sin defenderse ya de los animales. Entonces, las palomas revolotearon de acá para allá, se posaron sobre sus hombros, acariciaron sus cabellos blancos, y eran infatigables en su ternura y en su júbilo. El fuerte león, entretanto, lamía de continuo las lágrimas que caían sobre las manos de Zarathustra, y rugía y gruñía con timidez. Así se comportaban aquellos animales.

Todo ello vendría a durar mucho o poco tiempo, pues en verdad, para tales cosas *no* hay tiempo sobre la tierra. Mas, entretanto, los hombres superiores habían despertado en la caverna de Zarathustra, y se disponían a ir en procesión a su encuentro, para ofrecerle el saludo matinal, pues al despertar habían advertido que no se hallaba ya entre ellos. Mas cuando llegaron a la puertas de la caverna, precedidos por el ruido de sus pasos, el león enderezó las orejas con viveza y, separándose repentinamente de Zarathustra, se lanzó de un salto a la caverna rugiendo ferozmente. Pero, al oírle rugir, los hombres superiores comenzaron todos a gritar a la vez, y, retrocediendo, desaparecieron en un abrir y cerrar de ojos.

Y Zarathustra, aturdido y distraído, se levantó de su asiento. Miró a su alrededor con asombro, interrogó a su corazón, volvió en sí, y se encontró solo.

«¿Qué es lo que he oído? —empezó a decirse lentamente—. ¿Qué es lo que me ha pasado?»

Y ya le volvían los recuerdos, y comprendió de una ojeada todo lo ocurrido entre ayer y hoy. «He ahí la piedra

—se dijo, acariciándose la barba—. *Ahí* estuve sentado ayer por la mañana, ahí el divino se me aproximó, y ahí es donde por primera vez oí el grito que acabo de oír, el gran grito de socorro.

¡Oh, hombres superiores, esa necesidad *vuestra* es lo que me predijo ayer por la mañana el viejo adivino! ¡Hacia vuestra necesidad me quiso atraer, para tentarme! ¡Oh Zarathustra, me dijo, yo vengo para inducirte a tu último pecado!

¿A mi último pecado? —Y Zarathustra rió, iracundo, de aquellas palabras—. *¿Qué* es lo que nos ha sido reservado como último pecado?»

Y de nuevo Zarathustra se abismó dentro de sí, y volvió a sentarse en la misma piedra, y meditó. De pronto se levantó, y exclamó, mientras su corazón se trocaba en bronce:

«*¡Compasión, la compasión por el hombre superior!* ¡Bien! Ya pasó el tiempo de *eso*.

¡Qué importan mi sufrimiento ni mi compasión! ¿Acaso busco yo la *felicidad*? ¡Yo lo que busco es *mi obra*!

¡Bien! El león ha llegado, mis hijos están cerca. Ya Zarathustra está maduro. Mi hora ha llegado.

He aquí mi alborada. ¡Mi día comienza! ¡Elévate, pues, elévate, oh, gran mediodía!»

Así habló Zarathustra, y se alejó de su caverna, ardiente y fuerte como un sol matutino que viene de oscuras montañas.

Índice

.

CUARTA Y ULTIMA PARTE

Próximos títulos

Sigmund Freud
La interpretación de los sueños

Charles Darwin
El origen de las especies

Bertrand Russell
El conocimiento humano

Albert Einstein
El significado de la relatividad

Friedrich Engels
*El origen de la familia,
de la propiedad y del Estado*

Noam Chomsky
El lenguaje y el entendimiento